Tarô Sagrado dos Deuses Hindus

Sri Madana Mohana
Ilustrado por Cristina Jácome

Tarô Sagrado dos Deuses Hindus

UM MILENAR MÉTODO DE ADIVINHAÇÃO

EDITORA PENSAMENTO
São Paulo

Copyright © 2003 Sri Madana Mohana.

Todos os direitos reservados. Nenhuma parte deste livro pode ser reproduzida ou usada de qualquer forma ou por qualquer meio, eletrônico ou mecânico, inclusive fotocópias, gravações ou sistema de armazenamento em banco de dados, sem permissão por escrito, exceto nos casos de trechos curtos citados em resenhas críticas ou artigos de revistas.

Concepção artística de Sri Madana Mohana.

Ilustração dos pés de lótus de Krishna de Bruno Spoto.
Ilustrações das mandalas de Gilson Nascimento.

Fotos da autora: Edu Oliveira, Aldorice Bezerra Henriques e Jairo Torres.
Foto dos Filhos de Gandhi: Carol Miranda.

Dados Internacionais de Catalogação na Publicação (CIP)
(Câmara Brasileira do Livro, SP, Brasil)

> Sri Madana Mohana, 1964-
> Tarô sagrado dos deuses hindus : um milenar método de adivinhação / Sri Madana Mohana ; ilustrado por Cristina Jácome. — São Paulo : Pensamento, 2004.
>
> Bibliografia.
> ISBN 85-315-1369-3
>
> 1. Adivinhações 2. Deuses hindus 3. Espiritualidade 4. Sabedoria 5. Tarô I. Jácome, Cristina. II. Título.
>
> 04.6427   CDD-133.32424

Índices para catálogo sistemático:
1. Tarô sagrado dos deuses hindus : Artes divinatórias 133.32424

O primeiro número à esquerda indica a edição, ou reedição, desta obra. A primeira dezena à direita indica o ano em que esta edição, ou reedição, foi publicada.

Edição
1-2-3-4-5-6-7-8-9-10-11

Ano
04-05-06-07-08-09-10-11

Direitos reservados
EDITORA PENSAMENTO-CULTRIX LTDA.
Rua Dr. Mário Vicente, 368 — 04270-000 — São Paulo, SP
Fone: 6166-9000 — Fax: 6166-9008
E-mail: pensamento@cultrix.com.br
http://www.pensamento-cultrix.com.br

Impresso em nossas oficinas gráficas.

ācāryam māṁ vijāniyān
nāvamanyeta karhicit
na martya-buddyā sūyeta
sarva-devamayo guruh

"Deve-se entender que o mestre espiritual é tão bom como eu e ninguém deve invejá-lo ou pensar que ele é um homem comum, porque o mestre espiritual é o somatório de todos os semideuses."
(SRIMAD-BHAGAVATAN 11.17.27.)

Sua Santidade Dhanvantari Swami

Dedicatória

Dedico este livro ao meu Guru Dhanvantari Swami, que está sempre delirantemente decorado com a flecha devocional do amor. Essa personalidade, de olhos de lótus embriagantes, tornou-se o receptáculo fidedigno das seis opulências de Krishna. Que a bela forma espiritual do meu guru seja o objeto único de minha visão.

Às mãos milagrosas, cheias de amor e compaixão, da minha médica fisiatra Dra. Margarida Miyasaki, que com suas agulhas de acupuntura me faz enxergar o que preciso ver, regozijam-me e põem fim aos tormentos.

Ao José Carlos Zanarótti, sócio e fundador da fraternidade espírita Ramatis, que está há trinta anos a serviço de todos aqueles que buscam amparo em Jesus e cura para todos os seus males.

À Zilda Hutchinson Schild Silva, pela leitura dos originais do *Tarô Sagrado dos Deuses Hindus*, e à Roseli S. Ferraz, pelo carinho e dedicação.

À minha Mãe, ao Prabhu Jay Gokula, e toda equipe médica do Hospital das Clínicas, pelo poder de intervenção divina que tiveram ao repreender as forças arquetípicas da morte que se aproximaram de mim, quando fui surpreendida com o rompimento de um grave aneurisma cerebral. Quero que o leitor saiba que minha missão de publicar este livro e lançar o CD só foi cumprida pelo poder de cura e o amor incondicional das pessoas às quais agradeço e dedico este trabalho devocional.

Sumário

Agradecimentos 15
Prefácio, por Jorge Mautner 17
Apresentação 19
Introdução 21
Dharana (Tarô da Concentração) 24
Explicação do Pancha-Tattva (Os Cinco Aspectos da Verdade Absoluta) 25

I — Avataras (Encarnações divinas que descem do céu espiritual para o universo material, trazendo para o mundo uma missão especial) 25

1. Kumaras 25
2. Varaha 25
3. Narada-Muni 25
4. Nara-Narayana 25
5. Kapila 25
6. Rishabhadeva 25
7. Prithu 25
8. Matsya 25
9. Kurma 25
10. Dhanvantari 26
11. Mohini 26
12. Nrishimhadeva 26
13. Vamana 26
14. Sri Ramachandra 26
15. Balarama 26
16. Sri Krishna 26
17. Budha 26
18. Sri Chaitanya 26
19. Shaktyavesha-avatara 26
20. Kalki 26

II — Os Três Aspectos do Divino 26

1. Brahman 26
2. Paramatma 26
3. Bhagavan 27

III — Gunas-Avataras (Entidades regentes deste mundo material) 27

1. Brahma 27
2. Vishnu 27
3. Shiva 27

IV — Gunas (Modos da natureza) 27

1. Tama-guna 28
2. Rajo-guna 28
3. Sattva-guna 28

V — Bhaktas (Os devotos) 28

1. Arjuna 28
2. Hanuman 28
3. Garuda 28
4. Prahlada 28
5. Isa 29

VI — Varnasrama (Casta social) 29

1. Brahmana 29
2. Kshatrya 29
3. Vaisya 29
4. Sudra 29

VII — O Caminho do Autoconhecimento 29

1. Jivatma 29
2. Dharma 29
3. Moksha 30
4. Parampara 30
5. Guru 30
6. Bhakti 30
7. Maha-mantra 30

VIII — As Quatro Metas da Vida 30

1. Dharma — Religião 30
2. Artha — Desenvolvimento Econômico 30
3. Kama — Gozo dos Sentidos 30
4. Moksha — Liberação 30

IX — Devas — Os Semideuses 30

1. Yamaraja — Semideus da Morte 30
2. Varuna — Semideus das Águas 30
3. Kuvera — Tesoureiro do Céu e das Trevas 30
4. Chandra — Semideus da Lua 31
5. Bhumi — Semideusa da Terra 31
6. Durga — Semideusa da Ilusão 31
7. Surya — Semideus do Sol 31
8. Vayu — Semideus do Vento 31
9. Lakshmi — Semideusa da Fortuna 31
10. Sarasvati — Semideusa da Sabedoria, da Arte e da Erudição 31
11. Parvati — Semideusa que personifica Maya na energia cósmica material 31
12. Kamadeva — Semideus do Amor 31
13. Agni — Semideus do Fogo 32
14. Gandharvas — Semideuses da Música 32
15. Manu — Semideus Administrador 32

Sumário

Os Significados dos Arcanos 33

I   Brahma — Semideus Criador 35
Arcano I 35
Introdução 35
Simbologia 36
Brahma, o Semideus Regente da Criação 36
Previsões do Arcano 39
Aspecto Favorável 39
Aspecto Desfavorável 39
Significados do Arcano 40
Mensagem do Arcano 40

II   Sarasvati — Semideusa da Sabedoria 41
Arcano II 41
Introdução 41
Simbologia 42
Sarasvati, Semideusa da Sabedoria 42
O Sol 44
Previsões do Arcano 44
Aspecto Favorável 45
Aspecto Desfavorável 45
Significados do Arcano 45
Mensagem do Arcano 45

III   Yasoda Mata — A Mãe Espiritual 46
Arcano III 46
Introdução 47
Simbologia da Mãe Yasoda 47
Simbologia do Menino Krishna 47
Simbologia de Balarama 47
Oferenda ao Senhor Balarama 48
A Mãe Divina — Passatempo Transcendental — 48
O Amor Extático 50
Previsões do Arcano 50
Aspecto Favorável 51
Aspecto Desfavorável 51

Significados do Arcano 51
Krishna (Damodara) 51
Atributos do Menino Krishna 51
Mensagem do Arcano 52

IV   Indra — Semideus do Raio e da Chuva 53
Arcano IV 53
Introdução 54
Simbologia 54
Passatempo Transcendental 55
Previsões do Arcano 56
Aspecto Favorável 56
Aspecto Desfavorável 56
Significados do Arcano 56
Mensagem do Arcano 57

V   Srila Prabhupada — O Santo do Séc. XX 58
Arcano V 58
Introdução 58
Simbologia 59
Srila Prabhupada 59
Passatempo Transcendental 61
Mantra em Louvor a Srila Prabhupada 61
Prasada: A Yoga do Alimento dos Deuses 62
Previsões do Arcano 64
Aspecto Favorável 64
Aspecto Desfavorável 65
Significados do Arcano 65
Mensagem do Arcano 66

VI   Sita-Rama — O Casal Divino 67
Arcano VI 67
Introdução 67
Simbologia 68
Passatempo Transcendental 69
Previsões do Arcano 70
Aspecto Favorável 70

	Aspecto Desfavorável 70		Arcano X 91
	Significados do Arcano 71		Introdução 91
	Receita de *Samosa* 71		Simbologia 92
	Mensagem do Arcano 72		Símbolo Feminino da Cultura do Oriente 93
VII	Arjuna — O Guerreiro Supremo 73		Ritual de Vishnu e Lakshmi para a Obtenção de Todas as Causas Desejáveis 94
	Arcano VII 73		Previsões do Arcano 95
	Introdução 74		Aspecto Favorável 95
	Simbologia de Arjuna 74		Aspecto Desfavorável 95
	Passatempo Transcendental — Arjuna e Krishna 74		Significados do Arcano 95
	O Bhagavad-Gita 76		Mensagem do Arcano 96
	Previsões do Arcano 78	XI	Sri Hanuman — Semideus da Força 97
	Aspecto Favorável 78		Arcano XI 97
	Aspecto Desfavorável 78		Introdução 98
	Significados do Arcano 78		Simbologia 98
	Mensagem do Arcano 79		Passatempo Transcendental 98
VIII	Kalki — Deus da Justiça 80		Como Liberar Alguém do Corpo de Fantasma 102
	Arcano VIII 80		Como a Mulher Casta Pode Desenvolver Poder 102
	Introdução 80		Teste de Fogo 103
	Simbologia 81		Previsões do Arcano 103
	Principais Sinais da Era Kali: Violência, Degradação e Hipocrisia 81		Aspecto Favorável 103
	Previsões do Arcano 83		Aspecto Desfavorável 103
	Aspecto Favorável 84		Significados do Arcano 103
	Aspecto Desfavorável 84		Mensagem do Arcano 104
	Significados do Arcano 84	XII	Paramatma — A Testemunha Suprema 105
	Mensagem do Arcano 84		Arcano XII 105
IX	Budha — Deus da Iluminação 85		Introdução 106
	Arcano IX 85		Simbologia 106
	Introdução 86		Passatempo Transcendental Paramatma, a Testemunha Suprema 106
	Simbologia 86		Previsões do Arcano 109
	Passatempo Transcendental — O Iluminado 86		Aspecto Favorável 109
	Previsões do Arcano 89		Aspecto Desfavorável 109
	Aspecto Favorável 89		Significados do Arcano 109
	Aspecto Desfavorável 89		Mensagem do Arcano 110
	Significados do Arcano 89		
	Mensagem do Arcano 90		
X	Lakshmi — Semideusa da Fortuna 91		

Sumário

XIII   Yamaraja — Semideus da Morte 111
Arcano XIII 111
Introdução 112
Simbologia 112
Yamaraja, o Semideus Regente da Morte 112
Previsões do Arcano 117
Aspecto Favorável 118
Aspecto Desfavorável 118
Significados do Arcano 118
Mensagem do Arcano 119

XIV   Sri Gaura-Nitai — Avataras da Misericórdia 120
Arcano XIV 120
Introdução 121
Simbologia de Gaura 121
Simbologia de Nitai 121
Gaura-Nitai 122
Passatempos de Gaura-Nitai 122
Comentários sobre o Maha-Mantra 124
Previsões do Arcano 125
Aspecto Favorável 126
Aspecto Desfavorável 126
Significados do Arcano 126
Mensagem do Arcano 126

XV   Durga — Semideusa da Ilusão 127
Arcano XV 127
Introdução 128
Simbologia 128
Manifestação de Durga à Deusa Maya 128
Manifestação de Durga como a Deusa Sati 129
Manifestação de Durga à Semideusa Parvati 129
Manifestação de Durga à Deusa Kali 130

Passatempo de Jada Bharata, uma Alma Auto-Realizada 130
Mantra para Proteção contra os Adoradores de Kali 131
Previsões do Arcano 132
Aspecto Favorável 133
Aspecto Desfavorável 133
Significados do Arcano 133
Mensagem do Arcano 134

XVI   Sri Nrishimhadeva — Deus Protetor 135
Arcano XVI 135
Introdução 135
Simbologia 136
O Deus da Proteção 136
Passatempo Transcendental 137
Previsões do Arcano 141
Aspecto Favorável 142
Aspecto Desfavorável 142
Significados do Arcano 142
Mensagem do Arcano 143

XVII   Mohini-Murti — Deusa da Imortalidade 144
Arcano XVII 144
Introdução 144
Simbologia 145
Mohini-Murti 145
Previsões do Arcano 150
Aspecto Favorável 150
Aspecto Desfavorável 150
Significados do Arcano 150
Receita de *Kofta* 151
Mensagem do Arcano 151

XVIII   Shiva — Semideus da Magia 152
Arcano XVIII 152
Introdução 152
Simbologia 153
Significados dos Nomes de Shiva 153
Shiva Nataraja, o Dançarino Cósmico 154
Simbologia de Shiva Nataraja, o Dançarino 154

	Como Realizar uma Cerimônia de Sraddha 155		Vishnu, Mantenedor do Universo 173

Como Realizar uma Cerimônia de Sraddha 155
Previsões do Arcano 155
Aspecto Favorável 156
Aspecto Desfavorável 156
Significados do Arcano 156
Mensagem do Arcano 157

XIX Radha-Krishna — Divindades do Amor 158
Arcano XIX 158
Introdução 158
Simbologia de Srimat Radharani 159
Simbologia de Krishna 159
Radha-Krishna 162
Previsões do Arcano 163
Aspecto Favorável 164
Aspecto Desfavorável 164
Significados do Arcano 164
Receita de *Dahl* 165
Mensagem do Arcano 165

XX Ganesha — Semideus Removedor de Obstáculos 166
Arcano XX 166
Introdução 166
Simbologia 167
Passatempo 167
Mantra de Ganesha 168
Explicação Geral sobre os Mantras 169
Om, A Sílaba Sagrada 170
Previsões do Arcano 170
Aspecto Favorável 170
Aspecto Desfavorável 171
Significados do Arcano 171
Mensagem do Arcano 171

XXI Sri Vishnu — O Mantenedor do Universo 172
Arcano XXI 172
Introdução 172
Simbologia 173

Vishnu, Mantenedor do Universo 173
Previsões do Arcano 178
Aspecto Favorável 178
Aspecto Desfavorável 178
Significados do Arcano 178
Receita de Banana Celestial 179
Mensagem do Arcano 179

XXII Yudhistira — O Rei da Renúncia 180
Arcano XXII 180
Introdução 180
Simbologia 181
Yudhistira Mahajara 181
Previsões do Arcano 183
Aspecto Favorável 183
Aspecto Desfavorável 183
Significados do Arcano 183
Receita de *Halavah* 184
Mensagem do Arcano 184
Interpretação dos Métodos para Consultar os Deuses Hindus e Orixás Correspondentes 185
Método Geral para Consultar o Tarô Sagrado dos Deuses Hindus 187
Método de Disposição do Tarô de Vidas Passadas 189
Casas e Aspectos Relacionados com o Tarô do Samsara 190
Método de Disposição da Mandala do Amor 194
Método de Disposição da Mandala Terapêutica 197
Método de Disposição da Mandala de Previsões Anuais 200
Glossário 203
Bibliografia 211
Sobre a Ilustradora 214
Crítica de Jorge Mautner ao CD 215

Agradecimentos

A sua santidade Maharaja Rasananda, ao jornalista e crítico de arte Paulo Macêdo, as devotas Madhava, Ninhare e Krishna Raza, aos devotos Prabhu Gajendra, Ratsyndhu, Raghunata das e Isha avatara. Ao músico e cantor Jaques da Silva, Darcy Ribeiro, Elizabeth da Costa Duarte, Ronaldo, Zana Cruz. Todos vocês foram importantes para a criação deste livro, dando sugestões, cuidando da minha saúde, digitando ou lendo meus manuscritos.

Prefácio

Dizem certas pesquisas recentes que temos vários cérebros que fingem ser um só. Os poetas sabem que temos vários cérebros. Fernando Pessoa tinha um heterônimo para cada um deles. No candomblé, cada um de nós tem mais de uma cabeça. Os antigos xamãs com suas técnicas de êxtase, também. A autora deste livro faz o amálgama e a síntese entre várias cabeças ou, se quiserem, culturas.

A primeira delas é a cabeça, ou personalidade, do tarô, assim ela interpreta e nos apresenta a presença em forma viva e fulgurante desta criação mágica, divinatória e pressagiante, criada no Egito dos Faraós, que é o tarô.

Cartas marcadas pelas várias faces e opções do destino e por onde paira sempre a enigmática presença da Esfinge, o eterno enigma do ser e das paixões humanas dominadas pelo absurdo e pelo acaso, vêm da terra dos faraós e dos hieróglifos, que é também o lugar onde nasceu a crença do deus único e invisível: Aten ou Aton, durante o reinado de Akhenaton e Nefertiti, essa é a primeira visão e elemento fundamental de Sri Madana Mohana para a complementação de sua síntese e futuros sincretismos apresentados neste enigmático e instigante livro. As cartas do tarô serão em seguida comparadas e relacionadas como num universo paralelo às várias divindades da Índia milenar e também com seus correspondentes orixás.

Este livro sobre o tarô e suas relações com a imensa e profunda cultura da Índia pré-budista, com suas divindades do bem e do mal, acima do bem e do mal, do *big bang*, do nirvana e das reencarnações kármicas, está dentro dum universo para lá de relativístico e, ainda por cima, tudo isso relacionado aos orixás dos candomblés, e tendo como quarto elemento dessa alquimia poderosa a relação disso tudo com a bruxaria, e com os vários arquétipos de bruxas, evidencia-nos um trabalho originalíssimo e de criatividade artística de extrema ousadia, beleza, provocação e encantamento.

Sri Madana Mohana nasceu no Rio Grande do Norte e é mergulhada na vivência dessa Índia primordial e eterna, e é nesse aspecto de sua personalidade que a autora é, e afirma com orgulho, discípula de Sua Divina Graça Srila a.C. Bhaktivedanta Swami Prabhupada, mestre indiano, e do seu adorado guru iniciador sua santidade Dhanvantari Swami, que, aliás, é um de seus maiores incentivadores.

Quanto à sua interpretação do tarô, interligada e inspirada nos textos védicos e na emissão dos mantras, devo confessar que além de muitas outras qualidades que possui, a meu ver, tem a característica principal de priorizar a importância das divindades hindus como arquétipos sempre em mutação dentro de nós e a ênfase na importância dos mantras, isto é, das ondas musicais como sendo a trilha das sendas perdidas do ser.

Não é à toa que a ciência atual, além do relativismo quântico, possui a teoria das cordas e suas vibrações como constituidoras do universo. De acordo com essa teoria das cordas, todas as partículas atômicas e subatômicas, até as estruturas da antimatéria porosa negra que vai além do universo, têm dentro de seu ser, como se fossem suas almas, cordas que fazem tudo vibrar.

De sua terra natal, Rio Grande do Norte, cuja capital é Natal, a autora nos mostra o aspecto tropical de sua visão tão sincrética quanto criativa, e se apresenta com a presença de orixás dos candomblés amalgamada como sendo arquétipo dum universo paralelo às deidades da Índia Milenar.

E eis que como quarta personalidade integrando-se às outras, o mesmo paralelismo de equivalência das cartas do tarô, das divindades hindus e dos orixás dos candomblés, os vários arquétipos de bruxas com suas diferentes personalidades e qualidades.

Aliás, a autora é, ela mesma, sacerdotisa feiticeira. Além de profetiza, leitora dos destinos, poeta, cantora e bailarina de misteriosas e sensuais danças, melodias e ritmos que nascem dessa formidável mistura e alquimia de todas essas culturas, informações e, principalmente, interpretações pessoais da autora.

Um livro fascinante, que pode também ser lido como livro de auto-ajuda. Auto-ajuda da quarta dimensão, é lógico. A bruxa-sacerdotisa-poeta-cantora afirma que pertence ao tropicalismo-afro hinduísta-orientalizante.

Aliás, a influência da Índia sobre o Brasil é muito grande, pois todas as caravelas que iam de Portugal para as Índias, tanto na ida como na volta, passavam pelo Brasil. Isso é tarefa para os futuros historiadores. Mas sempre é bom lembrar que não é à toa que quando o Partido Comunista Brasileiro foi posto na ilegalidade, as células dos estivadores do porto de São Salvador, na Bahia, mergulharam na clandestinidade e reapareceram sob a forma dum grupo pacifista e cantante chamado Filhos de Gandhi.

A autora é linda, fascinante e sua obra duma ousadia e liberdade dignas de todos os grandes modernistas e pós-modernistas. Faz parte, sem dúvida, do país continente que não tem preconceitos em relação às misturas, sincretismos, miscigenações e absorções de influência em vorazes banquetes antropofágicos, mostrando a amplitude quase infinita das culturas em harmonia do Brasil Universal, banhado em graça divina, e pelo toque incessante de seus tambores.

JORGE MAUTNER

Apresentação

Revelação Sonâmbula que descreve os atributos artísticos e espirituais de Sri Madana Mohana, codinome da artista universalista Lucinha Morena.

Lucinha canta e encanta com seus mantras, domando de espiritualidade a selvagem esfinge da humanidade. Seu umbigo é o centro do universo. No amanhecer da nova era, a menina dos olhos de sua terceira visão baila sagradas cirandas com o arcano do Sol. De noite ela adormece com seu corpo moreno orvalhado de luar, acalentado pelo sopro musical dos gênios dos pontos cardeais. E quando desperta no Samadhi, entre flores de lótus do jardim eterno do nirvana, ela afia suas unhas de grande sacerdotisa na pedra filosofal, canta e toca harpa nas cordas vocais de Deus.

FERNANDO KALON ZAYRAN

*I*ntrodução

Todo conhecimento revelado no *Tarô Sagrado dos Deuses Hindus* tem como fonte milenar a cultura védica, que pode desvendar o karma e elevar os seres humanos a um estado puro de consciência espiritual.

Cada ser humano nasce destinado a desenvolver, de acordo com o seu karma e a sua natureza íntima, um relacionamento individual com um dos três aspectos divinos de Deus (Brahman, a forma impessoal de Deus; Paramatma, a forma de Deus localizada no coração e Bhagavan, Deus na sua forma pessoal mais elevada). Para saber em que estágio espiritual uma pessoa se encontra, basta perguntar-lhe com qual dos três aspectos divinos ela se identifica.

Se a sua identificação com Deus se manifestar por meio de Brahman (espírito), sua relação com Deus está sintonizada no aspecto impessoal. As pessoas que ainda não atingiram a capacidade de compreensão suprema personalizada, compreendem Deus em seu aspecto impessoal, representado pela natureza composta de seus componentes e atributos: água, luz, ar, terra, energia, amor, e são conhecidas dentro da corrente filosófica védica como impersonalistas e, às vezes, se tornam perturbadas e pensam que são Deus.

Deus como Paramatma é um estágio clarividente, no qual a comunicação se torna pessoal, porque o indivíduo observa Deus dentro do seu coração e dentro do coração de todas as entidades vivas. Deus como Bhagavan é o estágio mais elevado, destinado aos bhaktas (devotos), por ser uma relação muito íntima e completa com a Pessoa Suprema, através de seus nomes, atividades transcendentais e passatempos. Nesse estágio espiritual, as pessoas se mostram muito afortunadas por manifestarem qualidades divinas que só são encontradas na Suprema Personalidade de Deus.

Portanto, para saber qual o estágio espiritual de alguém, basta observar qual o aspecto divino pelo qual ela tem inclinação. Os aspectos divinos são três: Brahman, Paramatma e Bhagavan.

Para descobrir sua personalidade e sua próxima reencarnação, observe em qual guna (modo da natureza material) ela está situada. Em *rajo-guna* (modalidade da paixão), que tem como regente Brahma, a pessoa se apresenta muito ativa e por estar sempre a fazer planos, voltará muitas vezes ao plano terreno para concluir projetos. Quando alguém está vibrando na modalidade da paixão tem sempre inclinação para começar muitos projetos simultaneamente e depois abandoná-los. Sua mente está sempre cheia de desejos materiais e por isso é caracterizada como muito ansiosa.

Situada no modo da ignorância (*tamo-guna*) regida por Shiva, a entidade viva torna-se muito preguiçosa e suja, esquece fatalmente de cumprir os deveres tanto materiais como espirituais destinados à forma humana de vida e se porta tal qual um animal. Tais entidades vivas, desafortunadas e espelhadas em atividades degradadas e demoníacas, segundo as escrituras autorizadas, estão destinadas a nascer na próxima vida em corpos de árvores ou de animais, vermes, demônios, etc., para poder satisfazer os desejos de sua mente. Mas, se for detectado pelo tarô sagrado dos deuses hindus que certa entidade viva está vibrando na modalidade da bondade (*sattva-guna*), que tem como regente Vishnu, o mantenedor de tudo, essa pessoa tem a personalidade de um Deva (semideus), bem como a propensão para voltar aos planetas celestiais. Uma pessoa situada na bondade tem hábitos muito limpos, torna-se muito atrativa perante os olhos dos outros e tudo o que ela começa, mantém e conclui.

De acordo com as escrituras védicas, existem 8.400.000 espécies de vida, das quais 400.000 são humanas e quase humanas e, entre os seres mais elevados, existem 33 milhões de semideuses; porém, para se ter uma idéia, o grande santo e erudito Madva Acarya (uma das maiores autoridades em conhecimento védico), aumenta essa lista ao afirmar que, na verdade, existem 90 milhões de semideuses, desde o mais elevado como Indra, o rei dos céus, até os mais insignificantes como os elementais controladores da natureza. Existe até mesmo um semideus para controlar um piscar de olhos.

O Senhor Krishna diz, no *Bhagavad-Gita*, que ele é o Iswara, o controlador supremo — a natureza material é controlada pelos semideuses, que, por sua vez, são controlados pelo Senhor Krishna, Isa. Os seres humanos são controlados pelos sentidos materiais, que, por sua vez, são controlados pelos semideuses; portanto, isso confirma o controle do Senhor Supremo Krishna, por trás de tudo o que existe. Assim sendo, este livro procura, acima de tudo, esclarecer o conhecimento desse controle supremo do Senhor Krishna e como ele delega poderes aos seus "agentes" celestiais, os semideuses que controlam e influenciam tudo em nossa existência e em nosso cotidiano.

O Senhor Krishna tem ilimitadas expansões e encarnações manifestadas neste mundo: Svamsa, Svamsakala e Vibhinnamsa. Svamsa é expansão direta de Krishna, Svamsakala são as ilimitadas expansões de Vishnu-Tattva (encarnações como porções plenárias dessas expansões de Krishna), são sempre a própria Suprema Personalidade de Deus manifestada (Vishnu-Tattva), enquanto que Vibhinnamsas são sempre as *jivatmas*, almas comuns eternamente individuais que podem estar presentes neste mundo, tanto na forma de uma simples formiga insignificante como, às vezes, na forma de uma das pessoas mais importantes do universo, como o Senhor Brahma, o pai da criação, o primeiro ser vivo criado e o outorgador das 8.400.000 espécies de corpos.

Avataras são encarnações do Senhor e, num certo sentido, o Senhor Brahma, o Pai, representa um guna-avatara, ou seja, o modo da paixão (*rajo-guna*), o criador da trimurti (trindade) indiana. Vishnu (Krishna), o Espírito Santo, representa o modo da bondade (*sattva-guna*), o mantenedor. Shiva, o Filho, representa o modo da ignorância (*tamo-guna*), o destruidor.

Assim é formada a trimurti:

- Rajo — paixão — Brahma — Pai criador das formas materiais.
- Sattva — bondade — Vishnu — Espírito Santo (Krishna transcendente à natureza material) e
- Tamo — ignorância — Shiva — Filho, o destruidor da manifestação cósmica material.

Dharana
(Tarô da Concentração)

Por meio dos ensinamentos das cartas e com a ajuda de Paramatma, o arcano XII, representante de um dos aspectos de Deus, que fica localizado dentro do coração de todos os seres vivos, serão revelados os mistérios passados, presentes e futuros, fazendo o consulente obter poderes místicos para resolver as dificuldades apresentadas em sua vida por imposição do karma. Por intermédio da meditação em Paramatma, Deus dentro do coração, pode-se alcançar a felicidade completa e a harmonia entre o eu interior e exterior.

Dessa maneira, deve-se invocar a presença de Deus (Paramatma), orar e lhe pedir mentalmente para que os mistérios das cartas sejam desvendados.

A sessão prática do tarô sagrado com os deuses e seus orixás deve ser realizada num local propício, cheio de flores e incensos, para que se perceba a presença da divindade do Pancha-Tattva (representado pelos cinco aspectos da Verdade Absoluta). O tarô sagrado dos deuses hindus funciona como um oráculo meditativo, destinado a curas, terapias, regressão e revelações do verdadeiro propósito de ajudar na missão rumo ao caminho espiritual.

Para garantir um ritual verdadeiro é necessária a presença da imagem do Pancha-Tattva.

Para facilitar a compreensão daqueles que desejam seguir Visva dharma [religião universal] dentro da tradição milenar, segue-se a explicação com os nomes e as posições das divindades.

Explicação do Pancha-Tattva
(Os Cinco Aspectos da Verdade Absoluta)

Sri Chaitanya Mahaprabhu (o arcano XIV deste tarô, que representa Gaura-Nitai, reconhecido como o Maha-Vadanyaya avatara, é a encarnação mais magnânima e misericordiosa do Senhor, por mostrar Krishna, a suprema personalidade de Deus, como a religião universal, superando, assim, a contradição entre monismo e dualismo e estabelecendo a união de credos, povos e crenças.

Ele aparece no centro do Pancha-Tattva para interligar as religiões num contexto cósmico universal e manifestar incondicionalmente em seus seguidores o sentimento divino de amor puro por Deus.

À sua esquerda, aparece Sri Nityananda Prabhu, a encarnação do mestre espiritual (guru).

Mais à esquerda aparece Sri Advaita Prabhu (Maha-Vishnu, o mantenedor de tudo).

Esses são os três senhores descritos como a Suprema Personalidade de Deus.

À direita de Sri Chaitanya Mahaprabhu, aparecem Gadadhara (devoto puro), a potência interna feminina de Krishna, aludida como Radharani (expansão do amor).

Mais à direita aparece Sri Srivasa, a potência marginal de Krishna (Narada-Muni). É a encarnação da energia devocional.

Todos pertencem à categoria de Vishnu-Tattva.

I — AVATARAS (Encarnações divinas que descem do céu espiritual para o universo material, trazendo para o mundo uma missão especial.)

1. **Kumaras.** Os quatro filhos sábios do semideus da criação, Brahma.
2. **Varaha.** Encarnação de Vishnu na forma gigante de um javali. Deve-se invocar Varaha quando as situações tomam rumo contrário ao nosso desejo.
3. **Narada-Muni.** O maior dos sábios, que vive a viajar por todo o universo, montado em seu instrumento musical, a vina.
4. **Nara-Narayana.** Encarnação encarregada de ensinar a humanidade a viver pacificamente.
5. **Kapila.** Encarnação invocada por aqueles que praticam poderes místicos e magia.
6. **Rishabhadeva.** Encarnação que instrui sobre os princípios religiosos mais elevados, Bhakti (amor).
7. **Prithu.** Encarnação piedosa do maior rei que governou o planeta Terra.
8. **Matsya.** Encarnação de Vishnu representado pela forma de um peixe.
9. **Kurma.** A nona encarnação de Vishnu na forma de uma tartaruga. Es-

sa encarnação é um sinal de advertência para podermos agir em diferentes situações com firmeza e paciência.
10. **Dhanvantari.** Encarnação gloriosa que simboliza os poderes da medicina.
11. **Mohini.** Encarnação de Deus na forma de uma bela mulher sedutora.
12. **Nrishimhadeva.** Encarnação na forma de metade homem, metade leão, que traz o propósito de proteger os puros e exterminar os orgulhosos.
13. **Vamana.** Uma encarnação de anã que deve ser invocada para recuperar tudo o que se perdeu.
14. **Sri Ramachandra.** Encarnação divina que apareceu sob a forma humana para revelar poderes sobrenaturais.
15. **Balarama.** Encarnação que simboliza a primeira expansão plenária de Deus, invocada para se obter pureza e força.
16. **Sri Krishna.** A suprema personalidade de Deus, da qual se expandem todas as encarnações e expansões divinas citadas.
17. **Budha.** Encarnação voltada para as práticas de meditação com o objetivo de proteger contra a violência. Devemos meditar na forma do Senhor Budha para atingir a iluminação.
18. **Sri Chaitanya.** Encarnação sonora de Deus, que veio a este mundo com o propósito de ensinar as práticas devocionais e meditativas através do cantar, do dançar e do comer *prasada* (alimento santificado).
19. **Shaktyavesha-avatara.** Encarnação dotada de Shakti (poder divino) semelhante a uma entidade viva comum, mas plena de poder enviada diretamente de Deus. Podem ser citados como Shaktyavesha-avatara: o Senhor Isa (Jesus Cristo) e Srila Prabhupada (o santo do século XX), que apareceu para expandir em todo o planeta o néctar do amor a Deus e dar refúgio a todas as entidades vivas.
20. **Kalki.** Encarnação que está por vir no final da Kali-yuga (era da degradação). O avatara Kalki chegará ao planeta Terra, montado em seu cavalo branco e, armado com sua espada, exterminará demônios e corruptos. Ele trará de volta ao planeta Terra amor e harmonia.

II — OS TRÊS ASPECTOS DO DIVINO

1. **Brahman.** Refere-se ao aspecto impessoal e onipresente da verdade absoluta. As várias manifestações do Cosmos: matéria móvel e imóvel, átomos, corpos, planetas, espaço, todas elas provêm do Brahman eterno, a origem de tudo. Quem percebe o Brahman tem conhecimento do espírito impessoal que habita todas as coisas.
2. **Paramatma.** *Atma* significa o eu. Existe uma diferença entre o atman e o corpo físico grosseiro; o eu interior é o princípio ou a energia que dá ao homem sua natureza essencial; o eu é eterno e individual; ele não acaba quando o corpo se extin-

gue. A atma, alma individual, é distinta do Paramatma (a testemunha suprema), que habita dentro do coração das *jivas* (almas). Essa superalma é percebida por alguns através da meditação. Quando ocorre essa compreensão, o místico vê, dentro do seu coração, a forma transcendental de Deus. Embora apenas os verdadeiros místicos possam ver a superalma, ela está no coração de todos os seres vivos, quer estes percebam quer não. Da superalma vêm a lembrança, o conhecimento e o esquecimento. O yogue que percebe o Paramatma vê com igualdade todos os seres.

3. Bhagavan. Perceber Bhagavan é uma visão teísta, é entender que a verdade absoluta é a pessoa suprema e possui os atributos inconcebíveis a saber: toda a beleza, todo o conhecimento, toda a fama, todo o poder, toda a riqueza e toda a renúncia. A palavra Bhagavan representa apenas o ser supremo, o próprio Deus. Bhagavan é o mais elevado aspecto do absoluto. Ele é o Brahman supremo (Parambrahman é a fonte do Paramatma). O absoluto possui inteligência e consciência, atributos que indicam personalidade, e o supremo aspecto pessoal da verdade absoluta que se chama Bhagavan. Ao passo que Brahman, o aspecto impessoal da verdade absoluta, é destituído de qualidades ou atributos materiais. Todos os seres repousam no Brahman e Brahman repousa na pessoa suprema. O Brahman impessoal manifesta apenas o aspecto *sat* (eternidade) do Absoluto. O Paramatma manifesta os aspectos *sat* e *cit* (conhecimento) do Absoluto. Bhagavan manifesta toda a plenitude e os aspectos *sat, cit* e *ananda* (bem-aventurança); por essa razão, todos os avataras provêm do Bhagavan supremo (Krishna).

III — GUNA-AVATARAS (Entidades regentes deste mundo material.)

1. Brahma. É o Deus criador, gerador, onipresente e onisciente. Também participa da tríade como pai, filho ou irmão. Rege a família e o lar. Traz saúde e bem-estar. Atua no intelecto, na mente e, conseqüentemente, na educação e nos estudos.

2. Vishnu. O Deus redentor, mantenedor, gerador das boas colheitas e sempre dourado como o Sol. Ele carrega nas mãos o disco solar da Justiça Divina e é também o encarnador da justiça na Terra através de seus avataras e de suas dez encarnações que também geram atributos de bondade, de sabedoria e de justiça.

3. Shiva. O Deus de mil faces. O vestido do céu. Aquele que destrói o mal e a ignorância quando dança como Nataraja. Faz parte da tríade e atua conjuntamente com Vishnu e com Brahma. Tem muitos atributos e é um guerreiro, mas, quando necessário, é todo bondade e benevolência. Dá proteção aos fracos e aos oprimidos e às almas penadas.

IV — GUNAS (Modos da natureza.) Significam as três cordas que prendem as entidades aos modos da natureza material: bondade (sattva), paixão (rajas) e ignorância (tamas).

1. **Tama-guna**. Modalidade regida por Shiva, caracterizando o mundo material repleto de ignorância e escuridão. A modalidade Tama-guna bloqueia o conhecimento espiritual fazendo prevalecer a identificação com o corpo e com tudo o que se relaciona a este. Quando se está situado neste modo da natureza material, os caminhos tornam-se perigosos e obscuros. Podemos reconhecer uma pessoa situada em Tama-guna, porque esta se torna muito preguiçosa, dorme demasiadamente, tem hábitos sujos, estando sujeita na próxima existência a perder a preciosa forma de vida humana.
2. **Rajo-guna**. Modalidade da paixão que tem como regente o Senhor Brahma, na qual existe muita ansiedade, muitos desejos de desfrutar e realizar os planos materiais. Por essa razão, os seres humanos situados em Rajo-guna, trabalham constantemente, anelando conseguir bens materiais que os realizarão. Em Rajo-guna, a modalidade da paixão, permite galgar posições desejadas advindas do trabalho árduo e excessivo.
3. **Sattva-guna**. Modalidade pura que se torna o manancial das boas qualidades, favorecendo situações para se obter felicidade e lidar com os planejamentos e aspectos ligados às técnicas de meditação. As pessoas situadas em Sattva-guna têm qualidades atrativas e se assemelham aos semideuses. Essa modalidade é regida pelo Senhor Vishnu, o mantenedor do Universo.

V — BHAKTAS (Os devotos.)

1. **Arjuna**. Devoto de Sri Krishna e o seu amigo mais íntimo e mais humilde discípulo. Por seguir as instruções de Krishna (o guru supremo), Arjuna, o arqueiro supremo, alcançou a iluminação. Arjuna está situado no plano de sakhyarasa (amizade), o amigo de Deus.
2. **Hanuman**. Tem os mesmos atributos que Parvati, porém no aspecto masculino. Tem também os atributos da força e da proteção, da dedicação e da lealdade, do trabalho e da inteligência. É todo bondade e amor, mas, quando necessário, tem nas mãos o dom da guerra e da luta. Sua relação com a pessoa suprema está situada no plano de Dasya-rasa (servidão).
3. **Garuda**. Pássaro gigante que serve de transporte particular de Sri Vishnu entre os planetas Vaikuntas (planetas eternos do céu espiritual, sem nenhum vestígio de ansiedade).
4. **Prahlada**. Grande devoto de Sri Nrishimhadeva. Seu pai, o rei dos demônios, tentou exterminá-lo várias vezes. Apesar de ter sofrido diversas tentativas de assassinato, o Senhor Nrishimhadeva que tem a forma de metade homem, metade leão, sempre protegeu Prahlada por reconhecer sua devoção.

5. **Isa**. Jesus Cristo, uma encarnação de poder especial divino, aparentemente uma entidade viva que recebeu de Deus a missão de expandir o amor a Ele acima de todas as coisas. Seus atributos são: humildade e perdão incondicional para com todos os inimigos.

VI — VARNASRAMA (Casta social.)

Os deveres nas quatro ordens sociais, são análogos ao corpo humano: os Brahmanas são a cabeça, os Kshatryas são os braços, os Vaisyas são a cintura e os Sudras, as pernas.

1. **Brahmana**. Trabalho intelectual liderado sob a orientação dos brahmanas. As quatro divisões da ordem social começam pela classe inteligente denominada brahmanas, composta de professores, sacerdotes e poetas. Tais personalidades são motivadas pela modalidade da bondade (*sattva-guna*). As qualidades de um brahmana são: limpeza, tolerância, veracidade, desapego e controle da mente e dos sentidos.
2. **Kshatrya**. Trabalho administrativo governamental que está relacionado às artes militares e aos projetos administrativos. Os kshatryas estão na categoria dos administradores e governadores, motivados pela modalidade da paixão (*rajo-guna*). As qualidades de um kshatrya são: disciplina, coragem, dignidade, honra e princípios religiosos. Os kshatryas são condecorados como guerreiros.
3. **Vaisya**. Trabalho relacionado ao comércio e à agricultura, regido pelos modos da paixão e da ignorância (*tama-guna*). Os vaisyas são responsáveis pelo desenvolvimento econômico da sociedade e estão na categoria de homens mercantis, situados num misto de paixão e ignorância. Os vaisyas são representados por agricultores e comerciantes.
4. **Sudra**. Trabalho pesado executado pelos operários, serventes e artesões. A função principal do sudra é servir aos brahmanas, kshatryas e vaisyas. Os sudras são motivados pela modalidade *tama-guna* (ignorância).

VII — O CAMINHO DO AUTOCONHECIMENTO

1. **Jivatma**. A alma espiritual é o verdadeiro eu que brota do estado de consciência. *Jiva* refere-se ao ser vivo individual, à alma. O ser vivo é distinto do corpo. Em cada corpo, incluindo corpos de homens, feras, pássaros e plantas, reside uma alma individual. A consciência individual é o sintoma da presença de jiva. O corpo é perecível e a alma é eterna, ninguém é capaz de destruir a alma imperecível. Quando jiva sai do corpo, a consciência também sai e o corpo morre.
2. **Dharma**. Refere-se ao objetivo para o caminho da perfeição. Tem como referencial o dever prescrito ao dharma profissional, ligado diretamente à missão de entender o dever religioso. Quando os três aspectos: profissão, dever e religião estão em harmonia, a vida da entidade humana se torna auspiciosa.

3. **Moksha**. Objetivo final para aqueles que buscam a iluminação e a liberação dos sofrimentos kármicos materiais.
4. **Parampara**. Sucessão discipular que ilumina o conhecimento da verdade absoluta, quando essa verdade é transmitida a um discípulo por um guru genuíno objetivando manter intacta a tradição que revela, ao longo dos séculos, a sabedoria mais antiga do mundo: a yoga (união com Deus).
5. **Guru**. Representa o mestre espiritual, definido como a última expressão da sucessão discipular, com a missão sublime de libertar as almas condicionadas e lhes oferecer a oportunidade de executar *bhakti* (amor).
6. **Bhakti**. Significa devoção acompanhada do serviço prático, que tem como meta última o amor puro e imaculado por Deus. O propósito de Bhakti é atingir a liberação.
7. **Maha-mantra**. Som espiritual que deve ser vibrado e ouvido com atenção, destinado ao controle da mente e à neutralização de coisas indesejadas, provocadas pelo descontrole de Kali-yuga (era da degradação). O maha-mantra Hare Krishna é descrito como o grande mantra, destinado às práticas devocionais e purificatórias.

VIII — AS QUATRO METAS DA VIDA

1. **Dharma** (religião).
2. **Artha** (desenvolvimento econômico).
3. **Kama** (gozo dos sentidos).
4. **Moksha** (liberação).

Uma sociedade não é considerada civilizada se lhe falta regulação na busca desses quatro objetivos. As atividades hedonistas são os maiores obstáculos para compreender os princípios religiosos (Dharma), o desenvolvimento econômico (Artha), o gozo regrado dos sentidos (Kama) e a liberação (Moksha). Bhagavan deve ser reconhecido como o proprietário e Artha como a meta da religião no contexto material. Das quatro atividades, a mais importante é a liberação porque as outras três estão sujeitas à destruição imposta pela lei estrita da natureza — a morte.

IX — DEVAS (Os semideuses.)

1. **Yamaraja**. Semideus da morte, representante da transformação e da reencarnação. Deve-se refletir sobre a morte sem considerá-la como o fim, aproveitando essa reflexão para atingir os planos mais elevados.
2. **Varuna**. Semideus que personifica as águas e os infinitos oceanos. O semideus Varuna é uma das mais antigas divindades védicas, regente da imensidão das águas. A água, nos rituais védicos, é representada como purificação e reverência à fonte de vida.
3. **Kuvera**. Tesoureiro principal dos semideuses, encarregado de cuidar do ouro dos deuses existentes nos planetas celestiais. Habita as regiões das trevas como rei dos Yakshas e Rakchasas (fantasmas e demônios).

Explicação do Pancha-Tattva

4. **Chandra**. Semideus da Lua, regente do astro lunar feminino conhecido pelos nomes de: Selene, Diana, Lucina e Luna. Na Lua existe o soma, bebida embriagante, conhecida como o néctar dos deuses, obtida pela maceração das fibras extraídas da planta da Lua, purificada pelas almas e diluída em outro líquido, louvado como o portador da riqueza e da fama. Sustentáculo dos heróis intrépidos. Soma Chandra é a oblação preferida do deus Indra, por ser a bebida que difunde a luz e traz a imortalidade.
5. **Bhumi**. Regente do planeta Terra, simboliza as atividades do campo e da agricultura. Bhumi é a personificação de uma vaca robusta e tem como primogênitos Prajapatis, os dez filhos nascidos da mente de Brahma (pai da criação), dando forma à descendência das criaturas humanas. Quem deseja ter um corpo forte deve adorar Bhumi.
6. **Durga**. Semideusa da ilusão, é também uma manifestação da deusa negra Kali, porém usa sua força para enfrentar desafiadoramente qualquer perigo. É aquela que protege e que também castiga, porém sempre dando chance para que qualquer um possa se redimir, se arrepender. Quem deseja se livrar de castigos e punições deve adorar Durga-devi.
7. **Surya**. Semideus que é a personificação do astro solar, um dos maiores semideuses do culto védico. O Sol deve ser invocado por aqueles que necessitam de saúde.
8. **Vayu**. Semideus do vento, do ar, e das tempestades. Agente purificador, destinado a descontaminar, refrescar e aliviar tensões. Por ser considerado prana (ar vital), o semideus do ar cuida igualmente de todas as entidades vivas. É muito ligeiro e viaja pelo mundo inteiro. Dos cinco elementos materiais, o ar é reconhecido como o agente purificador.
9. **Lakshmi**. É a semideusa da fortuna. Com ela, terminam as amarguras e os sofrimentos materiais. É ela que abre os caminhos na roda da fortuna. É ela que destrói as necessidades e a miséria. É ela que nos conduz à fama e ao sucesso. É ela que nos dá a glória terrena. Quem deseja dinheiro deve adorar Lakshmi.
10. **Sarasvati**. Semideusa da sabedoria, da arte, do conhecimento e da erudição. Favorece os estudos, a elevação espiritual. É muito íntima dos sábios e dos devotos. Sua imagem monástica está relacionada ao sincretismo e aos rios.
11. **Parvati**. É a semideusa das grandes paixões, foi ela que, com sua insuperável beleza e poder feminino, seduziu o Asceta Shiva. É ela que acaba com os sofrimentos emocionais e psicológicos. É ela que destrói as mazelas sentimentais. É ela que leva a amada ao amado e vice-versa. É ela que cintila com a luz e traz o carinho e a compreensão aos corações. É toda amorosa, querida, é a amada e a amante.
12. **Kamadeva**. Semideus do amor, conhecido como o cupido personificado. Kamadeva está sempre ocu-

pado em fazer arranjos para os encontros amorosos. Astrologicamente, está relacionado ao planeta Vênus e corresponde aos nomes de Krishna.

13. Agni. Semideus do fogo. O grande deus representante do fogo se manifesta por intermédio do deus Vishnu, reduzindo a cinzas as coisas negativas. Agni tem o papel de purificador nas oblações oferecidas aos deuses e em cerimônias purificatórias, tal como Agni-hotra. Nos cultos védicos é cultuado como a divindade mensageira que leva os pedidos dos mortais até os deuses. Quem deseja poder deve adorar Agni.

14. Gandharvas. Cantores celestiais representados pelos músicos, poetas e cantores. Esses semideuses executam a arte da música de uma forma muito atraente e hipnótica. Em cerimônias espirituais, os gandharvas (cantores celestiais) e as apsaras (dançarinas celestiais) estão sempre presentes para reverenciar e cantar as glórias de Deus.

15. Manu. Semideus administrador que simboliza o pai da humanidade. Quem deseja uma boa progênie deve adorar os grandes progenitores chamados Prajapatis.

Os Significados dos Arcanos

BRAHMA – SEMIDEUS CRIADOR

*Me chegas penetrante, teus olhos de Vênus
expressam magia e sedução.*

DHARANA (CONCENTRAÇÃO) — Deve-se mentalizar o semideus Brahma todo penetrante e cheio de esperteza, poder e ação em todos os tipos de situações desgastantes que exijam jogo de cintura, autoconfiança para escapar de pessoas invejosas, manipuladas por obsessores e cheias de simulação.

Esta dharana deve ser realizada com as faixas 1 e 10 do CD de mantras que acompanha este livro. O mantra primordial OM deve ser escutado para atrair energias positivas e afastar as energias negativas dos locais onde for praticada a desobsessão.

ARCANO I

No tarô egípcio, representa o Mago. Está relacionado ao poder de usar o conhecimento em proveito próprio. O mago anseia por manipular o que aprendeu por meio de expressão verbal, física, emocional e intelectual.

No tarô dos orixás, representa Oxalá. Está relacionado ao grande pai supremo de todos os outros orixás, da família e da sociedade.

INTRODUÇÃO

O arcano I, Brahma, personifica a ação originária do poder de criação que existe no homem quando este está em sintonia com Deus, exercendo influências nas esferas do passado, presente e futuro. O Senhor Brahma vem anunciar uma ascensão de bom presságio tanto no plano material como no plano espiritual.

Brahma, o criador do universo, é representado como saindo de uma delicada flor de lótus, que flui do umbigo do Senhor Vishnu. Ele faz parte da *trimurti* (*trindade*), formada das seguintes modalidades.

- *Rajo* — paixão. Regente Brahma, pai criador das formas materiais.
- *Sattva* — bondade. Vishnu, mantenedor da energia cósmica material, espírito transcendental.
- *Tamo* — ignorância.

Shiva, filho, o destruidor da manifestação cósmica material. O Senhor Brahma, o primeiro ser a despontar no horizonte da energia cósmica material com suas quatro cabeças. Regente dos sinais cíclicos da criação, criador de todas as formas visíveis e invisíveis possíveis, como o vento, os deuses, os asuras (demônios), e os habitantes mortais do universo. Brahma é o eclético mestre das ciências religiosas, o célebre regente de todas as culturas e arte que, em constante fluxo, revolucionou a humanidade e a cultura de seus ancestrais.

SIMBOLOGIA

O criador da medicina, da arte militar, da música e da ciência arquitetônica. Seu primeiro rosto simboliza os quatro Vedas (verdade) manifestando os hinos védicos, rituais sacerdotais, temas de recitações e atividades transcendentais. Com suas quatro cabeças belamente ornamentadas, o Senhor Brahma segura um colar de contas numa das mãos e um livro do conhecimento na outra. Essas quatro cabeças representam a sabedoria. Ele sempre viaja garbosamente carregado pelo seu servo transportador, um gigantesco cisne branco. Brahma é o único semideus dotado da mais elevada posição de responsabilidade dentro do universo. Foi de suas múltiplas energias que todos os outros semideuses e seres vivos se manifestaram. Criador da manifestação cósmica material, é o primeiro ser vivo do universo a ensinar a prática dos sacrifícios para satisfazer a Deus.

Brahma representa o modo da paixão (rajo-guna), porque com paixão se executa a criação e se triunfa; esse é o seu papel primordial. Quem tiver ligação com esta carta, caminhará pela trilha das conquistas almejadas, estará sempre ativo e se mostrará idealista, não se deixando levar pelo desânimo frente aos mais diversificados obstáculos. O Senhor Brahma também é reverenciado com a encarnação do mantra espiritual Omkara que alude à origem e ao fim de todo o universo. Essa sagrada invocação é a esplêndida essência do divino princípio e fim é indicada para a prática da yoga que se destina à realização dos desejos da alma. Sua repetição liberta a mente dos pensamentos nefastos e desequilibrados, sintonizando o plano mental com a esfera divina. Os grandes atributos do Senhor Brahma são: austeridade, penitência, erudição na sabedoria védica.

BRAHMA, O SEMIDEUS REGENTE DA CRIAÇÃO

Assim como Sri Vishnu em companhia de sua esposa Lakshmi executa passatempos amorosos montados no pássaro Garuda, o Senhor Shiva em companhia de Parvati surge sempre ao cair da tarde e à meia-noite montado no esdrúxulo "touro branco", acompanhado de seu séquito de fantasmas e demônios. O Senhor Brahma, arquiteto da criação cósmica material, vive a viajar com sua esposa Sarasvati por todo o universo no seu levitante "cisne branco".

A primeira divindade hindu representa o princípio universal da existência em todo o cosmo, é o princípio absoluto e eterno do qual tudo provém. O Senhor Brahma, no gênero da criação, refere-se ao primeiro impulso energético e criador do princípio universal, está representado com suas quatro cabeças e constitui a trimurti (Brahma, Vishnu e Shiva). Mais rápido que o pensamento, ele excede todos os seres, basta a sua vontade para movimentar todo o universo.

Os demônios nasceram da criação da noite e os semideuses da criação do dia; das nádegas do Senhor Brahma foram gerados os rakchasas (demônios), por isso o desejo sexual de um macho por outro é demoníaco. Os rakchasas são ávidos de apetite sexual. Os fantasmas e os duendes malignos também são criação de Brahma e se destinam a atormentar as entidades vivas. Aqueles que salivam enquanto dormem estão possuídos por fantasmas, por isso, antes de deitar, deve-se purificar o ambiente com água, mantras e incensos. Uma hora e meia antes da alvorada é muito auspicioso para as atividades espirituais, principalmente para abandonar o corpo carnal [morrer] e gerar filhos. Esse horário é chamado de "Brahma-muhurta".

O Senhor Brahma criou o universo completo e uma manifestação de variedades de seres, desde os átomos ao universo titânico. Há um tempo exato para a aniquilação do corpo físico. Por ser a encarnação que rege a modalidade da paixão, o Senhor Brahma tem o cérebro igual ao da suprema personalidade de Deus, Sri Vishnu, o criador do Senhor Brahma, que suscita os seres imóveis como as árvores, as plantas e as flores que buscam a vida através do ar. Esses seres imóveis são quase inconscientes, mesmo assim são capazes de expressar internamente e em graus variados sentimentos e dor.

Os animais são considerados seres inferiores, destinados simplesmente a cumprir suas funções biológicas, com exceção da vaca, que representa o último estágio na escala de evolução animal antes de atingir a forma humana de vida. O leite, a manteiga, o queijo, a urina e o excremento que ela produz são todos considerados sagrados; é reverenciada como a terceira mãe do homem. Os indianos recomendam um banho com excremento de vaca para pessoas que estão sendo possuídas por fantasmas e obsessores.

A criação cósmica material é composta de semideuses, antepassados, demônios, fantasmas, anjos, seres humanos e sobre-humanos. Os demônios estão na mesma posição dos devas (semideuses) por serem capazes de executar poderes místicos que não estão ao alcance da percepção humana comum. Deve-se ter muito cuidado quando se lida com forças negativas. Essa egrégora se veste de poderes negros, conduzindo pessoas inocentes e desprotegidas espiritualmente a situações de incuráveis máculas e horripilantes sacrifícios.

Os conspurcados mortais são a única espécie regida pela modalidade rajo-guna [modalidade da paixão]. Estão sempre apressados, são enganados pela transitoriedade da energia cósmica material (maya), se condecoram de anacrônica felicidade, mesmo estando presos à samsara (ciclo de nascimento e morte). Apesar de serem dotados de uma consciência superior divina destinada à interrogação do passado e do despertar da iluminação espiritual, mesmo assim se deixam levar pelos desejos execráveis mais baixos e arrastam a sua inteligência para tenebrosas propensões animalescas.

Os Vedas (escrituras sagradas hindus) revelam que a religião, personificando o êxtase da presença de Deus, se manifestou no coração de Brahma, que é o hábitat de Deus como testemunha suprema de todos os nossos atos identificados como individuais e coletivos. Mas, assim como se diz que a religião nasceu do coração do Senhor Brahma, o ceticismo nasceu de suas costas e atrai maus presságios como as armadilhas e terríveis ataques traiçoeiros pelas costas, culminando em mortes, tristezas e holocausto. O desejo e a luxúria também nasceram do coração de Brahma. A incontrolável ira que surgiu do meio das sobrancelhas do pai da criação (terceiro olho) gerou Rudra (Shiva) no seu aspecto destruidor. A criação de Rudra é, pois, o resultado da ira que irrompe como um vulcão enfurecido, por estar situada no modo da ignorância (tamo-guna), representante funesta da preguiça, da violência e da luxúria. A manifestação da violência e da ira é sempre representada por meio dos olhos, das mãos e das pernas. O perigo se torna inevitável quando alguém se enfurece e expressa um brilho vermelho no olhar, respira aceleradamente e, numa atitude sádica, cerra os punhos e dá pontapés. Essa é a manifestação fúnebre da destruição de Rudra. O senhor Shiva (Rudra, no seu aspecto destruidor) é conhecido pelos seguintes nomes: Shiva, Kala, Manu, Vrinadeva e Bhava.

As criaturas terrestres que simbolizam Rudra (Shiva) são: a serpente, o tigre, o leão e o homem possuído pela ira e pela loucura.

Dos lábios do Senhor Brahma nasceu a cobiça cega; de sua fala, o poder; do seu pênis, o ilimitado oceano; do seu ânus, nasceram as atividades baixas e abomináveis, fonte de todos os pecados.

Brahma também criou os puranas (universo) por muitos kalpas (milênios) e tudo acontece por sua capacidade de ver o passado, o presente e o futuro. Os filhos do Senhor Brahma, gerados pelo seu corpo e pela sua mente, estão sempre situados no modo da paixão ou no modo da ignorância. Porém, alguns deles, como é o caso do sábio Kardama Muni, nasceram no modo da bondade. Os quatro kumaras, encarnações dotadas de poder, são representados espiritualmente por quatro meninos nus que instruem acerca do processo de compreensão de Brahman, ou seja:

- *Sankhya*, estudo analítico das atividades materiais humanas.
- *Yoga*, união com Deus.
- *Vairagya*, renúncia.
- *Tapas*, austeridade.

Esses princípios, quando executados voluntariamente, resultam em benefício da perfeição espiritual da humanidade. Do estado transcendental de Brahma, nasceu o seu mais fidedigno filho, o grande Sri Narada Muni, o maior dos sábios entre os semideuses, tão realizado e poderoso que é livre para viajar por todas as partes do universo, tanto material como espiritual. Por ser o maior dos eruditos, ele conhece, na sua totalidade, os três aspectos principais do ser supremo:

1. Brahman, realização impessoal do Senhor Supremo, que se refere à resplandecente refulgência da suprema personalidade de Deus, que penetra todo o universo, a saber, a luz, o amor, a paz, a natureza. Essa realização impessoal de Deus é alcançada, na terceira classe da verdade absoluta, pelos jnani-yogis (estudiosos dos Upanishads) e pelos impersonalistas.
2. Paramatma, realização do aspecto do Senhor Supremo, conhecido como superalma está localizado no coração de todas as entidades vivas. Esse aspecto é realizado pelos hiranyagarbhas (yogis), através da meditação transcendental (dhyana-yoga). É a representação parcial da personalidade de Deus e a realização da segunda classe da verdade absoluta.
3. Bhagavan, a própria suprema personalidade do deus [Krishna], a verdade última em seu aspecto pessoal, se revela por meio do culto devocional (relacionamento pessoal com Deus). Bhagavan significa, etimologicamente, *Bhaga* = seis opulências ou qualidades e *Van* = aquele que possui, ou seja, "a pessoa suprema que possui seis opulências".

Portanto, Sri Narada Muni se preocupa em dar essa pessoa suprema para todos, sabendo que, em última análise, tudo o que as pessoas em geral buscam pode ser encontrado em Sri Bhagavan Krishna, ou Deus. O grande santo Sri Narada Muni nos concede todo esse conhecimento com a sua ocupação eterna em *dasya-rasa* (humor de serviço devocional). Por ser filho do Senhor Brahma, estudante celibatário e querido dileto de mãe Sarasvati (a semideusa da sabedoria), ele supera a todos.

PREVISÕES DO ARCANO

Forte ligação com a arte. Rege a família, proporciona saúde e atua no intelecto e na mente. A presença desta carta faz o consulente agir com muita esperteza nos estudos e nos empreendimentos. Para se obter as bênçãos do Senhor Brahma, é necessário praticar Raja-Yoga (controle da mente) e vibrar o mantra "OM".

ASPECTO FAVORÁVEL

Grande sucesso pela descoberta da criatividade tanto na esfera racional quanto intuitiva, objetivando alcançar o reconhecimento do talento, inerente a todas as esferas profissionais. Astúcia e sabedoria para lidar com o sucesso, conquistado por meio do próprio mérito e muito de magnetismo pessoal.

ASPECTO DESFAVORÁVEL

Deve-se ter muito cuidado com o orgulho exacerbado para não atrapalhar as conquistas e os bons resultados alcançados por meio de *rajo-guna* (modalidade da paixão). Quando se quer trilhar o caminho das conquistas, sejam elas espirituais, amorosas ou materiais, deve-se meditar detalhadamente no objeto de desejo no plano sutil e, depois, manter na mente o desejo. Se a pessoa tiver determinação e austeridade na sua concentração, em determinado espaço de tempo, acontecerá a materialização da busca planejada.

Abandonar a idéia impessoal de que Deus não tem forma, ou que é luz, vazio, amor ou qualquer outro tipo de panteísmo.

Abandonar a idéia de que pode se tornar Deus, ou unir-se a ele, ou fundir-se nele, ou ainda desejar desenvolver poderes sobrenaturais para melhor desfrutar deste mundo ou deste corpo, independentemente de Deus.

SIGNIFICADOS DO ARCANO

Esta carta representa os engenheiros, os arquitetos, os intelectuais, os mágicos, os palhaços de circo e os palhaços da vida, os magos e os sacerdotes, os artistas e todos aqueles que desejam galgar um lugar ao sol.

Quando esta carta surge, fortalece o consulente e lhe dá muita astúcia e jogo de cintura.

Ao lado da carta XV, indica sedução e escândalo no amor. Ao lado da carta VIII, a pessoa assume uma postura de diplomacia que, graças às suas reações instantâneas, o salva de muitos riscos. Ao lado da carta II, indica aptidão e poder para lidar com aspectos da magia, da religião, da compreensão dos símbolos esotéricos. A carta I e a II formam um par de magos, abertos a uma profunda luminosidade de mistérios.

ATRIBUTOS — quatro cabeças, um colar de contas e o livro do conhecimento.
MANTRA — as faixas 1 e 10 do CD de mantras que acompanha este livro.
COR — vermelho.
REGENTE — do trabalho (rajo-guna).
TRANSPORTE — cisne branco.

MENSAGEM DO ARCANO

Na embriaguez do sonhar
  da plenitude,
Carrego profundamente
Minha exótica cruz.
Entre infernos, altares e impérios,
Enfrento a todos com a
minha espada experimental.

SARASVATI – SEMIDEUSA DA SABEDORIA

Sou mulher sábia. Possuo poder dentro dos três planos: nirvânico, terrestre e infernal. Meu magnetismo cósmico verbaliza meu silêncio e minha intuição.

DHARANA (CONCENTRAÇÃO) — A semideusa Sarasvati deve ser invocada quando se deseja mostrar erudição e desenvolver os estudos na arte, na ciência e na religião. Deve-se orar à deusa quando se requer orientação para a saúde e para situações semelhantes e repetidas que muitas vezes se apresentam em nossa vida e não sabemos como resolvê-las.

Esta dharana também pode ser realizada com a faixa do mantra Om, por representar Sarasvati, primeira semideusa a existir no cosmo, e a manifestar com seu esposo Brahma toda a criação da energia cósmica material.

ARCANO II

No tarô egípcio, representa a "**Sacerdotisa**". Está relacionado ao domínio feminino, advindo de tudo o que é conhecimento oculto e à independência no nível pessoal, emocional e material.

No tarô dos orixás, representa Nanã Buruku. Está relacionado à antigüidade e à hierarquia, à mulher sábia, madura, reencarnada na mãe e na avó.

INTRODUÇÃO

O arcano II, Sarasvati, personifica a natureza feminina, o conhecimento e a erudição, no sentido mais profundo. Iniciadora das grandes sacerdotisas, ela proporciona a suas discípulas o despertar de uma nova consciência divina, a percepção das coisas visíveis e invisíveis através de um ritmo intuitivo e poético. A meditação mântrica é a base fundamental para a vida efêmera dos humanos. Por essa razão, a semideusa Sarasvati está sempre a tocar em transe sua poderosa vina, revelando a todas as gerações as sagradas práticas iniciais e fenomenais da sabedoria. Senhora regente das águas, dos rios celestes, militante das artes e da ciência esotérica. A bela e sábia senhora simboliza a luz que emana do impávido poder que surge do som sagrado de sua vina reverenciando a arte de iniciação, que abre as portas clarividentes do poder oculto e de todos os rituais divinos.

SIMBOLOGIA

Sentada sobre uma flor de lótus, símbolo da pureza e da iluminação, seu rosto belo e sereno transmite a luz ilimitada da sabedoria. O som de sua vina (instrumento sagrado) é transmitido para canalizar as experiências mais elevadas de Samadhi (meditação), que propõe a união com Deus, para revelar a inspiração divina que leva a compreender a imortalidade da alma.

A semideusa se veste com um rico sari vermelho cor de fogo e com um manto branco. Quando é representada com trajes brancos, torna-se muito auspiciosa na ciência da cura. Congrega muitas oferendas de cor branca em sua volta (frutas, flores, incensos, jóias, leite, perfumes, velas, etc.). Ela é reconhecida como Adi-Devi por ser a primeira divindade feminina criada por seu esposo Brahma, o criador do universo. Quando é denominada Jagadamba, assume a posição de Mãe Universal. Portanto, a semideusa Sarasvati é reverenciada pelos Vedas ora como um curso de água, ora como uma divindade dotada do poder de fertilizar os campos para uma boa colheita.

SARASVATI, A SEMIDEUSA DA SABEDORIA

O nome da semideusa surgiu para denominar os rios celestes, Sindhy e Ganges. Os rios se manifestam sob três aspectos:

1º) Durante a noite, como um rio escuro e infernal.
2º) Pela manhã e à tarde como um rio luminoso.
3º) Quando o firmamento torna-se nublado, flui como um oceano.

O leito do rio da semideusa Sarasvati é todo de ouro e suas águas contêm todas as potencialidades vitais, concedendo aos seres mortais e aos semideuses vigor e ilimitados benefícios. Quando o lago sagrado Bindo-Sarovara é inundado pelo rio da semideusa Sarasvati, sua água torna-se auspiciosa e doce como o néctar; qualquer pessoa que beber dessa água cura-se de qualquer enfermidade física. O seu nome originou-se das gotas de lágrimas caídas dos olhos do Senhor Vishnu, em virtude da compaixão que ele sente pelo devoto que busca a sua proteção.

Aclamada como a médica divina, Sarasvati atua sempre ao lado de Varuna, o semideus regente das águas, e de Indra, o tesoureiro do céu. Pessoas interessadas em trabalhar com o dom da cura devem ter consigo a foto ou a murti (imagem) da semideusa Sarasvati vestida de branco. Ela simboliza a palavra sagrada, a prece, a água, o som e a voz. Como mulher, está sempre relacionada à água, aos rios e ao oceano.

A semideusa Sarasvati está decorada com quatorze espécies de ornamentos educacionais e sua inteligência penetra nas quatro seções dos Vedas. Ela volta toda a sua atenção para os livros da lei deixados por sábios eminentes, como Manu (pai da humanidade), está sempre belamente equipada com seis espécies de conhecimento, a saber, evidência védica, gramática, astrologia, retórica, vocabulário e lógica.

Está associada aos Vedas e aos Puranas que sustentam a conclusão final de toda educação. São eles:

1) **Rig-Veda** — representa as divindades, personificações de fenômenos naturais, invocadas para beneficiar seus devotos. O maior número de hinos é dirigido a Agni, a divindade que personifica o fogo.
2) **Yajur-Veda** — são fórmulas sacrificiais compostas de hinos extraídos do Rig-Veda.
3) **Sama-Veda** — destina-se aos mantras para a invocação da divindade, à qual se oferecem oblações.
4) **Atharva Veda** — representa conjurações mágicas, destina-se a cuidar das doenças, expulsar demônios e a ajudar na realização dos desejos eróticos.

Os sacrifícios védicos são considerados um ato religioso em alusão a deus ou a vários semideuses, com o objetivo de conquistar bênçãos e favores como: a opulência material, longevidade e filhos machos.

Os mantras védicos apresentam o céu com vários nomes e formas e o dividem em três planos: 1º) Avana, o céu inferior; 2º) Madyana, o céu mediano; 3º) Uttana, o céu supremo.

O Dyo (o céu) é considerado nos Vedas como o esposo de Bhumi (a terra) e referem-se à aurora como uma deusa heroína, representada como a mãe das vacas, e protetora das apsaras (bailarinas celestes).

É aconselhável orar à aurora para se tornar uma grande dançarina. E também orar aos fenômenos naturais como o Sol, a Lua, o céu, o fogo e a água, para se obter outros tipos de bênçãos.

O astro feminino é chamado na língua sânscrita de Chandra em seus quatro aspectos de metamorfose; recebe a denominação de senhora mãe celeste protetora dos laços matrimoniais e dos partos. Os primeiros encontros amorosos e os casamentos devem ser sempre celebrados durante a Lua cheia.

Quando se invoca a Lua pelo nome de Anumati, estabelece-se forte ligação com a floresta noturna onde habitam as feras nas noites escuras. Assim, Anumati é considerada deusa silvestre ou mãe dos animais selvagens.

O fogo é representado por Agni, o sancionador dos sacrifícios e portador de riquezas, é o menos personificado entre os deuses védicos, mas habita como hóspede no seio familiar, despertando a todos ao raiar de um novo dia.

O fogo habita tanto na terra como no céu, de onde ele desce representado como raio ou como os relâmpagos do deus

Indra. Quando emerge até o firmamento, toma a forma purificadora de oblações sacrificiais ou de chamas da fogueira letal. Portanto, o fogo faz chegar até os deuses as orações, as oblações humanas e as almas eternas dos mortos. Existem duas manifestações antagônicas de Agni, o divino e o diabólico.

Ao se manifestar no seu aspecto sacrificial, Agni (o semideus do fogo), proporciona, aos seus discípulos, muita misericórdia e bênçãos, levando suas oferendas até os deuses. Somente por meio de Agni se chega até os deuses, por isso, é recomendada a prática da meditação com mantras, yoga e oferendas sacrificiais. O fogo está presente no incenso, nos mechas de *ghee* (manteiga) e nas velas. Ele é desejado não só pelos mortais, mas também pelos semideuses. A relação dos mortais com Agni se estabelece através do fogo da madeira, enquanto o seu elo com os deuses acontece através da água. O semideus Agni é condecorado como o protetor dos guerreiros e das casas onde habitam os mortais.

O SOL

O Sol refulgente, semideus universal, é reverenciado nos Vedas pelos nomes sânscritos de Surya, Pushan, Bagha. A pessoa que desejar obter saúde ou se recuperar de enfermidades deve adorar o Sol. Ele também protege os viajantes, afasta os malfeitores e conduz seus adoradores com segurança, indicando a estrada por onde devem andar. Opulento e possuidor de armas de ouro, ele distribui muitas riquezas.

Quando rege o dia, o Sol é chamado Mitra e, quando se torna o regente noturno, é chamado Varuna. Cabe a Varuna estabelecer a conduta moral e punir as transgressões das leis estabelecidas para a paz e a harmonia da coletividade; por ser onisciente, lhe é permitido desvelar os segredos que escondem os seres humanos. Nessa posição Varuna torna-se uma testemunha infalível da noite, é o desvelador de todos os acontecimentos registrados durante o período noturno. Para alcançar o sucesso e a realização de todos os desejos, deve-se à noite orar ao semideus Varuna.

PREVISÕES DO ARCANO

Grande prazer e segurança advindos dos poderes intuitivos, descobertos através da evolução da consciência divina. A arte de aprender a cada segundo na vida a se harmonizar. Esta carta põe o eu exterior em sincronia com os guias espirituais, desvela os rituais de magia, abre as portas sensoriais da percepção e controla a esfera emocional das ilimitadas e ascendentes lutas místicas.

Quando se usa a imparcialidade nos assuntos referentes ao cotidiano, pode-se perceber a diferença entre os sentimentos sutis, que são provenientes da mente e os sentidos grosseiros, provenientes do corpo.

Se assumirmos uma atitude imparcial em nosso cotidiano, poderemos perceber os avisos sutis que vêm através da mente e dos sintomas grosseiros que vêm através do corpo, podemos, em resumo, nos tornar videntes e saber distinguir a diferença entre os desejos sutis da mente e os impulsos grosseiros do corpo.

ASPECTO FAVORÁVEL

Revelação de poderosos segredos, interioridade para fins intelectuais e práticos, tolerância sábia, prática secreta da magia no mais alto grau. A semideusa Sarasvati é a protetora das sacerdotisas, dos médicos, dos escritores, dos místicos e dos músicos.

ASPECTO DESFAVORÁVEL

Dissimulação e intenção oculta, intolerância e instabilidade emocional, presunção por falta de espiritualidade e aceitação de falsos conhecimentos.

SIGNIFICADOS DO ARCANO

Esta carta representa as sacerdotisas, as bruxas e as poderosas mulheres voltadas para a filosofia e para as ciências oculta e esotérica. Grandes poderes místicos advindos do conhecimento adquirido pela alma, onde intuição e clarividência são reveladas para aqueles que respeitam os ditames da sacralidade, e sabem desvendar os avisos que lhes chegam através de sonhos, de pressentimentos e de presságios.

Quando esta carta vem acompanhada da carta I (Brahma), pressagia matrimônio feliz. Ao lado da carta XVIII (Shiva), indica fortes trabalhos de magia que surgirão em breve na vida do consultante. Junto à carta I, indica que o consultante pode galgar a iniciação no mais alto grau esotérico e, junto à carta XII, indica segredos revelados abruptamente.

MANTRA — a faixa 1 do CD de mantras que faz parte deste livro.
ATRIBUTOS — uma vina (instrumento sagrado) e um japa (rosário indiano).
CORES — vermelho e branco.
OFERENDAS — flores, incensos, leite, velas, aromas, etc. (que todas essas oferendas, sejam, de preferência, da cor branca).
REGENTE — das artes, da ciência e da religião.

MENSAGEM DO ARCANO

Os dedos finos da Deusa
tocam a vina e regem os
espirituais segredos dos mortais.
Seus olhos noturnos estão sonâmbulos,
velando meu corpo magistral.
Ó Deusa, protege
e afasta de mim
as vibrações malévolas e letais.

Yasoda Mata – A Mãe Espiritual

Olha no espelho do meu coração e verás, refletido por ti, meu amor de mãe doçura.

DHARANA DA MÃE YASODA (CONCENTRAÇÃO) — A visualização da forma maternal de Yasoda Mata é propícia quando se está inseguro, deprimido, precisando de carinho e proteção. Esta carta indica a mãe que aparece nos momentos em que só se pode contar com o seu apoio maternal. O casal que desejar ter filhos belos e afortunados, deve orar em frente da imagem espiritual de Mãe Yasoda e do menino deus Krishna.

Esta dharana deve ser realizada com a faixa 12 do CD de mantras que acompanha este livro.

ARCANO III

No tarô egípcio, representa a **Imperatriz.** Está relacionado à onipotência, à sedução e à ambição coroada de êxito. Símbolo de feminilidade, poder e dominação sexual, a Imperatriz é a grande mãe que nos ampara, é o nosso porto; com ela podemos contar sempre, onde quer que estejamos.

No tarô dos orixás, representa Iemanjá. Está relacionada à orixá materna que protege, domina e ama; também corresponde à chegada de uma criança, à vida familiar, e a viagens para lugares distantes.

Os Significados dos Arcanos

INTRODUÇÃO

O arcano III, Yasoda Mata, personifica a grande mãe hierárquica espiritual com seus eternos atributos de beleza e jovialidade. No âmago do mais sublime amor, Mãe Yasoda exerce sobre o seu filho Krishna, a suprema personalidade de Deus, um absoluto controle maternal. Esse apego maternal flui no seu êxtase de equilíbrio e iluminação por ser ela a própria sabedoria e proteção espelhada na mãe divina. A grande mãe é uma alusão ao amor materno, representando o mais sublime afeto existente neste mundo. Todas as mães são aludidas na plataforma da natureza transcendental como manancial de proteção que emana na inspiração fecunda e anima em seu ápice de total amparo e amor.

SIMBOLOGIA DA MÃE YASODA

Mãe Yasoda é a própria beleza (Nava Yovana) sempre jovem com seus adornos naturais, colar de pérolas e brincos. Sua cintura fina e seus quadris largos estão sempre rodeados por panos de linho e seda. Seu corpo tem a compleição de uma flor de lótus realçando toda a sua beleza, por ela se vestir encantadoramente com seda colorida. Seus cabelos ondulados estão sempre presos com um lírio branco. Seus braços e orelhas estão impecavelmente decorados com brincos e pulseiras. Seus olhos estão sempre ocupados em ver o rosto de lótus de Krishna. Assim como o menino Jesus, ele simboliza todas as crianças no patamar da pureza com seus eternos folguedos. O menino Krishna é o desfrutador supremo de todas as espécies de cerimônias sacrificiais. Mesmo assim, ele aceitou o passatempo de um menino comum para satisfazer os anseios maternos de Mãe Yasoda Mata.

SIMBOLOGIA DO MENINO KRISHNA

O menino Krishna pode ser representado usando em volta do pescoço um colar de ouro com unhas de tigre. Na testa, ele usa uma tilaka protetora (barro sagrado); amarrado em seus braços um talismã de proteção; ao redor dos olhos de lótus, um discreto rímel preto; um pano de seda amarelo em torno da parte inferior do corpo; no septo do nariz usa uma pérola e, na palma da mão, manteiga representando as *lilas* (passatempos de seus furtos infantis). Quando criança, ele já tocava flauta e tinha uma corneta de chifre de búfalo; vestia um manto bordado e, em volta dos seus pés, tilintavam suavemente pequeninos sinos. O menino tinha o corpo enegrecido, seus olhos eram tingidos de vermelho e nos cabelos curtos e ondulados usava um turbante bordado com penas de pavão.

Nessa tenra idade, ele apresentava um belíssimo fulgor avermelhado nos lábios e seu olhar de lótus tinha uma luz brilhante similar à das noites de Lua cheia. O búzio, a flauta, a corneta e o pequeno bastão para cuidar dos bezerros eram as suas parafernálias inseparáveis.

SIMBOLOGIA DE BALARAMA

Pés de lótus, beleza realçada pelos brincos que tocam suas faces rosadas, a testa enfeitada com tilaka feita de kasiuri (almíscar). Seu peito largo está sempre adornado com guirlandas de flores, tem a compleição branca e, nesta tonalidade, predominam pureza e força espiritual. Usa roupas de cor azul, tem uma voz muito grave e seus atributos mais proeminentes são a força e a misericórdia.

A meditação na sua forma e na cor desse menino é um bom presságio para se retornar ao caminho da pureza e obter força espiritual. Sri Balarama é o manancial de todo o poder místico, que flui do âmago secreto da alma. Só através da sua sanção podem ser expandidas todas as manifestações divinas. Há 500 anos, manifestou-se como Nityananda Prabhu, a mais misericordiosa e magnânima encarnação de Krishna, tornando-se o mestre espiritual do mundo inteiro e revelando a sublime missão que norteia o conhecimento da alma e sua original relação eterna com Deus.

Bala significa força espiritual e *rama*, prazer completo. Todas as manifestações de *shakty* (poder ou força espiritual) são despertadas pela sanção do Senhor Balarama. Pela vontade dele, uma pessoa pode retornar ao caminho perdido e alcançar toda a felicidade que deseja.

OFERENDA AO SENHOR BALARAMA

Varuni — Uma bebida feita à base de iogurte, limão e mel, propícia para beber nas noites de Lua cheia.

A MÃE DIVINA — PASSATEMPO TRANSCENDENTAL

Yasoda Mata (Mãe Yasoda) é a eterna mãe da suprema personalidade de Deus, no céu espiritual ou no mundo material, enquanto o menino-deus realiza seus passatempos transcendentais. Mãe Yasoda representa maternidade, carinho, cuidado, amor puro e desinteressado, avanço espiritual e tudo o que se relacione com a perfeição da vida familiar. Para satisfazê-la, basta lembrar qualquer mantra ou canção para glorificação do menino Krishna, que está sempre acompanhado de seu irmão mais velho Sri Balarama, ou ainda narrar ou ouvir os passatempos infantis (*lilas*) executados pelos dois irmãos nascidos em Vrindavana na Índia, há 5.000 anos.

Quando se levantava de manhã, a primeira atividade executada por Mãe Yasoda era oferecer os seus seios abundantes de leite para o seu pequeno filho e cantar vários mantras para protegê-lo. Decorava-lhe a testa com tilaka de barro sagrado e amarrava um talismã de proteção em seus braços.

Quando bebê, às vezes Krishna chorava, sorria e estirava-se no chão chupando os dedos dos pés. Esses passatempos são revelados para provar que Mãe Yasoda ficava maravilhosamente satisfeita de ver seu filhinho daquele modo. A infância de Krishna se divide em três períodos: o começo da idade Kaumara, o meio e o fim. No início da idade Kaumara, o menino usava um colar de ouro com unhas de tigre em volta do pescoço, tilaka protetora na testa, rímel preto ao redor dos olhos e um cordão de seda em volta da cintura. No meio da idade Kaumara, a parte de cima do cabelo do menino Krishna caía em volta dos olhos de lótus, às vezes sua mãe cobria com um pano de seda amarelo a parte inferior do seu corpo ou o deixava completamente nu. Ele tentava andar avançando passo a passo e falava uma linguagem docemente quebrada, sem conseguir exprimir seus sentimentos e seus olhos estavam sempre muito inquietos. Nessa idade, Krishna, a suprema personalidade de Deus, usava uma pérola no septo do nariz e manteiga na palma das mãos, além de pequenos sinos na cintura. Esses excêntricos ornamentos que decoravam o corpo do menino jamais deixaram de causar espanto em sua mãe. No final da idade Kaumara, o menino levava consigo um pequeno bastão na mão, usava vestes um pouco compridas, com um nó em volta da cintura semelhante a capelos de cobras. Apascentava os bezerros perto de casa e brincava com amigos da mesma idade, tocava flauta e tinha uma corneta de chifre de búfalo. Na cabeça, ele usava um turbante adornado com uma pluma de pena de pavão. Um manto bordado revestia-lhe o corpo e pequenos sinos tilintavam suavemente nos seus pés. O menino tinha um belo corpo enegrecido e os olhos tingidos com a cor vermelha.

Quando o menino Krishna realizava seus passatempos infantis em Vrindavana, tinha o hábito de quebrar os recipientes de leite e iogurte e roubar a nata do leite. Certa vez Mãe Yasoda falou à sua criada: "Repare como Krishna olha furtivamente em todas as direções e sai vagarosamente das moitas. Parece que ele vem só para roubar manteiga. Não te exponhas ou ele poderá perceber que estamos olhando na sua direção." Ao observar a atitude de Krishna enquanto ele roubava manteiga tão furtivamente, Mãe Yasoda experimentava o êxtase do amor maternal, cheirando-lhe a cabeça e oferecendo-lhe bênção, e dava-lhe boas instruções para que não se tornasse um gatuno. Esse passatempo infantil de Krishna com sua mãe revela que a propensão infantil de roubar existe até mesmo na suprema personalidade de Deus. Contudo, na relação espiritual, essa propensão de roubar não tem o mesmo enebriamento que tem no mundo material. Para obter as bênçãos da Mãe Yasoda e deixá-la satisfeita, deve-se preparar deliciosos pratos à base de leite e seus derivados, oferecendo-os à criança Krishna e depois saboreá-los e dividi-los com outras crianças. Krishna também aceita que se lhe ofereça, com amor e devoção, outras oferendas saborosas, desde que não sejam contaminadas com carne, peixes e ovos.

Sri Balarama, o irmão mais velho de Krishna, é simbolizado como a primeira expansão plenária do Supremo. Sua pele é branca, por isso esta é a tonalidade predominante de pureza e força espiritual. Krishna e Balarama são as supremas personalidades de Deus. São eles que mantêm toda a criação e aparecem como vaqueiros cuidando de bezerros de vacas de Vrindavana. O menino Krishna é a causa de todas as causas e, em Vrindavana, cidade sagrada da Índia, todos os passatempos amorosos de Krishna são narrados para o deslumbramento e purificação dos seguidores

O nome de Krishna, seus atributos e sua eterna forma pessoal são reverenciados como verdades absolutas. Tudo nele repousa; sua energia transcendental não pode ser canalizada por pessoas ateístas e ocupadas com os litígios da matéria efêmera. Deus sempre aparece através de suas encarnações (avataras) quando a vida espiritual de kalpas (milênios) está em declínio. Mas as pessoas sarcásticas e desafortunadas, aprisionadas pela mente traiçoeira e pelos sentidos materiais, jamais poderão entender o nome, as atividades e a forma do Senhor Supremo. Por isso elas o descrevem como um herói da mitologia hindu e permanecem para sempre no ciclo de nascimento e morte (samsara).

A criança Krishna é o supremo ilimitado. A pessoa que deseja se livrar do ciclo de nascimentos e mortes deve meditar em Krishna como uma criancinha (carta III), em Gaura-Nitai, a encarnação sonora de Deus que representa a carta XIV, em Paramatma, a testemunha suprema que habita no coração de todas as entidades existentes no mundo letal e representa a carta XII. Em Vishnu, o mantenedor dos três mundos, representante da carta XXI, e, em especial, na sua forma original de Radha e Krishna, os amantes supremos, carta XIX.

Para se receber as bênçãos de Krishna, deve se meditar numa de suas formas ou avataras para se alcançar Vimuki (salvação) e tornar-se um associado do Senhor Deus.

A prática da bhakti-yoga (yoga da devoção) revela que se deve concentrar toda a atenção nos pés de lótus do Senhor Krishna e manter com ele um relacionamento íntimo pessoal, para livrar-se dos perigos e do temor que surgem na hora da morte. Com essa prática devocional são dispensadas todas as outras práticas de yoga, a saber, jnana-yoga (conhecimento), pranayama (respiração), asana (postura, que possibilita a união com Deus) e também não será mais preciso nascer em Vrindavana nem se banhar nos rios sagrados da Índia.

O AMOR EXTÁTICO

O amor extático se desenvolve e se firma no relacionamento paternal e maternal, chamado *vatsalya-rasa*. Sukadeva Goswami declara: "Mãe Yasoda aceitou Deus como filho apesar dele ser aceito por todos como o rei dos céus, pelos Upanishads como Brahman impessoal e pelos yogues como a superalma que habita no coração de todas as entidades do universo. Os seus devotos o aceitam como Krishna, a suprema personalidade de Deus."

PREVISÕES DO ARCANO

Os cuidados maternos são como um escudo que nos protegem em circunstâncias delicadas e sublimes. O amparo da mãe e a sabedoria absoluta manifestam-se em planos visíveis e invisíveis, através de telepáticas comunicações espirituais, que representam o sentimento e a força do pensamento quando ligam os laços do coração, no que se refere aos afetos verdadeiros.

Esta carta representa a mulher impregnada de sonhos e sedução, a deusa-mãe no apogeu terrestre, expandindo beleza, afabilidade, fecundidade, encanto e poder de alma. Anuncia sentimento verdadeiro e satisfação, trazendo a alegria pela sensação dos obstáculos vencidos.

Os Significados dos Arcanos

ASPECTO FAVORÁVEL

Os impulsos sublimes do amor materno é eterno com sabor de doçura, as relações desinteressadas, a mulher exaltada como divindade envolta em reverência e êxtase. A mãe no patamar de proteção transcendental, coragem, amadurecimento, impulsos fraternos, inteligência, opulência, atração filial, beleza, e muito mais.

ASPECTO DESFAVORÁVEL

Sacrifício e subordinação em favor dos filhos, aflição por apego e proteção a familiares, agitação, fadiga por trabalhos familiares, cuidado excessivo com os filhos, chantagem provocada por situações intrigantes e de possessividade.

SIGNIFICADOS DO ARCANO

Esta carta representa a mulher, a mãe guardiã dos seus filhos, as mulheres representadas nas passarelas, nos palcos, nos contextos políticos, religiosos, culturais e sociais, que deixarão sua marca registrada para a posteridade.

Esta carta está associada às crianças e aos adolescentes de um modo geral.

Quando acompanhada da carta IV (Indra), anuncia felicidade advinda do casamento junto aos filhos.

Junto às cartas XXII, XV e XII, anuncia desgosto causado por separação; com a carta II, anuncia felicidade causada pelo encontro com outras mulheres.

Quando a carta III de Mãe Yasoda vem acompanhada de cartas positivas, anuncia um novo tempo coroado de muitas esperanças e alegrias, no qual as inspirações domésticas e profissionais lhe garantirão conforto, estabilidade e harmonia.

KRISHNA (DAMODARA)

ATRIBUTOS DO MENINO KRISHNA — uma pérola no septo do nariz, manteiga na palma das mãos. Carrega sempre consigo uma flauta, um pequeno bastão para cuidar dos bezerros, um colar de unhas de tigre no pescoço.

CORES — amarelo e vermelho.

MANTRA — *jaya krishna damodaraya namah.*

OFERENDA — manteiga e iogurte.

REGENTE — das brincadeiras infantis.

TRANSPORTE — um carrinho de bebê.

ATRIBUTOS DE MÃE YASODA — (Nava Yovana), seu corpo belo e jovem tem o aspecto de uma flor de lótus.

CORES — amarelo, e todas as cores coloridas.

MANTRA — a faixa 12 do CD de mantras que acompanha este livro.

OFERENDA — leite e seus derivados como doces, iogurte, manteiga.

REGENTE — do abrigo e proteção maternal.

ADVERTÊNCIA: Não confundir o amor puro da Mãe Yasoda por seu filho Krishna com o amor mundano que pertence ao plano dos relacionamentos materiais. Ter muito cuidado com sahajiismo (julgar-se a própria Virgem Maria, mãe de Deus), seguir o exemplo da Mãe Yasoda com seu filho, ter amor espontâneo maternal, sem a mínima mácula de interesse e chantagem com os filhos.

TARÔ SAGRADO DOS DEUSES HINDUS

MENSAGEM DO ARCANO

Sou a eterna mãe
com meus abundantes seios cheios de leite.
Todos me buscam nas horas de desamparo e desespero.
Sou mulher, a guardiã dos filhos e do lar,
Sou a imaculada mãe de Deus,
Visionária dos passatempos infantis
Do menino Krishna de cor azul.

Krishna e seu irmão Balarama

Indra – Semideus do Raio e da Chuva

Por fazer valer o meu poder, posso planejar e executar minha vontade em todas as direções. Impero sobre aquilo que eu próprio construí.

DHARANA (CONCENTRAÇÃO) — Deve-se meditar em Indra, o semideus dos raios e das chuvas, poderoso e combativo. Aquele que não teme os obstáculos nem os inimigos, que enfrenta tudo de frente. Aquele que busca a justiça e a lealdade, que vence pelos próprios esforços e dons. Quem deseja sexo, filhos, poder, e ter sorte com o casamento e a política deve orar ao semideus Indra.

Esta dharana pode ser realizada com o mantra VII "O Canto da Guerreira", em saudação a Iansã, orixá correspondente ao semideus Indra.

ARCANO IV

No tarô egípcio, representa o Imperador. Está relacionado com os bens financeiros, trazendo à tona progresso rápido e poder para atingir todos os objetivos. Representa o patriarcado, quando atua sensivelmente e torna-se o marido ideal para a mulher.

No tarô dos orixás, representa Iansã guerreira. Está relacionado ao poder de transformar tudo aquilo que toca. Suas ações e movimentos estão sempre canalizados para um fim. Sua sensualidade se expressa de maneira selvagem e livre.

INTRODUÇÃO

O arcano IV, Indra, personifica o tesoureiro do céu, simbolizando o poder que exalta o guerreiro triunfante. Regente das chuvas e tempestades, ele tem como arma de ataque, um raio. Sua ira se manifesta durante os temporais. Ele é o guardião dos costumes e da moral, protetor daqueles que realizam oblações sacrificiais aos deuses. Semideus da virilidade, que venceu muitos demônios; suas qualidades são o poder, a força, a coragem, a firmeza e o vigor.

SIMBOLOGIA

O Senhor Indra, o rei dos céus, tem uma arma muito poderosa, o raio, que podemos observar no céu quando chove. Suas vestes, elmos, brincos são dignos de um rei majestoso. Sua esplêndida face celestial é bela e o seu corpo é coberto por olhos brilhantes. O rei está sempre revestido de uma armadura de ferro. Sua imagem está associada ao arco-íris, símbolo do arco mágico, da vitória e poder do raio. Às vezes, ele se apresenta sendo transportado por seu forte elefante branco, belamente adornado. Por sua soberania e extrema bondade, o Senhor Indra também é conhecido como Maghavat, o vencedor dos inimigos e distribuidor de muitas riquezas. Indra é o semideus que reina sobre os seres humanos e governa as quatro classes de habitantes da Terra:

1º) Brahmanas (sacerdotes).
2º) Kshatryas (monarcas, militares, etc.).
3º) Vaisyas (comerciantes, agricultores, etc.).
4º) Sudras (serviçais).

O Senhor Indra se destaca como o genuíno bebedor do suco do *soma*. Um líquido obtido por maceração das fibras de uma planta, o soma foi designado como Deus onipotente, médico de todas as doenças, doador de riquezas e senhor dos deuses. Nos Puranas o deus Soma é representado pela luz, e seu suco desenvolve o despertar da inteligência superior. Indra protege aqueles que lhe oferecem em oblação a bebida soma, é o Senhor dos sacrifícios e da força, poderoso e rápido utiliza a arma Dyauspitar para vencer os inimigos. Como personificação do poder divino e sustentação da vida, está sempre revestido de uma armadura de ferro ao lado das Vasus, as oito divindades que o acompanham como personificações de fenômenos naturais: Anala (fogo), Upa (água), Dhara (terra), Dhruva (estrela polar), Prabha (aurora), Pratyucha (luz), Sona (Lua), Dyaus (chuva).

Ele é responsável pela chuva, utilizando-se de seus poderes em benefício de todos os seres mortais que habitam a Terra. Com o seu grande poder, faz descer do céu gotas de chuva que fecundam o ventre da mãe terra. O rei também é representado como fonte plena de fertilidade e como o tempestivo poder do raio, possuidor da energia elétrica ancorada na vida cósmica e terrestre. Sua energia oculta é transmitida à Terra através da chuva e armazenada no esperma de todos os seres que copulam e bailam no mistério das formas e manifestações experimentais da vida.

Com sua esplêndida face celestial, ele protege aquele que lhe oferece em oblação o *soma* (néctar dos deuses), a bebida que o rei Indra alude como dádiva de êxtase. Sendo o herói predestinado a velar o universo cósmico material, Indra sempre está condecorado com o arco da vitória e é muito querido por Krishna (Deus), por ser o rei administrador dos três mundos, liderando e protegendo os devas (semideuses). Por estar situado em *rajo-guna* (modo da paixão), às vezes o rei cai vítima das armadilhas do poder creófago e das falsas honrarias.

PASSATEMPO TRANSCENDENTAL

Um dos seus passatempos revela que o corpo celestial do rei é repleto de olhos, porque certa vez Indra desenvolveu desejos libidinosos pela esposa do seu mestre espiritual Brihaspati. Sabendo disso, o guru Brihaspati o amaldiçoou a ficar com o corpo repleto de vaginas, as quais vertiam menstruação freqüentemente. Ao ver o estado tenebroso que conspurcava o rei, Brahma, o semideus de toda a criação, o socorreu transformando as vaginas sangrentas em brilhantes olhos, com a finalidade de remediar o execrável estado em que se encontrava o rei. Esse passatempo mostra que o rei herói pode enxergar com todo o seu corpo, o qual está repleto de belos olhos.

Um outro passatempo do rei com relação ao guru Brihaspati relata que certa vez Indra tornou-se muito orgulhoso por estar sentado no seu trono de ouro, rodeado pelos rudras (Shiva no aspecto destruidor), siddhas (almas liberadas), apsaras (dançarinas celestiais), gandharvas (cantores celestiais), patagas (pássaros) e nagas (serpentes). Todas essas personalidades mencionadas oferecem a Indra a sua servidão e veneração. Sobre a cabeça do rei flutuava uma sombrinha branca tão misteriosa como a Lua cheia. Todos os que ali estavam presentes o serviam com grande aparato e com toda a parafernália paradisíaca digna de um rei. Indra estava sentado com a sua afortunada e bela esposa Satidevi no trono. Por ocupar titânica opulência, a qual ostenta nos três mundos, o rei Indra entregou-se ao sádico apogeu e transgrediu a lei da etiqueta védica ao ignorar a presença do grande sábio Brihaspati, que naquela ocasião apareceu na alegórica assembléia. Brihaspati ocupava a posição proeminente como o melhor dos sábios e mestre espiritual de todos os semideuses ali presentes. O *sadhu* (sábio) era tão poderoso que se tornou respeitado tanto pelos semideuses como pelos asuras (demônios). Apesar de estar diante de seu guru, Indra não se levantou do seu trono, não demonstrando nenhum respeito por seu mestre espiritual. Nesse momento, o mestre Brihaspati pôde clarividenciar que, devido à sua ostentação material, Indra havia se tornado muito orgulhoso e, por isso, retirou-se da assembléia. Ao perceber que transgredira a lei da etiqueta védica por não se prostrar aos pés de lótus do seu mestre Brihaspati, e nem lhe oferecer um lugar de honra, o rei reparou o seu erro e perante toda a platéia declarou-se culpado. Ao ler a mente do seu discípulo e de todos os semideuses liderados por Indra, entre eles Agni (semideus do fogo), Chandra (semideus da Lua), Bhumi (semideusa da Terra), Varuna (semideus das águas), Vayu (semideus do vento) e tantos outros deuses, o poderoso mestre Brihaspati tornou-se invisível. Indra procurou Brihaspati por toda a parte, mas não o encontrou. Ao descobrirem que Indra havia ofendido o seu mestre espiritual, expondo-o ao ostracismo, os cáusticos demônios tomaram as armas do rei e declararam guerra aos semideuses. Mais uma vez o Senhor Indra, desesperado, chega à presença do Senhor Brahma junto com os semideuses. Ao ver os semideuses vindo em sua direção, com seus exóticos e belos corpos feridos gravemente pelas flechas dos selvagens demônios, o Senhor Brahma gravemente disse: "Oh! Querido Indra, deus dos raios e das chuvas, por negligenciares a lei da etiqueta védica, o teu mestre espiritual ficou insatisfeito contigo. Agora perdeste a paz mental e o poder de conquistar toda a boa fortuna. Embora estejas cercado de ciclópicos semideuses, foste derrotado pelos asuras (demônios), resultado da tua ofensa ao deixar de proporcionar ao teu guru uma alusiva recepção. Os deuses nunca são derrotados pelos demônios em fatídicas guerras. Mas deixaste cair um negro pano de mau augúrio, ao desacatar uma autoridade transcendental superior do porte do teu mestre Brihaspati. Agora teu coração está crucificado, perdeste a força e o resultado de tuas atividades piedosas que executaste em vidas anteriores."

Esse passatempo revela a força prodigiosa e o amor íntimo entre o guru e o discípulo. Quando o discípulo sincero satisfaz o guru através do amor transcendental e das práticas ritualísticas, ele adquire muito poder no universo cósmico material.

PREVISÕES DO ARCANO

O forte desejo de conquista pode fazer com que se tente passar por cima das leis do supremo. Alguém pode se julgar mais importante que Deus devido a grande opulência, fama e seguidores. É muito perigoso iludir-se com as posses e posições materiais conquistadas por karma, sob a influência de *rajo-guna* (modo da paixão) e negligenciar a Pessoa Suprema (Sri Krishna) devido a tamanha opulência material. Alguém pode buscar ilimitado gozo dos sentidos, degradando-se sexualmente, tornando-se uma vítima fatal de muitas armadilhas devido à luxúria.

ASPECTO FAVORÁVEL

A riqueza com seus castelos encantados. A união predestinada dos cônjuges. O arrependimento que chega através do amor. Ostentação do poder com embevecida alegria, fecundação, limpeza, e a emoção que brota envolvendo palavras e pensamentos.

ASPECTO DESFAVORÁVEL

Traição em refugo ao amor. Maléficas injúrias que maculam a devoção. Inveja do superior. Luxúria exacerbada. Abuso incomplacente do poder. Tirania. Domínio por imposição da força. Traição por orgulho e inveja.

SIGNIFICADOS DO ARCANO

Esta carta representa as pessoas ricas e importantes. Simboliza o pai, o esposo ou o patrão. Tem forte influência no meio familiar e nos aspectos materiais. Quando vem acompanhada da carta III, indica grandes realizações conquistadas por influência amorosa, familiar ou por *status* social. Com a carta X, anuncia bom presságio, fama, riqueza e poder que se manifestarão em breve. Com as cartas XV, VI e XII, anuncia perdas ilimitadas e perturbações.

Para agradar o Senhor Indra e ter sua bênção de proteção, deve-se respeitar os semideuses e não blasfemar contra eles.

Por exemplo, não se deve blasfemar contra:
- Soma, o deus da chuva, quando chove muito e há grandes tempestades.
- Agni, o semideus do fogo, quando há incêndio e grandes queimadas.
- Vayu, o semideus do vento e pai do macaco Hanuman, quando há grandes furacões.
- Varuna, o semideus das águas, quando há enchentes de rios e alguém morre afogado.

ATRIBUTOS — influência e glória, por estar na posição de governar os outros semideuses.

ARMA — um raio em forma de arco-íris.

CORES — amarelo, lilás e verde.

MANTRA — o mantra OM, faixa 1 e logo em seguida a faixa 7 do CD de mantras que acompanha este livro.

OFERENDA — *soma*, o néctar dos deuses.

REGENTE — das chuvas e das guerras.

TRANSPORTE — um gigantesco elefante branco.

MENSAGEM DO ARCANO

Um novo acontecimento
está por vir.
Não te enganes nunca
Nem te entregues nunca sem amor,
Pois mais tarde teu karma pesará.
A mulher é uma deusa e uma
   feiticeira,
Não pretendas nunca com ela
   brincar.
Ela tem um ventre macio,
Um papo audacioso e um olhar de
   sereia.
Não é nômade na sua paixão e
tu nunca entendes isso.
A felicidade é eterna para quem
   sabe cultivá-la.
O efêmero se torna perene.
A perspectiva demora a acontecer,
A passagem é larga e estreita,
Mas o fatal não é o fim.
Não queiras ventar tempestade.
Nem punir tuas palpitações.
Assume teu trono, amor.
Rei sem rainha é azar.
Não procures sentimentos
   vingativos nem
ressentimentos loucos.
E nem queiras me deixar de mal
   a pior.

Srila Prabhupada – O Santo do Séc. XX

*O guru é o governador das almas desgarradas. Refúgio sublime, única salvação.
O guru é o grande amor, a inseparável alegria, aquele que se tornou puro
e pode proferir bênçãos.*

DHARANA (CONCENTRAÇÃO) — Deve-se orar e meditar em Srila Prabhupada, com toda veneração e respeito, quando se deseja encontrar o verdadeiro mestre espiritual e obter dele as bênçãos para vislumbrar o êxtase do verdadeiro amor do guru e merecimento para tornar-se uma alma auto-realizada.

Esta dharana deve ser realizada com a leitura dos versos do livro *Bhagavad-Gita* e a vibração do "maha-mantra Hare Krishna", faixa 13 do CD de mantras que acompanha este livro.

ARCANO V
No Tarô egípcio, representa o Papa. Está relacionado ao pai espiritual e à integração com Deus. Abarca o conhecimento da alma, do corpo, da mente e do intelecto; por essa razão, pode liberar as almas condicionadas do ciclo repetitivo de nascimento e morte.

No Tarô dos orixás, representa Oxalufá. Está relacionado às obrigações exigidas dentro da iniciação e aos preceitos e princípios morais. Oxalufá é aquele que ilumina e que guia.

INTRODUÇÃO
O arcano V, Prabhupada, personifica amorosamente o mestre supremo dos

mistérios que permeiam o culto da *bhakti-yoga*. Exaltado como um representante de Deus, o guru divino emana inspiração humana, e traz para o mundo a ciência do novo despertar e a filosófica consciência espiritual. Srila Prabhupada simboliza a rendição induzida pela devoção e pelo amor. O ser humano é convidado à introspeção meditativa para ouvir as palavras do guru. A sanção e as instruções necessárias do guru quando são cumpridas irão beneficiar o discípulo, conduzindo-o ao caminho da alta realização e prodigiosamente livrando-o das dolorosas reações kármicas herdadas de vidas passadas, que mais cedo ou mais tarde a pessoa terá que resgatar.

SIMBOLOGIA

As vestes açafroadas de Srila Prabhupada, representam a pureza, a renúncia, a verdade, a misericórdia e o conhecimento espiritual. Prabhupada é a encarnação especial dotada de poder divino, representada pelo nome Shaktyavesha-avatara, que apareceu no século passado para expandir o néctar extasiante de amor a Deus e imacular a existência daqueles que sofrem em tempos de trevas.

De cor morena, porte hierático, lembrando as grandes personalidades do mundo espiritual, a sua mão direita ostenta um *japa-mala* (rosário sagrado), símbolo espiritual que ele usa para ensinar a transcender os cinco sentidos, a mente e os desejos carnais do mundo; logo à sua frente estão os seus livros sagrados onde estão contidos toda a ciência e os mistérios que permeiam os três mundos: o físico, o mental e o espiritual.

SRILA PRABHUPADA

Srila Prabhupada adveio disfarçadamente do céu espiritual, a morada eterna de Deus, e estabeleceu esse movimento para consciência de Krishna no planeta inteiro, hoje sabemos que não existe lugar neste mundo onde o santo nome de Sri Krisha, Hare Krishna Hare Rama, não tenha sido cantado e não esteja sendo cantado.

Dependendo da situação, Deus pode encarnar para proteger as pessoas que manifestam no caráter sintomas da natureza divina ou aniquilar os demônios que vibram contrário ao *dharma* (religião). A encarnação do guru mostra uma maneira de Deus se manifestar através do seu devoto puro, e abrigar sob o seu refúgio todas as almas desamparadas. Quando Deus não vem pessoalmente executar suas atividades transcendentais, ele concede pleno poder para que o seu devoto puro desça ao plano material e o represente garbosamente com todas as honrarias. Essa pessoa dotada de poder que advém a esse mundo para cumprir a missão da suprema personalidade de Deus chama-se Shaktyavesha-avatara e pode se tornar mais misericordiosa que outras encarnações de Deus por se dispor como abrigo incondicional a todas as entidades vivas que fenecem, dia após dia, no macabro jogo de *maya* (ilusão). "Deve-se entender que o mestre espiritual é tão bom como eu e ninguém deve invejá-lo ou pensar que ele é um homem comum, porque o mestre espiritual é o somatório de todos os semideuses." (*Srimad-Bhagavatan* 11.17.27).

O Senhor Isa (Jesus Cristo) também é representado na corrente filosófica do vaisnavismo como Shaktyavesha-avatara, encarnação dotada de poderes místicos, que deu demonstrações de muitos milagres e curas, ressuscitou os mortos, curou os cegos, leprosos e paralíticos, instruiu como mestre, reuniu todos os povos e ensinou profeticamente através do exemplar comportamento de humildade. Jesus Cristo foi morto e sepultado pelos judeus, hereges e por pessoas demoníacas, incrédulas e céticas. Mas ressuscitou ao terceiro dia de sua morte para provar que Deus está acima do bem e do mal. Atualmente é adorado na Índia por meio da prática meditativa da dança e do canto dos santos nomes de Deus. Prega *bhakti* (amor a Deus) acima de tudo. O Senhor Isa (Jesus Cristo) o filho de Deus desceu ao mundo dos mortais com a missão de guiar e reunir todos os povos através da escola do mestre. O santo nome do Senhor Jesus continuará atravessando séculos.

O guru está representado eternamente na sucessão discipular, trazendo a sublime missão de iluminar as almas que estão presas aos corpos físicos temporários, abrindo-lhes os olhos com a chave do conhecimento e revelando-lhes o prazer mais confidencial (o culto de *bhakti*), associação pessoal com Deus. Srila Prabhupada, o mestre dos três mundos, compõe a sucessão discipular parampara, velada fielmente na sabedoria mais antiga do mundo, transmitindo conhecimento de mestre para discípulo através dos milênios sem perder ou adulterar a essência intacta de toda a verdade contida na cultura védica.

O discípulo que deseja conhecer Deus (Krishna) deve:

- Aceitar um mestre espiritual na sucessão *parampara*.
- Indagar humildemente a respeito do mais secreto dos segredos que desvela a ciência da alma espiritual.
- Evitar *aparadha* (ofensa) aos praticantes do culto *bhakti* (associação íntima com Deus), pois tais ofensas podem levar à mais ultrajante loucura; tais blasfêmias são tão inauspiciosas, que tudo o que alguém esteja cotado para receber por merecimento na vida será reduzido a cinzas, estando ainda essa pessoa fadada a morrer de morte extemporânea.

Srila Prabhupada é o *jagad-guru*, ou seja, o mestre espiritual fidedigno para os três mundos:
- Svarga-loka, sistema planetário superior (celestial).
- Martya-loka, sistema planetário intermediário (terrestre).
- Ada-loka, sistema planetário inferior (infernal).

Sabemos, por meio de informações das escrituras milenares, que nesta era de Kali apareceria, neste mundo dos mortais, um autêntico Shaktyavesha-avatara, encarnação dotada de poder divino para expandir o vaisnavismo (adoração ao Senhor Vishnu ou Krishna) e pregar o santo nome de Deus:

*Hare Krishna, Hare Krishna,
Krishna Krishna, Hare Hare,
Hare Rama, Hare Rama,
Rama Rama, Hare Hare.*

PASSATEMPO TRANSCENDENTAL

Srila Prabhupada veio a este mundo como filho de um grande devoto do Senhor Krishna, Swa Lrça Gouer Mokanji, do qual recebeu a maior tenuidade e educação espiritual Vaisnava e demonstrou a maior devoção pelo Senhor do universo Sri Jaganatha Swami (Sri Krishna); em sua maternidade conheceu seu mestre espiritual e devoto puro de Krishna, Srila Bhaktisiddhanta Sarasvat Gosvami Maharaja, o qual, ao vê-lo pela primeira vez na vida, ordenou-lhe que viajasse por todo o mundo pregando o serviço de devoção a Deus em língua inglesa.

Obedecendo à ordem de Sri Gurudeva, Srila Prabhupada veio para o Ocidente depois de ter tomado *sannyasi* (a ordem de renúncia à vida) e, em poucos anos, realizou milagres. Fundou a Iskcon, Sociedade Internacional para Consciência de Krishna, em todo o mundo, e fez centenas de milhares de discípulos, salvando-os da vida pecaminosa das drogas, dos jogos de azar, do comer carne, peixe e ovos e do sexo ilícito. Revolucionou o meio acadêmico e cultural do mundo todo com uma infinidade de publicações literárias do mais alto valor filosófico, social, psicológico e religioso. Estabeleceu o teísmo e o personalismo, apresentando para o mundo a suprema personalidade de Deus (Sri Krishna), com base nos Vedas, de onde trouxe para o mundo as relíquias do pensamento milenar da Índia antiga e os fundamentos da extinta e nobre cultura védica. Srila Prabhupada é um *acarya* (aquele que ensina através do próprio exemplo), e que está realizando a profecia da suprema personalidade de Deus, que encarnou neste planeta há 500 anos.

Assim, a fama de Srila Prabhupada se espalhou, juntamente com o santo nome de Krishna, por toda parte e por todos os três mundos: Svarga-loka, Martya-loka e Ada-loka.

MANTRA EM LOUVOR A SRILA PRABHUPADA

nama OM vishnu-padaya krishna-
   prestaya bhu-tale
srimate bhaktivedanta svamin iti
   namine
namaste saraswati deve gaura
   vani pracarine
nirvisesa sunya vadi pascatya
   desa tarine.

Essa é a reverência a Srila Prabhupada que deve ser feita ao acordar, ao meio-dia e ao se deitar.

Esse mantra também pode ser vibrado quando se oferecem alimentos que não sejam carne, peixe e ovos, e desde que também não tenham sido temperados com cebola ou alho, para que se possa depois saboreá-los, purificando-se adequadamente. Esse mantra deve ser recitado em frente a uma foto de Srila Prabhupada.

Tarô Sagrado dos Deuses Hindus

PRASADA: A YOGA DO ALIMENTO DOS DEUSES

No *Bhagavad-Gita* (A canção do Senhor), o Senhor Krishna afirma: "Se alguém quiser me ofertar, com amor e devoção, frutas, folha, flor ou água, aceitarei a oferenda..."* A pessoa que prepara alimento vegetariano puro e natural e, em seguida, o oferece ao Senhor Supremo, sentirá automaticamente o despertar do sublime prazer espiritual no coração.

Através da imensa energia transcendental, Krishna pode converter a matéria em espírito. Assim, a substância material do alimento que é oferecido a Deus torna-se plenamente espiritualizada. Esse alimento é chamado de *prasada*, palavra sânscrita que significa "misericórdia do Senhor". Comer prasada é uma prática fundamental na Bhakti-yoga com o propósito de espiritualizar os cinco sentidos.

No processo de *bhakti-yoga*, a yoga do alimento, o Senhor diz: "Tudo o que fizeres, tudo o que comeres, tudo o que ofereceres ou deres, bem como todas as austeridades que praticares, deves fazer tudo como uma oferenda a Mim." Desse modo, oferecer alimento faz parte do sistema de *bhakti-yoga*.

O Senhor descreve, também, as espécies de oferenda que Ele aceita: "Se alguém quiser me ofertar/com amor e devoção/frutas, folha, flor ou água,/ aceitarei a oferenda./ Ó descendente de Kunti/o que quer que você faça/o que quer que você coma/o que quer que você dê/ tudo isso deve ser feito/como uma oferenda a Mim." [*Bhagavad-Gita*, cap. 9, verso 26, p. 124]. Krishna não inclui, entre as suas oferendas, carne, peixe ou ovos; cer-

---

* Esse verso do *Bhagavad-Gita* foi gravado pela cantora Gal Costa.

tamente não estão incluídos os cadáveres apodrecidos e frios de animais chacinados ou os embriões em potencial de aves.

A *bhakti-yoga*, ou ciência de devoção a Deus, tem sido fielmente transmitida de geração a geração para difundir a saúde espiritual da humanidade. A cultura védica considera que aquele que satisfaz os caprichos do corpo e da mente, abandonando as necessidades da alma, está infectado pela doença do materialismo.

Srila Prabhupada ensinou seus discípulos como preparar diversos tipos de alimentos vegetarianos, como oferecê-los a Krishna, o Senhor Supremo, e como apreciar tais alimentos espiritualizados como sendo a misericórdia de Deus. Ele ensinou ainda que oferecer *prasada* a todos é uma parte importante para aquele que pratica yoga, modo de vida consciente de Krishna. Ele dizia que um movimento espiritual que não reparte gratuitamente alimentos espiritualizados é inútil, e que simplesmente alimentar o faminto não é suficiente; é falsa caridade, a não ser que lhe seja dada *prasada*, pois esta proporciona a libertação do nascimento e da morte.

O *Bhagavad-Gita* explica que para conseguir a auto-realização ou seja a realização de Deus, a pessoa deve ser moderada em suas atividades de comer, dormir, trabalhar e recrear-se. "Não há possibilidade de uma pessoa se tornar um yogi", o Senhor Krishna diz: "Se ela come demais ou come pouco demais, dorme demais ou não dorme o suficiente." O propósito não é que a pessoa deva tentar artificialmente comer menos do que necessita, mas o comer deve ser regulado para que haja progresso espiritual.

Os chamados homens civilizados modernos têm como hábito comer carne, acompanhada de bebidas alcoólicas para ajudar na digestão. A carne e o álcool os tornam agressivos e eles não conseguem controlar seus cinco sentidos grosseiros: tato, paladar, audição, olfato e visão. Ficando dessa maneira presos aos modos da paixão e da ignorância e comportando-se mais como animais do que como homens civilizados.

Srila Prabhupada diz que Krishna é o nome de Deus, que significa o "todo-atrativo". Todos nós somos pequenas partículas de Deus, iguais a Ele em qualidade. Nossa posição como entidades vivas é como a de uma pequena partícula de ouro com relação a uma grande quantidade de ouro.

Na condição material pensamos: "Eu sou este corpo", e por isso temos de mudar de um corpo para outro, repetidamente. A causa disso é a ignorância. Na verdade, nós não somos nosso corpo, mas sim centelhas espirituais, partes integrantes de Deus.

De acordo com nossos desejos no momento da morte, obteremos um novo corpo, mas ninguém pode garantir que esse corpo seja um corpo humano, pois há 8.400.000 diferentes formas de vida. Poderemos entrar em qualquer uma delas, de acordo com nossa condição mental na hora da morte. Aquilo que pensamos na hora da morte depende de como agimos durante a vida. Enquanto estamos ligados à consciência material, nossas ações estão sob o controle da natureza material, que está sendo conduzida de três modos: bondade, paixão e ignorância. Esses modos são como as três cores primárias — amarelo, vermelho e azul. Assim como podemos misturar as cores, os modos da natureza estão sendo misturados para produzir muitas variedades de vida. Para cessarmos o ciclo de nascimento e morte em diferentes formas de vida, temos de transcender a cobertura da natureza material e chegar à plataforma de consciência pura. Mas, se não aprendemos a ciência transcendental, na hora da morte teremos que nos transferir para outro corpo, melhor ou pior do que o atual. Se cultivarmos o modo da bondade, seremos promovidos ao sistema planetário superior, onde há um padrão de vida destinado às pessoas elevadas espiritualmente e para os semideuses. Se cultivarmos o modo da paixão, permaneceremos no estágio atual. Mas se por ignorância cometermos atividades pecaminosas e violarmos as leis da natureza, seremos degradados à vida animal ou vegetal. Daí teremos novamente de evoluir até a forma humana, um processo que poderá levar milhões de anos. Por isso, um ser humano deve ser responsável. Ele deve aproveitar-se da rara oportunidade da vida humana, compreendendo sua relação com Deus e agindo de acordo com essa relação. Então ele poderá sair do ciclo de nascimento e morte, onde se sujeita a reencarnar em diferentes formas de vida até voltar novamente ao lar supremo.

Enquanto cultivamos os desejos mundanos, desenvolvemos no nosso dia-a-dia um conceito corpóreo da vida, dessa maneira nosso entendimento não transcende ao gozo dos sentidos porque o corpo é feito para satisfazer os cinco sentidos. Quando vamos além da dimensão corpórea e vemos a mente como centro da atividade sensorial, a mente torna-se purificada e passa a ser o estágio final da realização. Da plataforma mental podemos chegar à plataforma intelectual, e da plataforma intelectual podemos chegar à plataforma transcendental. Finalmente, podemos elevar-nos acima, inclusive, da plataforma transcendental e atingir a plataforma espiritual, madura. São esses os estágios de compreensão de Deus.

PREVISÕES DO ARCANO

Representa o sinal de misericórdia e pureza, as virtudes e as boas qualidades que se manifestam da inspiração profunda e divina.

A ação santificada pela lei de iniciáticos sacramentos, simbolizando um convite para que se escute a voz interior da consciência em silêncio e se compreenda que a sanção do guru, por meio da intervenção da lei divina, vem revelar o dever, normas, religião, sacerdócio, vocação e missão espiritual. O guru é simbolizado como médico da alma, que desce até o mundo dos mortais com o propósito de libertar a alma condicionada do apego ao corpo terrestre, causa inevitável do ciclo natural de nascimentos e mortes.

ASPECTO FAVORÁVEL

Compreensão de acontecimentos espirituais inesperados que põem as pessoas à provação, indicando que será feita a justiça por intervenção do nosso guru protetor, que habita no plano divino e tem conhecimento e domínio das vibrações que regem o plano físico e astral.

Os Significados dos Arcanos

ASPECTO DESFAVORÁVEL

Falta de sinceridade com as leis e relações sagradas, que culmina em insultos, ofensas, fé cega e misericórdia tola e toda a escuridão que está ameaçadoramente à espreita e não é encarada com o o verdadeiro amor e luz da consciência.

SIGNIFICADOS DO ARCANO

Esta carta representa o guru na posição de mestre e pai espiritual, tanto no plano físico como no espiritual. Um guia protetor; pode representar também os padres, os devotos de deus e os mentores espirituais.

Este arcano representa o plano universal da ciência sagrada das religiões onde se congregam os seres humanos. Esta carta, com a carta XIV (Gaura-Nitai), pressagia a revelação de uma missão e todos os infortúnios vencidos. Junto à carta XIX (Radha-Krishna), denota que o que a pessoa deseja será alcançado e coroado de êxito; junto à carta XII, revelará um segredo que há muito tempo estava sendo esperado e que traçará um novo rumo na vida do consulente.

ATRIBUTOS — *japa-mala* (rosário sagrado) e os livros que ele escreveu.
CORES — rosa e açafrão.
MANTRA — a faixa 13 do CD de mantras que acompanha este livro.
REGENTE — do amor incondicional para a salvação das almas.
TRANSPORTE — carros, aviões e navios.

OFERENDA — *Chapatis*.

Receita
1 xícara de farinha de trigo integral
1/4 de xícara de manteiga derretida
Água morna

Modo de fazer:
Misture a farinha com a água. Junte a água aos poucos até que a massa esteja macia, mas não molhada, e que possa ser sovada. Sove-a até que esteja macia (aproximadamente 10 minutos). Cubra e deixe descansar por uma hora. Polvilhe a área de enrolar com farinha e faça bolinhas de mais ou menos 4 cm de diâmetro. Achate as bolinhas e abra-as com o rolo até que tenham de 10 a 12 cm de diâmetro. Aqueça uma frigideira, de preferência de ferro batido (você deve ter uma só para isso); mantenha-a sempre limpa e sem óleo. Coloque nela

as bolinhas — chamadas de chapatis. Observe com cuidado. Quando aparecerem bolhas, vire o chapati rapidamente e observe novamente se há bolhas. Com o uso de pinças, segure o chapati sobre a chama direta do fogão. Você pode deixar o chapati descansar sobre o bico de gás, mas seja bem rápido ao virá-lo. Coloque o chapati na frigideira, com o primeiro lado que foi cozido virado para baixo. Em poucos segundos o chapati vai inflar. Vire-o rapidamente, coloque-o sobre o bico de gás por alguns segundos e então remova-o. Passe a manteiga derretida nos dois lados com um pincel. Cubra o chapati com um pano limpo para conservar o calor.

MENSAGEM DO ARCANO

Eu não vou ser arrastada pela tocha dos desejos,
nem acompanhar os andores macabros da inferior casta carrascal.
Não serei prisioneira dos insaciáveis abismos nem venerarei diabólicos prazeres com nesciente sede de eternidade.
Estou enojada deste irreverente karma.
Desejo seguir e servir a Dhanvantari Swami
Que é o grande amado de Prabhupada e do Senhor Chaitanya,
Por estar rendido aos pés de lótus de Krishna,
Gurudeva pode salvar a minha alma caída,
Escravizada a esse corpo inconveniente, e favorecido da morte.

Sita-Rama – O Casal Divino

Teus olhos, meu amor, iluminam meu corpo. Nesse estado de meditação celebrativa, beijo teus lábios e sinto o transe e o segredo do amor.

DHARANA (CONCENTRAÇÃO) — As divindades Sita e Rama devem ser invocadas por casais que desejam permanecer fiéis aos laços matrimoniais; para descobrir da pessoa amada todos os tipos de mentiras, armadilhas e traições, devemos colocar no nosso altar um quadro do casal divino Sita-Rama. Com a prática desta dharana, em pouco tempo nosso karma conjugal será revelado.

Esta dharana deve ser realizada com a vibração do mantra "Sita-Rama, faixa 13 do CD de mantras que acompanha este livro.

ARCANO VI

No tarô egípcio, representa os **Enamorados**. Está relacionado a um triângulo amoroso. Dois caminhos, dos quais um deve ser seguido. E todos os tipos de decisões que dependem, ao mesmo tempo, do coração e da razão.

No tarô dos orixás, representa Oxalá e Iemanjá. Está relacionado com a mãe Iemanjá e com o pai Oxalá que reinam entre o céu e o mar.

INTRODUÇÃO

O arcano VI, Sita-Rama, personifica a inspiração de tudo o que reside no sentimento amoroso, na beleza e na integridade moral. Alude ao amor eterno e ao risco de uma separação. No terreno afetivo, simboliza associações, amizades, casamento, titânicas paixões... A conclusão da sexta divindade é uma encruzilhada, indicando uma escolha a ser feita entre a irrupção do desejo e o poder da visão interior do amor, que ocupa as emoções ocultas, satisfazendo os prazeres da alma e revelando os laços que unem os seres humanos por afinidade, amor, paixão e amizade.

SIMBOLOGIA

Sita-Rama representa o casal real e fiel. Eles são a manifestação do mundo divino, trazendo para este mundo mortal sentimentos significativos expressados pela devoção, pela emoção, pelo amor e pelas provações superadas. Originalmente, o casal mantém em Vaikunta (céu espiritual) um relacionamento eterno de esposo e esposa apaixonados. A rainha Sita possui, no mesmo nível de igualdade, as qualidades transcendentais de seu esposo Ramachandra: forma, beleza, idade e natureza. Por ser a personificação da deusa da fortuna, Sita carrega sempre consigo um jarro de ouro contendo água dos lugares sagrados. Seus pés de lótus são muito delicados e seu semblante feminino delicado expressa renúncia e castidade.

Aonde quer que o casal divino vá, os acompanham o seu fiel servo, o macaco Hanuman, em humilde postura de reverência, e o príncipe Lakshmana, o irmão mais novo do rei Ramachandra, adornado de insígnias reais e armas poderosas.

Ramachandra simboliza o rei perfeito e o chefe de família ideal. Durante sua passagem pelo planeta Terra, ele apresentou um comportamento imaculado de rei e protetor de sua amada esposa. Quando governou Ayodhya, sua administração foi exaltada como pura, perfeita e auspiciosa. Embora seu governo tenha se passado na Treta-Yuga (era da prata), havia tanta opulência que os cidadãos sentiam-se como se estivessem vivendo em Satya-yuga (era do ouro).

Vipralamba — simboliza a atividade da potência feminina de Sita.

Hladini — simboliza a doçura do amor conjugal do casal.

Sita-Rama são a representação máxima do casal perfeito; até mesmo no lúgubre momento de dor e separação eles se amaram.

No *Ramayana*, antigo épico hindu escrito pelo sábio Valmiki, o rei Ramachandra surge encarnado na forma humana para revelar seus poderes sobrenaturais. Neste mundo, suas atividades foram heróicas e ele demonstrou controle supremo sobre toda a natureza material, ao qual veio para eliminar todos os demônios e principalmente Ravana, que ousou raptar Sita e por ela foi amaldiçoado e condenado à morte. Ravana era um mago negro representado com dez cabeças; no seu peito se escondia o segredo da invencibilidade. O mago negro assumia qualquer forma e se tornava invisível para abusar de seu poder. Vivia tanto no plano físico como no plano astral. Foi transpassado pelas flechas invencíveis que o Senhor Ramachandra carrega em suas mãos.

O grande sábio Valmiki Muni, conhecedor da verdade absoluta, descreve essas atividades transcendentais do Senhor Ramachandra e também delas encontramos um resumo no *Srimad-Bhagavatan*, narrado por Srila Sukadeva Goswami.

PASSATEMPO TRANSCENDENTAL

Durante uma competição o Senhor Ramachandra quebrou o rijo e forte arco, chamado Haradhanu, e casou-se com Sita. Devido a uma intriga familiar e, por ordem de seu pai, o rei Dasaratha, Ramachandra foi exilado e obrigado a viver na floresta. Lá ele foi vítima de uma cilada preparada pelo grande demônio Ravana e seus seguidores, que acabaram por raptar-lhe a esposa Sita. Acompanhado de Lakshmana, seu irmão mais novo, Ramachandra começou uma busca por toda a floresta. Depois de muitas contendas, Ramachandra organizou uma força militar sedimentar composta de macacos, na qual se destacaram seus grandes servos os macacos Sugriva e o majestoso Hanuman. Eles construíram uma ponte feita de pedra, picos de montanhas, etc., que, por força de seu inigualável poder místico, flutuava sobre as águas do oceano Índico, ligando o sul da Índia ao Sri Lanka (atual Ceilão), a morada do demônio Ravana.

Sri Hanuman (servo eterno do Senhor Ramachandra na forma de macaco), por ser filho do Senhor Vayu (semideus do vento), se transportou de um só pulo para Sri Lanka, voando por sobre o oceano. Lá chegando, ávido para resgatar Sita, a amada de Sri Ramachandra, ateou fogo a todo o reino do demônio Ravana. Logo depois da chegada a Sri Lanka, ajudado por seu poderoso irmão Sri Lakshmana, o Senhor Ramachandra e seus servos devastaram a capital do reino e mataram Ravana e a todos os seus seguidores, libertando a rainha Sita. Completamente vitorioso, e por ter expirado o tempo destinado ao seu exílio na floresta, Ramachandra retornou a Ayodhya (a capital de seu reino), para ser coroado como rei. Quando Sri Ramachandra entrou em Ayodhya, foi recebido por seu irmão mais velho Bharata, que lhe trouxe seus tamancos, Vishisana (o irmão do demônio Ravana) e Sugriva seguravam um abano e um leque, Sri Hanuman carregava uma sombrinha, Saturnina (seu outro irmão) carregava o arco e as duas aligavas do rei, e Sita tinha consigo um cambaio contendo água dos lugares sagrados. O macaco Angada carregava uma espada e o macaco Jambavan, um escudo. Depois que o Senhor Ramachandra, acompanhado por seu irmão Lakshmana e sua esposa Sita, encontrou-se com todos os seus parentes, o grande sábio Vasistha (o sacerdote familiar) deu início à cerimônia que o instalou no trono real.

Mais tarde, quando disfarçado de cidadão comum, o Senhor Ramachandra andava entre os seus súditos para saber o que achavam do seu reinado, ouviu de um casal de sudras (pessoas de baixo nível) que brigavam, críticas a sua amada Sita. O homem dizia: "Está pensando que eu sou esse Ramachandra que aceitou continuar vivendo com a rainha Sita, mesmo depois de ela ter ficado com Ravana?" O Senhor Ramachandra, cheio de dor e pesar no coração, mesmo estando consciente de que aquilo era falácia caluniosa, ainda assim, por ser um rei perfeito e preocupado com a sua reputação, separou-se de sua consorte eterna Sita, para o bem-estar de seu governo. Ficando totalmente desolada e sem ânimo para a vida, Sita fez com que se abrisse uma fenda na terra e deixou-se tragar pela mãe-terra, embora fosse totalmente fiel e casta ao seu esposo amado.

Ramachandra ficou muito aflito após ouvir a notícia de que a sua esposa havia desaparecido dentro da terra. Por treze anos, ele executou muitos sacrifícios e observou completo celibato. Embora o Senhor Ramachandra fosse a suprema personalidade de Deus, ao lembrar-se das extraordinárias qualidades e beleza de sua esposa, ele não pôde deixar de sentir a mágoa e a saudade decorrente do amor transcendental.

Essa encarnação é uma das mais importantes conhecidas na Índia, já que o Senhor Ramachandra apareceu sob a forma humana para mostrar poderes sobrenaturais neste mundo. A sua cor predominante é o verde.

No *Ramayana*, do grande sábio Valmiki, descrevem-se esses passatempos detalhadamente. É importante destacar que, na Índia, Sri Ramachandra é muito adorado e querido, porque as suas atividades foram heróicas e ele demonstrou ter controle supremo sobre toda a natureza material.

PREVISÕES DO ARCANO

Um amor forte e perfeito, mesmo num momento crucial de inevitável separação, no qual a bravura desafia o destino das relações amorosas. Esta carta está relacionada também a tentativas de sedução, ao fracasso nos mórbidos momentos conspirantes da luxúria, à separação voluntária em prol de obrigações e deveres morais, ao ciúme e às calúnias provenientes de forças satânicas, às disputas conjugais, ao poder e riqueza erigidos da mais alta capacidade que exalta o merecimento pessoal e à grande felicidade que envolve as conquistas afetivas em comunhão com a fidelidade. Tem ainda relação com qualquer pessoa que ouça ou leia as narrações que falam acerca das características e dos passatempos da rainha Sita e do rei Ramachandra.

ASPECTO FAVORÁVEL

Muita felicidade causada pelo retorno de um grande amor, por meio do auxílio de um fiel amigo que prova que a verdadeira amizade é isenta de interesses, chegando para socorrer nos momentos mais desesperadores. Esta carta também simboliza o livre-arbítrio, forçando o homem a tomar decisões e a escolher entre dois caminhos.

ASPECTO DESFAVORÁVEL

Ao tirar esta carta, a pessoa deve observar muito seriamente o respeito pelas pessoas santas e em posições superiores. Nunca duvidar do poder extraordinário e da autenticidade de um devoto puro. Assim que ela perceber que está aflorando em sua mente qualquer tipo de ofensa contra tais personalidades espirituais, deve imediatamente repreender tais pensamentos, caso contrário, destruirá por completo

Os Significados dos Arcanos

todas as causas auspiciosas que ela tem por bom karma a galgar, tanto material quanto espiritualmente.

SIGNIFICADOS DO ARCANO

Esta carta representa todos os casais e amigos que vivem um amor verdadeiro, permeado de fidelidade e duradoura felicidade.

Junto à carta I, esta carta representa astúcia e jogo de cintura para enfrentar todos os obstáculos. Junto à carta XI, alegria inesperada em todos os aspectos e ajuda inesquecível de um novo ou antigo amigo. Junto à carta XII, rivalidade e disputas, por causa de posições exaltadas ou pelo amor de uma mulher.

ARMAS — arco e flechas.
ATRIBUTOS — fidelidade e luta.
CORES — vermelho, amarelo e azul.
MANTRA — *Sita-Rama, Sita-Rama, patita pavana, Sita-Rama.*
REGENTE — laços matrimoniais.
TRANSPORTE — aeroplano.
OFERENDA — *samosa.*

Receita

Recheio:
Uma couve-flor pequena
250 gramas de ervilhas
1/8 de xícara de *ghee*
1/2 colher de sopa de sal
1/4 colher de chá de assa-fétida
1/4 colher de chá de canela
1/2 colher de sopa de cominho
1/2 colher de chá de gengibre moído
1/2 colher de chá de coentro moído
1/4 colher de chá de pimenta-da-jamaica
1/4 colher de chá de pimenta-de-caiena
1/4 colher de chá de cominho moído

Massa:
2 xícaras de farinha de trigo
um pouco mais de 1/2 xícara de água morna
4 colheres de sólido de *ghee* (manteiga para fritar).

Modo de fazer:
Corte a couve-flor em pedaços pequenos. Aqueça a *ghee* e junte o cominho. Quando dourar, junte a assa-fétida. Frite a couve-flor na *ghee* com os condimentos em fogo médio, até que a couve-flor esteja macia mas não escura. Junte as ervilhas e cozinhe-as até que os vegetais estejam bem macios, e possam ser amassados facilmente, continue a cozinhar até que a pasta esteja seca e um pouco escura.

Misture os sólidos de *ghee* (manteiga) à farinha. Misture com as mãos até obter consistência de farinha de milho grossa.

Acrescente água morna aos poucos, misture bem até que a massa fique bem macia (mais ou menos 10 minutos). Faça bolinhas de 2,5 cm de diâmetro. Abra-as em círculos de 9 a 10 cm de diâmetro. Corte cada círculo ao meio. Coloque um semicírculo na mão esquerda com o lado arredondado virado para os dedos. No lado reto, faça um risco com água, com o dedo. Junte os dois lados de modo a formar um cone. Pressione para fechar bem. Encha a samosa com recheio e então feche a parte de cima, umedecendo antes os dois lados com água.

MENSAGEM DO ARCANO

Por ti, anjo felino,
Ateei fogo em nossas entranhas,
Joguei as cinzas no abissal mar.
Arrependida ocultei-me
Debaixo da tua tépida solidão,
Retoquei com as pontas dos dedos
  teus lábios de carmim,
Beijei as pálpebras dos teus olhos
  enciumados
e te libertei dos vínculos e das
  paixões terrenas.

Arjuna – O Guerreiro Supremo

Vejo amigos e aliados ao meu redor. Com obstinação afasto para longe inimigos e opositores que desejam ver minha destruição.

DHARANA (CONCENTRAÇÃO) — Aquele que desejar fazer novos amigos, e permanecer com as antigas amizades, derrotar todos os inimigos e alcançar a vitória, e ainda nunca fracassar, deve manter consigo o livro sagrado, o *Bhagavad-Gita*, e fazer uma prece a Arjuna, o guerreiro supremo e invencível, o mais querido amigo íntimo da suprema personalidade de Deus Sri Krishna.

ARCANO VII

No tarô egípcio, representa o Carro. Está relacionado às grandes conquistas e vitórias inesperadas advindas, quando se sabe tirar vantagens, das situações oportunas. Aproxima a arte do espiritual, mostrando o fim de um ciclo e o começo de uma nova vida coroada de boa sorte.

No tarô dos orixás, representa Ogum. Está relacionado ao guerreiro que luta para abrir o seu próprio caminho no mundo. Ogum representa o líder nato e corajoso que canaliza o impulso e direciona a força para o seu objetivo, por meio dos seus próprios recursos pessoais.

INTRODUÇÃO

O Arcano VII personifica a vitória correspondente às forças superiores representadas por Krishna, a suprema personalidade de Deus, e seu amigo íntimo Arjuna, o guerreiro supremo. A quadriga em que os dois se encontram simboliza o triunfo da vontade divina, que vence a tudo e a todos. Esta carta indica domínio e vitória, culminando na harmonização dos poderes antagônicos. Representa a irradiação das grandes conquistas e popularidade, protegendo e influenciando artistas. Tem forte ligação com o público e com os exércitos militares. Krishna e Arjuna revelam a insuperável amizade que emana do aspecto afetivo que reconcilia os seres. É a carta que representa os artistas, os políticos e os guerreiros heróicos.

SIMBOLOGIA DE ARJUNA

Nas suas mãos, o guerreiro Arjuna sempre ostenta um belo arco, chamado **gandiva**. Suas coxas são compridas como trombas de elefante. Suas vestes de arqueiro supremo são atrativamente nobres. Seus olhos estão sempre avermelhados.

Quando a suprema personalidade de Deus (Sri Krishna) e o guerreiro supremo Arjuna estiveram juntos na quadriga, na batalha de Kurukshetra em Hastinapura, tornaram-se as beldades celestiais mais admiradas do universo.

No campo de batalha de Kurukshetra, no decorrer da luta, Krishna foi atacado sem cerimônia. Segundo as regras gerais de cavalheirismo, jamais se deve atacar o quadrigário (condutor do carro) do inimigo, mas Asvatthama, filho de Dronacaryra, não hesitou em atacar Krishna, que servia apenas de quadrigário para Arjuna. Quando Arjuna viu que Asvatthama estava lançando diversos tipos de flechas para ferir Krishna, colocou-se na frente dele para interceptá-las. Embora essas flechas o estivessem ferindo, Arjuna sentiu extático amor por Krishna. E, para ele, as flechas pareciam chuvas de flores.

PASSATEMPO TRANSCENDENTAL

ARJUNA E KRISHNA

O *Mahabharata* é o maior poema épico escrito em toda a história da humanidade. Ele compõe-se de cem mil estrofes, ou *slokas*, divididas em cem capítulos, dos quais o *Bhagavad-Gita* é o de número 63.

Seu tema principal é a história dos descendentes do rei Bharata, que vem a ser a própria história da Índia Védica (a Índia só é chamada por esse nome pelos estrangeiros; para os próprios indianos ela se chama Bharata).

Em resumo, o enredo do *Mahabharata* é o seguinte: depois da morte do rei Pandu, seu irmão mais velho Dhritarashtra que, por ser cego, não havia sido coroado, tornou-se seu sucessor no trono de Hastinapura, capital do império védico. Os cinco filhos órfãos de Pandu, conhecidos como pândavas, foram educados junto com os cem filhos de Dhritarashtra. À medida que cresciam, os pândavas em tudo se distinguiam por suas nobres qualidades, como a bondade e a bravura. Duryodhana, o mais velho dos cem filhos de Dhritarashtra, motivado pela inveja, fez reiteradas tentativas de homicídio contra seu primo Bhima durante a infância, mas este sempre acabou escapando de alguma maneira, devido à sua extraordinária força. Quando chegaram à idade adulta, Duryodhana, com a ajuda de seu maligno tio materno Sakumi, urdiu um plano para matar os cinco pândavas.

Duryodhana mandou construir um palácio numa vila distante e o ofereceu aos seus primos para que nele permanecessem durante um festival religioso. O palácio era todo feito de laca, substância altamente inflamável, de modo que os servos de Duryodhana puderam facilmente atear-lhe fogo. O palácio foi reduzido a cinzas, mas os pândavas e sua mãe, a rainha Kunti, avisados a tempo por Vidura (o virtuoso irmão de Pandu e Dhritarashtra), conseguiram escapar por um túnel que abriram no palácio antes do incêndio. Duryodhana acreditou que eles haviam morrido.

Disfarçados em brahmanas, os pândavas ficaram vivendo na floresta, onde tiveram que enfrentar todo o tipo de perigos e aventuras. Um dia, tendo ouvido dizer que o rei de um país vizinho estava promovendo um torneio para escolher um marido para a filha, para lá se dirigiram os cinco irmão a fim de competir. O vencedor teria que acertar com uma flecha um alvo móvel colocado no teto do palácio, mirando o reflexo do alvo num espelho de água, usando um arco pesadíssimo que exigia enorme força.

De todas as partes da Índia chegaram pretendentes, entre eles Duryodhana. Um após outro, todos fracassaram no teste. Finalmente, Arjuna, o terceiro dos pândavas, ergueu o arco, retesou-o com uma flecha e, com muita facilidade, acertou o alvo. Draupadi, a princesa, então colocou-lhe no pescoço a guirlanda da vitória, elegendo-o seu esposo. Mas a assembléia dos príncipes pretendentes não quis aceitar a vitória de um aparentemente pobre e pacífico brahmana. Teria havido uma luta se Krishna, que estava assistindo ao torneio, não houvesse interferido e dito aos príncipes concorrentes que Arjuna tinha direito à sua noiva. Krishna era primo dos pândavas, mas não dos filhos de Dhritarashtra.

Os irmãos levaram Draupadi com eles para a floresta, onde a rainha Kunti os esperava. "Mãe", gritou Arjuna, "veja o magnífico tesouro que nós trouxemos para casa." "Dividam-no com igualdade entre vocês, meus filhos", respondeu Kunti. Quando viu a moça, exclamou apavorada: "Oh, o que foi que eu falei!?" Mas era tarde demais. Sua palavra era sagrada para seus filhos. E assim Draupadi casou-se com os cinco irmãos.

Dhritarashtra e seus filhos souberam então que os pândavas estavam não apenas vivos, mas aliados pelo casamento a um poderoso monarca. Embora Duryodhana ambicionasse a posse de todo o reino, Dhritarashtra, sabiamente aconselhado por Bhishma, ofereceu aos sobrinhos a metade do reino. Na divisão, coube aos pândavas a pior parte, uma terra selvagem e sem nenhuma benfeitoria, às margens do rio Iamuna. Os pândavas, com a ajuda de Visva Karma, o arquiteto dos planetas celestiais, construíram ali uma bela cidade e coroaram rei o irmão mais velho, Yudhistira.

O triunfo dos cinco irmãos acicatou a inveja de Duryodhana, que armou um novo plano para arruiná-los.

De acordo com o código de conduta dos kshatryas, não lhe era permitido recusar, sob nenhuma hipótese, um desafio para um jogo de dados contra ele e seu tio Sakumi, um virtuoso nessa modalidade de jogo e, ao mesmo tempo, espertíssimo trapaceiro. Yudhistira, perdendo partida após partida, apostou seu reino, seus irmãos, a si mesmo e, afinal, também Draupadi. Agora, os irmãos e Draupadi eram escravos de Duryodhana que, nessa ocasião, além de humilhá-los cruelmente, insultou Draupadi da forma mais ultrajante possível, tentando desnudá-la em público (e não conseguindo porque Krishna fez com que a roupa de Draupadi, por mais que fosse desenrolada, nunca acabasse). Dhritarashtra finalmente interveio e lhes devolveu a liberdade e o reino.

Duryodhana, porém, insistiu junto a seu pai até obter permissão para propor um novo jogo de dados com os pândavas. Quem perdesse teria que renunciar ao reino, exilar-se na floresta por doze anos e depois passar um ano vivendo completamente incógnito em alguma cidade. Se fosse descoberto, teria de viver mais doze anos no exílio. Yudhistira perdeu novamente e teve de ir com seus familiares para a floresta, onde praticaram muitas austeridades e realizaram muitas proezas heróicas. Passados os doze anos previstos, Yudhistira voltou para reivindicar seu reino, mas Duryodhana, alegando indevidamente que os pândavas haviam sido descobertos antes do final do décimo segundo ano, recusou-se a devolvê-lo. Krishna, como emissário dos pândavas, ainda tentou negociar com Duryodhana, pedindo apenas uma pequena cidade para cada um dos irmãos e argumentando que os kshatryas (guerreiros) precisavam exercer o seu dharma de governantes. Mas o malévolo primogênito de Dhritarashtra, na sua insana ambição, manteve-se inflexível na negativa. A guerra tornou-se inevitável, envolvendo todos os reis de Bharata, ou o império da Índia. As facções contrárias, por intermédio de Arjuna e Duryodhana, vieram pedir o apoio da suprema personalidade de Deus antes da deflagração do conflito. Krishna perguntou a ambos: "O que vocês preferem, eu desarmado, ou todos os meus exércitos?" Duryodhana preferiu os exércitos e Arjuna preferiu Krishna desarmado, atuando como seu quadrigário.

A guerra foi travada no campo de peregrinação de Kurukshetra. Foi ali que, momentos antes do começo da batalha, ocorreu o diálogo entre Krishna e Arjuna, narrado no *Bhagavad-Gita*.

O BHAGAVAD-GITA
(A canção do Senhor)

Auspicioso poema épico da literatura hindu, parte do *Mahabharata*, difundido e publicado no mundo ocidental por sua Divindade e Graça Srila Prabhupada. Foi narrado há 5000 mil anos pela suprema personalidade de Deus, Sri Krishna, a seu discípulo Arjuna diante dos exércitos dos pândavas e kurus de modo que todos pudessem ser beneficiados. O *Bhagavad-Gita* deve ser reverenciado por todos sem exceção como o livro de cabeceira da humanidade, abrindo as portas do conhecimento sublime e nos aproximando com intimidade da pessoa suprema. O diálogo travado no campo de batalha de Kurukshetra representa a luta entre o bem e o mal, desvelando o antagonismo da batalha humana, ora em direção à luz, ora arrastando-se funestamente em direção às trevas. Ao dirigir-se a Arjuna, Krishna cobra dele a postura de kshatrya (guerreiro) indagando-lhe a origem da repentina covardia. Toda essa guerra e essa intriga travadas em Kurukshetra foram planejadas para que Krishna pudesse instruir seu querido primo Arjuna na doutrina da yoga e da liberação que flui diante das ações exaltadas de um guerreiro que não pode abandonar seu dever de protetor da sociedade. Krishna estabeleceu quatro varnas (ordens sociais) para o bem-estar da sociedade humana:

1) Brahmanas (sacerdotes, professores), que representam a cabeça da sociedade e nos quais predomina o aspecto intelectual.
2) Kshatryas (militares, administradores e governantes), que representam os braços da sociedade e nos quais predomina a proteção.
3) Vaisyas (comerciantes e agricultores), que representam a cintura da mesma sociedade e nos quais o aspecto predominante consiste em cuidar das vacas, desenvolver o comércio e a agricultura.
4) Sudras (operários, trabalhadores braçais), sem inclinação para a vida intelectual, militar ou mercantil. Representam as pernas da sociedade e o seu aspecto predominante consiste em prestar serviços às outras classes anteriormente citadas.

Krishna Bhagavan representa a percepção mais elevada de Deus como pessoa suprema, dotada de todas as qualidades e opulências, por corresponder a todos os desejos de seus devotos. Krishna repreendeu Arjuna e o instigou a lutar, mostrando-lhe a temporariedade que permeia a vida. Reconhecendo sua condição de discípulo, Arjuna resolveu lutar e silenciar a mente para captar os ensinamentos do seu mestre espiritual. Assim, Krishna tornou-se absoluto diante de seu discípulo. Não existe diferenças entre o nome de Deus, sua forma, as suas qualidades e os seus passatempos. Essa posição suprema é impossível de ser alcançada por especuladores mundanos, perenemente fadados às trevas e ao sofrimento. O *Bhagavad-Gita* (a canção do Senhor) deve ser aceito, tomando-se Arjuna como exemplo. O *Bhagavad-Gita* fundamentado na yoga (união com Deus) foi narrado pela primeira vez a Vivaswant (o deus do Sol), pelo seu orador Krishna (Deus). O deus do Sol, por sua vez, revelou toda a essência ao pé da letra para Manu (o pai da humanidade). Foi dessa maneira que esse poderoso sistema de yoga foi passado de um orador a outro, compondo a intemporal hierarquia da sucessão discipular. Porém, com o decorrer do tempo, a sucessão antiga se rompeu e o Senhor Krishna voltou a falar o *Bhagavad-Gita* para o seu mais íntimo amigo, Arjuna, concedendo-lhe visão divina para contemplar sua ilimitada forma espiritual e compreender a diferença existente entre o corpo físico e o espiritual (alma eterna).

Estando na posição de guru, o Senhor Krishna instruiu Arjuna acerca da ciência espiritual e, assim, o diálogo foi aberto no campo de batalha de Kurukshetra de modo que todos pudessem se iluminar.

PREVISÕES DO ARCANO

Vitória e moralidade em todos os aspectos. É uma das cartas mais positivas do tarô sagrado. Sua presença no jogo significa vitória, proteção e o poder de conseguir a cumplicidade dos que estão em volta, dotados de talento, magnetismo e poderes espirituais. Também pressagia um encontro há muito esperado com mestres da ciência espiritual, amigos antigos ou com uma personalidade de porte muito exaltado, podendo mudar para melhor o rumo das coisas. Este arcano nos inspira a iniciativas nas quais predominam as práticas mentais, filosóficas e espirituais.

ASPECTO FAVORÁVEL

Grande felicidade com a descoberta de sentimentos intuitivos; evolução da consciência divina que diferencia e controla os sentimentos grosseiros e sutis.

Imparcialidade na esfera emocional, receptiva à arte de aprender a se harmonizar com o plano interior e com o plano exterior, objetivando alcançar o sincronismo com o eu superior. Disputas e adversidades superadas. Sucesso acompanhado de grande popularidade; grandes vitórias conquistadas por meio da força física e mental em equilíbrio.

ASPECTO DESFAVORÁVEL

Orgulho por ter conquistado um público, deixando o egocentrismo e o desprezo pelos direitos dos outros prevalecerem. Insensibilidade para com desígnios em prol do avanço espiritual, fazendo mau uso da autoridade para tirar proveito dos bens destinados às práticas espirituais para o benefício da humanidade.

SIGNIFICADOS DO ARCANO

Esta carta representa os militares, os políticos, os heróis e as pessoas de poder. Tem grande ligação com o público, representa os artistas e o sincero sentimento entre amigos.

Este arcano, acompanhado da carta V, representa o encontro iluminador e vitorioso entre pessoas amigas. Junto à carta VIII, denota acerto de contas. Junto à carta X, fortuna conseguida mediante talento e esforço pessoal. Acompanhado da carta XIX representa concretização de fidelidade nas relações sentimentais e profissionais.

ATRIBUTOS — força.
ARMA — arco.
ESPOSA — a princesa Draupadi.
FILIAÇÃO — filho da rainha Kunti com o semideus Indra.
MANTRA — *jaya Krishna, jaya Arjuna namah.*
POSIÇÃO NA HIERARQUIA HINDU — guerreiro.
OFERENDA — oferecer reverências às glórias de Krishna.

TRANSPORTE — carruagem.

MENSAGEM DO ARCANO
Na penumbra cerimonial do amor,
Teu sorriso afagou com aspereza.
Maya, deusa misteriosa e farsante,
estigmatizei e velei a tua imagem imortal;
Velou, complacente,
os segredos de todas as almas.

Kalki – Deus da Justiça

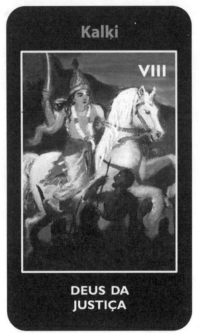

*Eu sou a consciência justa, o amor —,
a razão, o domínio da ordem sobre o caos.*

DHARANA (CONCENTRAÇÃO) — A pessoa que se sentir injustiçada deve meditar em Kalki como um juiz interior, orar e pedir-lhe que condene todas as ações injustas e desonestas, e lhe entregar aquilo que requer justiça em sua vida.

ARCANO VIII

No tarô egípcio representa a Justiça. Está relacionado com a frieza e a severidade que se expressam pela razão. A espada equânime da justiça está pronta para agir seja para honrar seja para punir.

No tarô dos orixás, representa Xangô. Está relacionado ao Senhor da justiça, provando sua autoridade de aplicá-la e emitir julgamentos. Xangô usa seu impulso sexual como auto-afirmação tanto na sensualidade masculina quanto no poder da sedução e do amor.

INTRODUÇÃO

O Arcano VIII, Kalki, personifica a interação da energia cósmica, a justiça e o equilíbrio para provar que nada acontece por acaso. A lei natural ligada ao karma de cada ser é perfeita e sugere a reflexão de que nada acontece sem que haja uma ação acompanhada de uma reação. Quando uma ação é realizada independentemente da justiça e da intervenção divinas, ela produz um karma repleto de agonia, cobrança e ajuste de contas. É recomendável uma completa purificação a fim de restabelecer a ordem e a harmonia que trazem o equilíbrio das causas que dependem umas das outras. Dependendo do merecimento de cada um, o julgamento apresenta-se como forma de recompensa ou de castigo.

SIMBOLOGIA

No final da era de Kali-yuga, que tem a duração de 432.000 anos, o Senhor Krishna descerá como a divindade Kalki, montado em seu veloz cavalo branco, chamado Devadatta e, de espada em punho, removerá da Terra todos os homens demoníacos. Viajará pelo planeta Terra exibindo suas oito opulências místicas e suas oito qualidades especiais de divindade hindu. Seu brilho refulgente será inigualável. Cavalgando com grande velocidade em seu cavalo Devadatta ele matará todos os ladrões que ousarem se disfarçar de nobres. As escrituras relatam que, quando as más qualidades da era de Kali tornarem-se insuportáveis no planeta, a suprema personalidade de Deus descerá como Kalki, a vigésima segunda encarnação de Vishnu, para destruir os que estão fixos em irreligião. Depois disso começará uma nova Satya-yuga (era do ouro).

PRINCIPAIS SINAIS DA ERA DE KALI: VIOLÊNCIA, DEGRADAÇÃO E HIPOCRISIA

À medida que avança a era de Kali (era da degradação), todas as boas qualidades dos homens diminuem e todas as suas qualidades impuras aumentam. Sistemas ateístas pseudo-religiosos, violência, crime, prostituição tornam-se predominantes, tomando o lugar dos códigos da lei védica. Os governantes são exatamente como salteadores, o povo em geral dedica-se a ocupações baixas e degradadas, e todas as classes sociais descem ao nível dos sudras (pessoas rudes e desprovidas de inteligência). Todas as vacas assemelham-se a cabras, todos os eremitérios espirituais tornam-se lares materialistas, e os vínculos familiares não vão além da relação imediata do casamento.

Quando a era de Kali estiver quase terminada, a suprema personalidade de Deus encarnará. Ele aparecerá na aldeia de Sambhala, no lar de um excelso brahmana, Vishnuyasa, e se chamará Kalki. Montará seu cavalo Devadatta e, de espada em punho, percorrerá a Terra matando milhões de bandidos disfarçados de reis. Então começarão a aparecer os sinais da próxima Satya-yuga (era do ouro). Quando a Lua, o Sol e o planeta Brihaspati entrarem ao mesmo tempo numa constelação e se conjugarem na mansão lunar Pusya, começará a Satya-yuga. Primeiro Satya (era do ouro), depois Treta (era da prata), Dvapara (era do bronze) e, por fim, Kali (era do ferro), o ciclo de quatro eras se sucede na sociedade das entidades vivas deste universo.

Sukadeva Goswami descreve assim esta era: "Então, ó rei, a religião, a veracidade, a limpeza, a tolerância, a misericórdia, a duração de vida, a força física e a memória, todas diminuirão dia a dia em virtude da poderosa influência malévola da era de Kali."

Em Kali-yuga, só a riqueza será considerada sinal de bom nascimento, comportamento adequado e boas qualidades. E a lei e a justiça serão aplicadas apenas com base no poder do indivíduo.

Homens e mulheres viverão juntos por causa da mera atração superficial. O sucesso nos negócios dependerá de fraudes. A feminilidade e a masculinidade serão julgadas segundo a perícia sexual da pessoa. E um homem será conhecido como brahmana apenas por usar um cordão sagrado (usado pelos sacerdotes para representar sua posição de brahmana).

Determina-se a posição espiritual de alguém apenas em função de símbolos externos e, com base nesse mesmo princípio, as pessoas mudarão de uma ordem espiritual para outra. A dignidade do homem será seriamente questionada se ele não tiver um bom salário. E considerar-se-á um estudioso erudito quem for muito esperto em malabarismo verbal. Alguém será julgado profano se não tiver dinheiro, e a hipocrisia será aceita como virtude. O casamento será feito apenas por acordo verbal.

Será considerado sagrado um lugar que consistir apenas de um reservatório d'água num local distante, e a beleza será julgada pelo penteado de cada um. Encher a barriga tornar-se-á a meta da vida, e quem for audacioso será aceito como veraz. Aquele que conseguir manter a família será considerado hábil, e os princípios religiosos serão observados apenas por causa da reputação.

À medida que a Terra se apinhar de gente corrupta, quem quer que, dentre qualquer das classes sociais (brahmana, kshatrya, vaisya e sudra), mostrar ser o mais forte obterá o poder político. Perdendo suas esposas e prioridades para governantes avarentos e desumanos, que não se comportarão melhor que ladrões ordinários, os cidadãos fugirão para as montanhas e florestas.

Atormentados pela fome e por impostos excessivos, os homens recorrerão às folhas, raízes, carne, mel silvestre, frutas, flores e sementes para se alimentar. Atingidos pela seca, eles ficarão completamente arruinados.

Os cidadãos sofrerão muito com o frio, o vento, o calor, a chuva e a neve. Serão atormentados ainda por desavenças, fome, sede, doenças e muita ansiedade.

Por volta do fim da era de Kali, os corpos de todas as criaturas diminuirão muito em tamanho, e os princípios religiosos dos seguidores do *varnasrama* (casta social) serão arruinados. A sociedade humana esquecerá por completo o caminho dos Vedas, e a dita religião será em sua maior parte ateísta. Nesse momento, a suprema personalidade de Deus aparecerá na Terra. Agindo com o poder da bondade espiritual pura, Ele salvará a religião eterna.

O Senhor Kalki aparecerá na casa do mais eminente brahmana da aldeia de Sambhala, o magnânimo Vishnuyasa.

Depois que todos os reis impostores forem mortos, os habitantes das cidades e aldeias sentirão na brisa a mais sagrada fragrância da polpa de sândalo e suas mentes ficarão transcendentalmente puras.

Depois que o Senhor Vasudeva, a suprema personalidade de Deus, aparecer em seus corações, sob a forma de bondade transcendental, os cidadãos restantes repovoarão a Terra.

Vishnu, o Senhor Supremo, é brilhante como o Sol e conhecido como Krishna. Quando ele retornou ao céu espiritual, Kali entrou neste mundo, e então os homens passaram a sentir prazer nas atividades pecaminosas.

Enquanto Sri Krishna, o esposo da deusa da fortuna, tocou a Terra com seus pés de lótus, Kali não teve poder para subjugar este planeta.

Aqueles que compreendem cientificamente o passado declaram que, no mesmo dia em que o Senhor Sri Krishna partiu para o mundo espiritual, começou a influência da era de Kali.

Depois de mil anos celestes de Kali-yuga, Satya-yuga se manifestará de novo. Nessa ocasião, a mente de todos os homens se tornarão auto-refulgentes.

O ciclo das quatro eras — Satya, Treta, Dvapara e Kali — permanece perpetuamente entre os seres, repetindo a mesma seqüência de acontecimentos.

Em Kali-yuga predomina o modo da ignorância, cujo representante é Shiva. Nela tornam-se muito evidentes o ateísmo, a degradação e a busca ávida pela satisfação do estômago e dos órgãos genitais. Na era de Kali, as pessoas contaminadas pela sua influência não têm força para adorar o Senhor Hari (Deus supremo), que adveio nessa era graças à sua encarnação sonora, tornando-se facilmente alcançável por meio do processo *hari kirtana* (meditação mântrica). Com essa prática meditativa, a suprema personalidade de Deus instala-se no coração das almas condicionadas, anulando todos os defeitos do lugar, tempo e personalidade inerentes à era de Kali. Apenas por dançar e cantar o *mahamantra*, todos podem se libertar da associação com a energia material, causa infalível que conduz aos ciclos de nascimento, doença e morte.

No fim da era de Kali-yuga, os corpos das criaturas diminuirão muito de tamanho e os princípios religiosos serão esquecidos por completo pela sociedade humana. Todos os líderes e governantes serão ladrões; a ocupação dos homens será o roubo, a mentira e a violência desnecessárias; todas as classes sociais serão como cobras; os eremitérios espirituais não serão diferentes de casas mundanas, e os laços familiares não se estenderão além dos vínculos imediatos do matrimônio. A maioria das plantas e ervas serão pequeninas, e todas as árvores serão semelhantes às árvores-anãs *sami*. As nuvens serão cheias de relâmpagos, os lares serão desprovidos de piedade, e todos os seres humanos parecerão asnos. Esses são sinais inauspiciosos que descrevem a era de Kali-yuga. No final dessa era, a divindade Kalki descerá e matará infalivelmente todos os demônios.

PREVISÕES DO ARCANO

O castigo imposto à conduta humana quando esta se desvia da imparcialidade e da conduta reta.

O homem deve entender que o bem e o mal caracterizam um equilíbrio entre forças contrárias, o bom senso deve prevalecer como clareza de juízo, mesmo que as situações estejam ligadas diretamente aos sentimentos amorosos e familiares.

Por ser uma carta austera, tem uma forte ligação com o karma, a lei de causa e efeito. No plano físico, determina contato com as leis judiciais, a separação afetiva e o divórcio.

ASPECTO FAVORÁVEL

Integridade e discernimento para julgar e pesar os atos humanos.

Respeito pelos direitos dos outros seres humanos colocando-se à parte de qualquer sentimento dos que se acham sob sua jurisdição.

ASPECTO DESFAVORÁVEL

Determinação da justiça e punições pelas falsas posições e pela tirania aplicada injustamente em nome da lei que provém dos homens.

SIGNIFICADOS DO ARCANO

Esta carta representa todas as pessoas ligadas ao poder e que vibram no plano da execução da verdade. Pode representar um juiz, um advogado, um protetor ou um policial.

Quando esta carta acompanha a carta XV, pode pressagiar prisão por motivo de prostituição, drogas, escândalos referentes a envolvimentos secretos e desvios de dinheiro.

ARMA — espada.
ATRIBUTOS — castigo e proteção.
COR — azul.
MANTRA — OM *kalki namah*.
REGENTE — da valentia e da justiça.
TRANSPORTE — um cavalo branco.
OFERENDA — meditar em Kalki, vigésima segunda encarnação de Krishna, que descerá ao planeta Terra no final da Kali-yuga.

MENSAGEM DO ARCANO

Perambulaste pelas alamedas do
acaso dia e noite almejando
denegrir tua alma
na busca de obscuras companhias.
Agora repousas intranqüilamente
no celibato, jardim despertante da
aurora, com tua pele macia e
exposta à saudade.
Rompeu o dia obstinado ao amor!
Os raios do sol tingem teu corpo,
As borboletas dançam ao teu redor,
Acorda, meu confuso amor.
Olho no espelho
teus olhos molhados de lágrimas,
teu manto sagrado está sujo,
teus cabelos em desalinho,
teu coração foi ferido por Maya,
mesmo assim, desperta,
Ou os teus olhos serão perfurados
E só verás a noite terrível de ébano.

BUDHA – DEUS DA ILUMINAÇÃO

Em constante vigília, não permitirei que o falso ego, os desejos e os instintos animais, escravizem minha alma na transitoriedade do mundo; mergulharei em meditação e, no silêncio da minha própria solidão, encontrarei o desmembramento para as respostas que turvam minha mente.

DHARANA (CONCENTRAÇÃO) — Para tornar-se um ser iluminado, deve-se proteger os animais, orar e visualizar a carta IX, que representa o Senhor Budha. Sempre que meditar, a pessoa deve desejar desenvolver amor, compaixão e integridade moral para alcançar o caminho da iluminação, do renascimento e do nirvana.

ARCANO IX

No tarô egípcio, representa o Eremita. Está relacionado aos santos que optaram pelo isolamento como forma de chegar à beatificação. Alheio aos fatores externos, o eremita busca, no espaço e no tempo criados por ele mesmo, o processo para a sua iniciação espiritual. Olhando para dentro de si mesmo, ele reavalia o passado e compreende o presente, tornando-se um clarividente da verdade no presente e no futuro.

No tarô dos orixás, representa **Oxóssi**. Está relacionado à natureza e à medicina natural; ele proporciona muita abundância e progresso nos negócios. O orixá vive isolado do mundo no seu refúgio de concentração e realiza cura através de passes espirituais e magnéticos.

INTRODUÇÃO

O Arcano IX personifica a iluminação da alma através da transcendência, que purifica os sentidos, a mente, e o corpo, com a luz da sabedoria; rege a prudência e a austeridade conquistada através do silêncio direcionado por meio da meditação. Essa divindade tem o poder de desvelar segredos e está diretamente relacionada ao celibato e à experiência adquirida no caminho da verdadeira espiritualidade.

SIMBOLOGIA

Sua cabeça simboliza a sabedoria direcionada ao dharma, tem cabelos ondulados presos com um nó, seu ombro está sempre recoberto por um manto, suas faces são marcadas por contornos suaves e pálpebras pesadas, suas orelhas destacam-se por longos lóbulos. Entre as suas sobrancelhas ressalta um ponto luminoso que se chama urva e simboliza a renúncia. A urva é representada por barro sagrado ou por uma pedra preciosa simbolizando o olho da sabedoria, um ponto de energias psíquicas e espirituais. Essas características do Senhor Budha correspondem às descrições dos deuses indianos. Quando em posição ereta, seus braços são longos a ponto de tocar os joelhos. Essas características corporais só se manifestam em deuses. O Senhor Krishna também apresenta braços muito longos. A auréola que circunda a cabeça do Senhor Budha como uma flor de lótus representa o seu poder mágico, símbolo de pureza e iluminação. Os três grandes princípios da filosofia budista — a iluminação, o renascimento, o nirvana — são representados por três posturas básicas: sentado, em pé e deitado.

Budha atingiu a iluminação na posição de lótus (sentado). Os mudras (gestos das mãos) de Budha representam: a meditação, a iluminação, a misericórdia, o destemor, a pregação e o discurso.

Os sintomas espirituais de uma pessoa iluminada se manifestam em sua simplicidade, e ela demonstra a harmonia e a espontaneidade de uma criança. O mudra da iluminação surgiu quando Budha sentou-se na posição de lótus e meditou profundamente, durante quatro semanas, sob a árvore *Bodhi*. Toda a doutrina do Senhor Budha está voltada para a contemplação do padecimento da existência humana. Tudo é mortal porque os prazeres físicos são instáveis e, quando vividos no plano da escuridão, atraem karmas caóticos e muitos infortúnios. *Kala* (o tempo) é eterno e *maya* (ilusão) é um cenário de utopias, às vezes mirabolantes, às vezes fatais.

A roda da vida ou samsara (ciclo de nascimento e morte) simboliza na doutrina budista as seis formas de existência e as seis regiões que explicam o destino de cada vida.

PASSATEMPO TRANSCENDENTAL

O ILUMINADO

O Senhor Budha apareceu com um único objetivo, o de acabar com o maléfico sacrifício, com o holocausto e a matança cruel de pobres animais inocentes. Como já era previsto há milhares de anos, a suprema personalidade de Deus, Sri Krishna, apareceu nas províncias de Gaya na encarnação do avatara

Budha e, como um grande iluminado, propagou a filosofia *ahimsa* (não-violência contra pobres e indefesos animais), negando assim os Vedas.

O dharma, o processo mais elevado da religião, prega a entrega a Deus por inteiro, mas os princípios védicos são sempre perturbados por impersonalistas e materialistas que negam a existência de Deus. Quando o senhor Budha pregou a não-violência, ele negou veementemente os Vedas e tomou clara posição contra os sacrifícios de animais sancionados pelos *sastras* (escrituras). Budha abominou esses rituais sangrentos, e um grande número de adeptos e seguidores inundou o mundo com o budismo, o caminho da sabedoria. Assim sendo, o Senhor Supremo conseguiu atingir sua meta, negar os Vedas e, conseqüentemente, a Deus com esse ato de misericórdia para com as entidades habitantes de corpos inferiores. Budha induziu todos a respeitar os animais e seguir o caminho da iluminação, que é a meta desejada de todos os grandes místicos e yogues. Budha veio para estabelecer os princípios védicos da não-violência, porque os materialistas, cheios de tendências caprichosas e atos demoníacos, usavam como pretexto as autoridades dos Vedas para sacrificar os animais sem observar as regras e os regulamentos que proíbem o holocausto para determinados fins.

Todos os avatares surgem para cumprir uma missão específica e todos eles são mencionados nos *shastras* autorizados. Devemos ficar muito vigilantes para não nos deixarmos enganar por impostores que se exibem como avataras, apesar de não serem mencionados pelas fontes sagradas. As encarnações de Deus habitam no mundo espiritual e, quando descem ao mundo ilusório dos mortais, são conhecidas como avataras e encarnam a cada milênio. Krishna encarnou há 500 anos na era de Kali-yuga e ficou conhecido como o avatara dourado e recebeu a missão de salvar os canalhas através da sua misericórdia imotivada de sankirtana (canto congregacional dos mantras do Senhor). Budha também desceu à Terra com a missão de proteger os animais e pregar o panteísmo (vazio), apesar de refugiar-se no impersonalismo e negar a existência de Deus como pessoa. Seus discípulos seguem a pessoa suprema de Krishna, encarnado em Budha. Em citações de grandes personalidades que compõem a hierarquia espiritual, Jesus Cristo é reverenciado como o ungido, Budha como o iluminado, Krishna como o todo atrativo, Rama como o rei perfeito, Gaura como o avatara dourado. Todas essas formas pessoais de Deus podem ser adoradas.

Segundo a filosofia budista, Budha nasceu no ano de 2478 na era de Kali-yuga, numa terça-feira, numa noite de Lua cheia do mês de maio, na fronteira da Índia com o Nepal, recebeu o nome de Sidarta Gautama. Sua mãe, Maya, veio a falecer sete dias após o seu nascimento. Foi acolhido por Raja, segunda esposa de seu pai, o rei Sudhodhana. Nasceu dotado de conhecimento absoluto, puro e cheio de compaixão pelo bem-estar incondicional de todas as entidades vivas. Desposou aos 16 anos a princesa Yasodhara e, dessa comunhão, nasceu o seu primogênito e discípulo Rahula. Um sábio predisse que ele se tornaria um grande imperador e se isolaria totalmente do mundo terreno para incorporar um Budha. Seu pai, o rei Sudhodhana, manifestou grande desejo de que o filho se tornasse um grande Senhor do mundo e não um asceta, como foi profetizado pelo sábio ao consultar o fado da criança. O príncipe vivia cercado de luxo em seus três suntuosos palácios para poder desfrutar das quatro estações do ano. Um dos palácios lhe servia para passar o inverno e os outros para o verão, o outono e a primavera. Dentro dos palácios reais havia todos os tipos de gozo dos sentidos para satisfação do ego e do falso prestígio, tais como belas dançarinas, música, fontes, florestas, cercados de toda a opulência e de condições favoráveis. Seu pai ocultava-lhe as inevitáveis misérias materiais que rodeiam insistentemente o mundo dos mortais: a doença, a velhice e a morte.

A missão de um Budha é atingir a iluminação através da meditação, e, por se sentir um prisioneiro, Budha maquinou um plano e burlou a vigilância do pai, saindo com seu fiel servo a passeio. Mas, ao ver em torno de si só transitoriedade, foi desvelando, no seu trajeto, os mistérios acerca do ciclo de nascimentos e mortes. Estarrecido e compassivo diante do sofrimento das entidades vivas, ele atingiu o ápice da iluminação espiritual, percebendo, através da meditação interior no mundo perene, um âmbito de escuridão onde há muitos tipos de miséria tanto mental como física, que aprisionam e iludem os que estão sob a influência dos três gunas (bondade, paixão e ignorância) e buscam em vão a paz e a felicidade, jamais alcançadas, porque idolatramos os desejos efêmeros. Por ser uma das encarnação da suprema personalidade de Deus, Budha apareceu em Gaya na Índia e ficou famoso prodigiosamente em todo o Oriente, incluindo Japão e China. Seu nome espalhou-se rapidamente pelo mundo inteiro, pois a filosofia budista prega a *ahimsa* (a não-violência contra pobres e indefesos animais). Quando abomina as atrocidades, a pessoa escapa milagrosamente de envolver-se com atividades pecaminosas, situadas no modo da escuridão, e desenvolve a compaixão, processo fundamental para situar-se no modo da bondade pura e, com o correr do tempo, atingir o nirvana. Os verdadeiros monges budistas seguem determinados princípios básicos, como não comer carne de qualquer espécie, não matar nenhuma entidade viva, pautar-se pela verdade, evitar fumar e tomar bebidas alcoólicas que alterem o estado natural de consciência divina, honrar a mulher do próximo, vibrar os mantras sagrados em deleitosas repetições. O mantra pode ser repetido silenciosa ou audivelmente e atua tanto em quem o emite como em quem o recebe.

A doutrina hindu descreve a dor humana, causada pelo desejo descontrolado da ignorância, que transmuta a luxúria do plano material para dimensões que atingem as percepções divinas e põe a alma em contato com a sua identidade natural, impregnando-a do amor de Deus e libertando-a do samsara.

Para praticar a comunhão cósmica e alcançar o caminho do dharma (religião), é preciso extinguir, de acordo com Sidarta, os desejos mentais que levam a alma a abissais precipícios, como o ódio e a ilusão, os quais são a causa brutal da cegueira da alma.

PREVISÕES DO ARCANO

O ensino variado das ilimitadas práticas espirituais e meditativas destina-se a treinar a mente, a controlar os sentimentos, sentidos e pensamentos, através dos *asanas* (posturas do corpo).

O ensino das práticas espirituais e meditativas representa a yoga, princípio universal de introspecção e contemplação, destinada a purificar o corpo e a mente, além de afastar doenças e vibrações negativas. A yoga pranayama e os asanas incluem toda a atenção para o corpo e a respiração, e consistem em 84.000 práticas fundamentais budistas que estabelecem a *ahimsa* (não-violência). O budista não deve comer animais e sim desenvolver a compaixão e o amor. Para tornar-se um Budha e ajudar os que sofrem, é preciso seguir os cinco principais preceitos do budismo: 1) não causar mal a nenhum ser vivo; 2) não matar; 3) não roubar; 4) não fazer mau uso do corpo; 5) não falar mal dos outros. A observância desses preceitos leva a um profundo estado de consciência.

Através das experiências adquiridas no passado, podemos utilizar, em nosso favor e em favor do próximo, pensamentos e sentimentos como referencial para os cortes e as mudanças cíclicas da vida.

O isolamento da vida mundana é o aprendizado interior que permite que se observem os mudras (gestos), os mantras (fala), a mente (visualização), pranayama (respiração) e dhyana (meditação).

Esta carta também pressagia retrocesso e trabalho realizado ocultamente, na tentativa de evitar perturbações com situações ligadas ao medo de tomar atitudes, além de timidez no amor e avareza para consigo próprio e para com os outros.

ASPECTO FAVORÁVEL

Os verdadeiros seguidores de Budha alcançam o nirvana, o mais elevado estágio de bem-aventurança e percepção do dharma (religião). Propagam *ahimsa* (não-violência) como filosofia de vida para o homem.

ASPECTO DESFAVORÁVEL

Tornar-se impersonalista, negar a forma original da pessoa suprema e acreditar que Deus se limita à sua forma impessoal de luz, amor, natureza e vazio.

SIGNIFICADOS DO ARCANO

Esta carta representa o mundo da luz e da sabedoria comandado por pessoas maduras e sábias.

Pode representar um iluminado, um mestre da escola da vida, catedráticos, monges, médicos e pessoas velhas, sábias e experientes.

A presença desta carta pressagia prudência e indiferença ao mundo efêmero.

Junto com a carta V, indica vida solitária e cumplicidade com um antigo segredo. Junto à carta XVIII e à carta XIII, doenças causadas por velhice, *stress* e cansaço físico. Junto à carta VIII, compreensão e tato para resolver questões judiciais, kármicas e demandas ligadas a preconceito.

ATRIBUTOS — não causar mal a nenhuma entidade viva.
CORES — vermelho e branco.
MANTRA — *om mane padme hum*.
REGENTE — da meditação e da misericódia.
OFERENDA — cantar o mantra OM *mane padme hum* em louvor a Budha, vigésima encarnação de Vishnu.

MENSAGEM DO ARCANO
As visões me chegam mansamente,
apunhalando meus sonhos.
Tento me acostumar com o mel e o fel,
quero o amor,
não a traição nem a mortalha dos enganos.
Luto entre a vida e a morte,
Em vigília tento alcançar a comunhão.
Minha iluminação será evidenciada
e saboreada aos olhos dos deuses vilões.

LAKSHMI – SEMIDEUSA DA FORTUNA

*Eu sou a sorte, o amor, o ouro, a beleza, a ostentação,
o signo de bênção, a subida final.*

DHARANA (CONCENTRAÇÃO) — Quando se deseja obter riqueza permanente, deve-se desenvolver honestidade, e orar constantemente com pureza e determinação à Lakshmi, a bela semideusa da fortuna e da fertilidade. Esta dharana também pode ser realizada com as faixas 5 e 6 do CD de mantras que acompanha este livro e faz saudações **aos Orixás Oxóssi e Oxum**.

ARCANO X

No tarô egípcio, representa a Roda da Fortuna. Está relacionado à riqueza e a muita prosperidade material. As transformações advindas de mudanças repentinas, relacionadas também a vidas passadas.

No tarô dos orixás, Oxum. Está relacionado ao Orixá feminino do dengo e da sedução. Oxum é a deusa do ouro, da beleza e da fertilidade.

INTRODUÇÃO

O Arcano X, Lakshmi (Semideusa da fortuna), personifica o fluxo da riqueza e da boa fortuna que rege as forças cósmicas. Refere-se aos mistérios das causas do destino e ao aspecto feminino que rege todo o poder e supremacia, traz ascensão e alude ao aspecto feminino representado pelo ouro e pelos mistérios intuitivos. Regente de todo poder e beleza, esta carta representa a ascensão do destino.

SIMBOLOGIA

Sentada hierarquicamente em seu trono de opulências, Lakshmi, a semideusa da fortuna, outorga bênçãos de riqueza e beleza aos seres situados nas modalidades da bondade, e a todos os que buscam paz e harmonia e praticam a pureza e a honestidade.

Trajando seu reluzente sari vermelho, símbolo de fertilidade e riqueza, ela é reverenciada como a não-nascida.

Adornada com guirlandas de ouro e prata, a bela e rica deusa concede ouro, e outorga todos os tipos de bênçãos materiais. Sentada sobre uma flor de lótus, Lakshmi, a soberana da Terra, é mostrada em atitude transcendental com o seu jarro cheio de ouro, simbolizando abundância. Quando seus delicados dedos tocam o jarro infinito da fortuna, a divindade outorga bênçãos, tanto à existência terrena quanto aos planos espirituais.

Mensageira dos deuses e regente da iluminação, quando está acompanhada por dois elefantes brancos simboliza a chuva, que traz fertilidade e colheita. Sua auréola irradia espiritualidade e iluminação e seu semblante a torna o modelo perfeito da beleza e da feminilidade; seu corpo denota a majestosidade materna e a harmonização que induz à meditação. O poder de Lakshmi é perpétuo e insuperável no mundo material. A semideusa da fortuna faz-se representar pela energia externa de Vishnu Maha Devi, mas sua posição original é sempre a energia interna do Senhor Vishnu Yoga MAYA. Sri Lakshmi ou Padma é representada de pé ou sentada na flor de lótus e, da mesma maneira que o Senhor Vishnu, seu esposo, está associado ao oceano, ela está associada à flor de lótus e é mencionada como a não-nascida do lótus Padmasambhava (a que está sentada sobre o lótus e que tem a cor dos olhos de lótus). A semideusa Lakshmi, símbolo hierárquico da beleza, de toda a fortuna e da abundância, surge com todo o seu esplendor e poder do oceano de leite, compondo a décima quarta preciosidade. Mãe primordial, plena de graça e beleza, adveio várias vezes à Terra ao lado do seu adorado esposo Vishnu. Quando se manifestou como Sita, esposa do rei Ramachandra, revelou-se uma esposa fiel e perfeita. No hinduísmo é cultuada como a principal figura feminina e esposa ideal.

É chamada de a "bela e rica deusa protetora do cultivo de arroz da Índia nativa", aquela que tem a posse do esterco. Seus dois filhos são o iodo e a umidade, personificação dos componentes de um solo rico. Ela é como *madhavi* (mel), a soberana que concede bênçãos e usa guirlandas de ouro e prata, confere saúde, vida longa, prosperidade, prole e fama; por ser a personificação do poder concede aos seus filhos imperecível boa fortuna. Bela e vaidosa, é a amada esposa de Vishnu; como outras divindades védicas é mostrada em uma atitude clássica, com um jarro cheio de ouro, representando a abundância.

SÍMBOLO FEMININO DA CULTURA DO ORIENTE

A maternal deusa da felicidade, dos bens materiais e da fertilidade, regente da vida terrena, é a insuperável encarnação da energia do deus Vishnu, representa o maior símbolo espiritual feminino da cultura oriental.

Dá vida ao universo e aos seres graças à sua infinita misericórdia, celestial espiritualidade e sensual encanto. De acordo com os textos sagrados, ela é a sabedoria iluminada que transcende o mundo coberto pela camada dos desejos, dos sentidos e das entorpecentes paixões mentais. Lakshmi, a semideusa da fortuna, é representada como a temporal Mãe Terra, outorgadora de bênçãos e fortunas no plano material e simbolizada pela flor de lótus que, originalmente, por meio do Senhor Brahma, foi a fonte dos seres, da vida e da iluminação. Ela está além da magia que suscita os poderes de maya. Para obter todas as opulências que se deseja, deve-se adorar Lakshmi e Vishnu, o casal outorgador das seis opulências: beleza, riqueza, fama, sabedoria, renúncia e poder.

Lakshmi e Vishnu são a representação gloriosa do casal imperecivelmente poderoso e permanecem no coração de todos incondicionalmente. Mas suas opulências só se manifestam onde não paira traição, intrigas, ambições, desarmonias; portanto, o casal que desejar trilhar o caminho da riqueza deve excluir de sua vida a traição e as agressões verbais e físicas.

Lakshmi é proprietária universal de todas as fortunas e riquezas existentes no mundo; deliberadamente é almejada nos aspectos financeiros pelos seres humanos, por ser ela a fonte de toda a riqueza.

Lakshmi Devi é a mãe de toda a criação material, representando argutamente todas as formas de corpos materiais. Considerada um reservatório de todas as qualidades espirituais é adorada e chamada de Anapayini.

Deve-se adorar tanto o Senhor Vishnu, reverenciado como Srivatsa (morada da deusa da fortuna), como Lakshmi, a sua eterna consorte. Eles permanecem constantemente juntos, portanto é muito perigoso mantê-los afastados. A adoração deve ser feita a ambos, só assim se está livre de confundir a deusa da fortuna com sua perigosa energia ilusória maya, pois quando se está sob o encanto da energia de maya, tudo torna-se inebriante e nada se realiza. Maya é tão astuta e enganadora que é quase impossível a percepção do real. É difícil, por exemplo, enxergar, em situações comprometedoras bem diante de nossos olhos, traições, roubos, materiais ou energéticos, devido ao enebriamento de maya. Iludir-se com algo impossível também é muito comum no mundo, como quando alguém se apaixona por um ídolo e pensa que ele é um deus, incorporando um falso arquétipo poderoso, ou quando alguém que tem um corpo de homem porém pensa que é uma mulher, ou ainda quando uma pessoa deixa-se escravizar pelos devaneios da mente. Sri Lakshmi jamais se manifesta onde reinam falsidade e ilusão.

Nos planetas espirituais, Lakshmi, a grande mãe, é notada por sua presença constante; mesmo quando ela desce do peito do seu amado Vishnu para fazer massagem em seus pés de lótus, deixa repousando em seu lugar a transcendental jóia Kausthuba para representá-la, ou Srivatsa (a mecha de cabelo branco no peito de Vishnu). Enquanto no mundo espiritual, a bela deusa da fortuna é sempre notada, no mundo material ela é percebida por sua constante ausência, pois todos a almejam. Mas dificilmente ela se manifesta e sua presença é precária e muito limitada.

RITUAL DE VISHNU E LAKSHMI PARA A OBTENÇÃO DE TODAS AS CAUSAS DESEJÁVEIS

No primeiro dia de Lua cheia de novembro e dezembro, toda mulher, seguindo as instruções de seu esposo, deve realizar o *pursavana-vraia* depois da purificação matinal, que consiste em escovar os dentes e tomar banho; deve-se ouvir sobre o mistério do nascimento dos *maruts* (divindades que personificam os ventos), cujas armas são o relâmpago e o raio. Atribuem-se-lhes várias origens: como filhos de Rudra, irmãos de Indra, filhos do oceano, do céu e da terra.

Depois da purificação com água, deve-se vestir roupa branca e colocar alguns adereços, como o *kanti* no pescoço (colar de semente de tulasi), tilaka (marca de barro sagrado na testa representando Vishnu).

Antes do desjejum, deve-se adorar Sri Vishnu e Sri Lakshmi, louvando a misericórdia, a paciência, o poder, a habilidade, a grandeza e outras glórias do casal divino, se faz o pedido da concessão da bênção desejada. A cerimônia deve ser realizada com o propósito de

adorá-los adequadamente com adornos, cordão sagrado, essência, belas flores, incenso e água para lavar as mãos e a boca. Depois da purificação das mãos, dos pés e da boca, deve-se convidar o Senhor Vishnu com o mantra:

OM NANO BHAGAVATE MAHA PURUSAYA, MAHANU BHAVAYA MAHA-VIBHUTI — PATAYA SAHA MAHA-VIBHUTIBHIR BALIM UPAHARANI.

Depois da vibração mântrica, oferecem-se a Agni (o semideus do fogo) doze oblações para serem queimadas no fogo.

PREVISÕES DO ARCANO

Mudanças cíclicas que trazem acontecimentos inesperados, sobre os quais não temos nenhum controle. No aspecto material, pode indicar emancipação ou pobreza colhida pela influência do karma.

Revela o início e o fim de algo, ensinando-nos que devemos compreender certas situações em vez de eliminá-las, mantê-las ou tomar aversão a elas. Acontecimentos afortunados poderão vir a ocorrer através de constantes mudanças e do fluxo de vida dos humanos.

Esta carta representa fortuna, karma e ascensão. No aspecto material, indica boa ou má fortuna, pois tudo depende de como se vai agir. A postura de humildade é uma arma para aqueles que desejam galgar o sucesso. A ascensão e a queda simultâneas são resultados predestinados, mostrando-nos que temos livre-arbítrio e, por isso, podemos alterar nosso destino para melhor ou para pior. Esta carta também pressagia imprevisíveis acontecimentos amorosos, questões mal-resolvidas, perdas ou ganhos materiais

como resultado de nossa postura diante das boas e más ações.

ASPECTO FAVORÁVEL

Bom karma que facilita sucesso financeiro, fama, dinheiro, poder, beleza, felicidade no aspecto espiritual, material e amoroso. Mudanças e novas oportunidades mostrando que nada é permanente. Realizações em todos os sentidos.

ASPECTO DESFAVORÁVEL

O perigo de se confundir com a bênção da deusa da fortuna tornando-se dessa forma uma pessoa avarenta, orgulhosa, que usa de ostentação para explorar o próximo e se degradar com orgias e drogas, esquecendo-se do principal objetivo de Lakshmi. Usar de meios ilegais para galgar posição material.

SIGNIFICADOS DO ARCANO

Esta carta representa a elite social, composta por mulheres ricas e poderosas que lidam com dinheiro e têm forte influência no destino da humanidade. Indica o mais alto e respeitado *status* social, no qual a mulher assume um papel venerável dentro da sociedade. Simboliza toda mulher rica, bela e corajosa, que veio ao planeta Terra para cumprir uma missão.

A presença da carta X indica riqueza ou ruína. Acompanhada da carta XXI, revela felicidade completa e incessante em todos os aspectos, principalmente em relação à riqueza e ao amor. Junto com a carta IV, indica herança, satisfação pela conquista de um cargo de posição.

Se vier acompanhada por cartas femininas positivas, indica apoio e o encontro afortunado com uma mulher, mas se vier acompanhada de cartas que trazem influências negativas, pode significar escândalos ligados a integridade e *status*, dinheiro e posição social.

ATRIBUTOS — a deusa mostra um jarro de moedas nas suas mãos como sinal de toda a sua opulência.
CORES — vermelho e rosa.
ESPOSA — de Vishnu.
MANTRA — faixa 10 do CD de mantras que acompanha este livro.
REGENTE — da riqueza e toda beleza.
TRANSPORTE — a flor de lótus.
OFERENDA — incenso, flores e lamparinas com manteiga.

MENSAGEM DO ARCANO

Esplendorosa e magnânima deusa do ouro
Te ergueste da ostentação e beleza, todos te querem.
Teu amor é invencível, flamejante, tuas mãos abundantes de bênçãos e riquezas permanecem ocupadas em massagear os pés de lótus de Vishnu.
Cobiçam e almejam tua ilimitada riqueza.
Todo teu ouro foi colhido do ventre da Terra,
que ampara todas as coisas que estão sobre ela e, por fim, torna-se o repouso sepulcral do silêncio.
Só na Terra os deuses alcançam a imortalidade.

Sri Hanuman – Semideus da Força

Apresento-me como a coragem, a força e a autodisciplina, diante daqueles que querem me derrotar.

DHARANA (CONCENTRAÇÃO) — Hanuman deve ser invocado frente a qualquer situação de perigo, ou quando o casamento está ameaçado por uma possível traição. O semideus Hanuman é muito veloz por ser filho do semideus regente do vento. Para livrar-se de tentativas de assassinatos, agressões físicas, morais, e planos satânicos tramados por pessoas vingativas, traidoras e perigosas, deve se ter um quadro de Hanuman em casa, orar e guardar sua imagem na mente, para visualizá-lo na hora do perigo.

Esta dharana deve ser realizada com a vibração do "Sita-Rama e o maha-mantra Hare Krishna", faixa 13 do CD de mantras que acompanha este livro.

ARCANO XI

No tarô egípcio, representa a **Força**. Está relacionado ao domínio moral e espiritual sobre a natureza humana e animal.

No tarô dos orixás, representa a **Cabocla Jurema**. Está relacionado à trilha guerreira que toma a frente de uma batalha, seja a luta por amor ou por questões financeiras.

INTRODUÇÃO

O Arcano XI, Hanuman, personifica a força da inteligência, contra a perversa luta insana da luxúria, representando a capacidade que o homem tem de se confrontar com situações exaustivas que surgem das agressões ao plano espiritual, decorrentes dos seus baixos impulsos e desejos violentos, e da sexualidade mal resolvida. A inteligência e o domínio do eu diante dos reveses e contratempos põem o homem em contato com a sua vocação de um mortal divino, carregando-o de magnetismo espiritual e o educando para dominar o ego. Diante do dever prescrito, o homem sábio contribui com seus semelhantes e respeita seus superiores, compreendendo que para se chegar ao que se quer, é necessário constante vigilância; sem dispersar as forças ocultas, atraindo para si uma nova perspectiva de vitória e ação invencível, pode-se combater o inimigo ou transmutá-lo ao plano superior.

SIMBOLOGIA

O grande servo, o devoto Sri Hanuman, é representado na sua brilhante forma de macaco, com uma grande cauda flamejante, simbolizando força e vitória. O simples fato da flâmula de Hanuman tremular sobre a quadriga de Krishna e Arjuna era visto como um presságio da vitória para os pândavas na batalha de Kurukshetra. Sri Hanuman, representante da fidelidade, da força e do poder, pode ser invocado em momentos de desespero ou de grandes dificuldades. Por ser filho do semideus, regente do deus do vento, Hanuman é muito poderoso, eficiente e rápido ao ser invocado para salvar alguém, pois viaja na velocidade do vento e tudo penetra. Ele atravessou o oceano Índico com um só salto, do sul da Índia ao Sri Lanka (Ceilão), para atender ao desejo de seu adorado Senhor Ramachandra, buscando resgatar sua querida rainha Sita das mãos do demônio Ravana que a havia raptado.

PASSATEMPO TRANSCENDENTAL

O Senhor da força com seu corpo refulgente, enorme como uma montanha, bateu com a cauda no chão, pôs os pés na terra, meditou no seu adorado amo, o rei Ramachandra e voou aos céus em busca da rainha Sita. Na sua missão, Hanuman teve de enfrentar muitos obstáculos e se armou de devoção e coragem para alcançar Sri Lanka e libertar Sita. A cidade de Sri Lanka era protegida pela deusa Asurya (demônia) que, ao ver o macaco Hanuman, lembrou-se de uma antiga profecia, que lhe fora revelada, a qual dizia que, quando a deusa guardiã fosse jogada ao chão por um macaco, infortunadamente a cidade de Sri Lanka e o rei Ravana com seus súditos e guerreiros seriam todos destruídos. Em obediência à profecia dos deuses, ela abandonou a cidade por não poder mais protegê-la. Assim, o macaco Hanuman entrou na cidade com seu pé esquerdo, atraindo maus presságios e fracassos para seus inimigos. A cidade era habitada por *rakchasas* (demônios) que, com seus poderes místicos, mudavam de forma, na tentativa de causar medo, apreensão e intrigas, satisfazendo dessa maneira seus planos diabólicos.

Obstinado a encontrar a rainha Sita, Hanuman entrou no palácio de Ravana, invadiu as alcovas e deparou-se com as esposas do demônio adormecidas em leitos de ouro. Ravana também descansava, concupiscente, ignorando o seu destino fatal. Hanuman, o poderoso filho do vento, pôde registrar toda a ostentação reunida no palácio do demônio. Por exemplo, o aeroplano de Ravana, que lhe garantia todas as conquistas, o luxo dos lagos, terraços e jardins adornados de ouro e pedras preciosas. Com o semblante desolado mas ao mesmo tempo sereno, por estar na trilha devocional do amor, Hanuman hierático padecia, pensando constantemente no futuro encontro com a rainha. Subitamente, no eremitério da solidão absoluta, Hanuman vislumbrou a forma transcendental, casta e divinamente bela da rainha Sita. Muito pálida, ela permanecia envolta no seu sari de seda, seu rosto, resplandecente como a Lua cheia, estava banhado de lágrimas por estar absorta em sentimento de separação. Ao olhar novamente para a imagem desolada de Sita, cercada por macabros rakchasas com suas carrancas depressivas e insanas, Hanuman a reconheceu e sentiu grande pesar, ao recordar o pesadelo vivido pelo rei Ramachandra, que sofria, mergulhado em horrenda agonia, pela separação de Sita, e por vê-la tragicamente ultrajada pela luxúria do demônio, Ravana, que a mantinha presa no seu palácio. Como conseqüência desse mau presságio, o demônio Ravana atrairia para a cidade de Sri Lanka toda a ruína e destruição, além da sua convocação, junto com o seu exército de demônios, para entrar na morada de Yamaraja, o Senhor da morte. Em meio aos terríveis demônios já dominados pelo sono, Hanuman urdiu um plano para se aproximar de Sita, fazendo-a entender que ele vinha em missão do seu esposo para salvá-la, descartando assim a possibilidade de ser confundido com os aliados de Ravana que estavam sempre a exibir seus truques satânicos, para enganar a rainha Sita.

Aproveitando que os guardas demoníacos tinham adormecido, o macaco Hanuman oculto por folhas e árvores e iluminado por sua inteligência transcendental, recitou, em tom baixo e com voz doce, a história das virtudes do Senhor Ramachandra. Ao escutar sobre as glórias do seu esposo, as pálpebras do olho esquerdo da mãe Sita começaram a tremer. Na Índia, é considerado muito auspicioso esse sinal (o tremor do olho esquerdo), pois traz sorte e realização de muitas vitórias. Assim como é um bom presságio o tremor do olho esquerdo, o tremor do olho direito é um aviso de desgostos iminentes e grandes infortúnios. Tentando descobrir de onde vinha a misteriosa mensagem, Sita viu finalmente o macaco Hanuman, filho de Vayu, semideus do vento, com as mãos postas em fervorosa reverência. Então, ele lhe revelou que recebera a sublime missão de trazer até ela a mensagem do seu supremo esposo e que, em breve, Rama viria libertá-la. Hanuman descreveu para ela todos os planos do seu amo e, fazendo uma profunda reverência aos pés de lótus de Sita, despediu-se prometendo voltar logo com o rei Ramachandra, o irmão mais novo deste, Lakshmana, e todo o exército de macacos tendo à frente Sugriva. Depois do diálogo com Sita, Hanuman virou um macaco gigante e voou destruindo todo o jardim de Asoka que o demônio Ravana tinha construído para as suas rainhas. Ao saber que o macaco invadira o seu reino, o demônio Ravana com suas dez cabeças e vinte olhos enfureceu-se tal qual um Rudra (Shiva em seu aspecto destruidor) e mandou atear fogo na cauda do macaco. Aproveitando-se da ocasião, Hanuman, por sua vez, começou a atear fogo em tudo o que encontrava, deixando assim toda a cidade em chamas e os demônios aprisionados no meio do fogo dantesco e da dor.

Hanuman voltou à floresta, envolvido pelo êxtase que espelhava seu devotado amor por Sita. Narrou, preocupado, tudo o que se passara na cidade de Lanka e, argutamente, revelou ao rei a postura casta e imaculada de Sita, digna de ser a esposa amada de Ramachandra. Depois da visita de Hanuman à cidade de Lanka, que quase destruiu toda a cidade, consumida pelo fogo, provocado pela cauda do macaco, começaram a aparecer vários sinais de mau presságio na cidade como: das lamparinas feitas de chamas de manteiga, oferecidas em libação aos deuses, o fogo já não se elevava com o vibrar dos mantras; as cobras passavam rastejando silenciosamente por lugares sagrados; formigas, em sua trilha solitária, apareciam nas parafernálias que continham as oferendas aos deuses.

Todos esses sinais acima descritos foram considerados mau agouro. Enquanto isso, o Senhor Ramachandra, muito pesaroso, em companhia do exército de macacos, fazia planos para atravessar o mar e ir à cidade de Lanka resgatar sua esposa ausente há quase um ano. Absolutamente convicto da vitória ao lado do seu fiel servo Hanuman, Ramachandra, depois de jejuar por três dias, seguiu para beira-mar e invocou Samudra, o deus do oceano, que, temendo o seu amo, não apareceu. Contrariado, o Senhor Ramachandra voltou os seus olhos de lótus para o oceano e manifestou sua ira suprema, de tal modo que o oceano caiu aos pés da suprema personalidade de Deus, com temor e em adoração, dizendo:

Meu Senhor, podeis usar minha água como desejardes. Na verdade, podeis cruzá-la e ir até a morada de Ravana, que é fonte de perturbação e pranto para os três mundos. Ele é o filho mais detestável de Visrava, por favor, ide matá-lo para depois reaver vossa esposa Sita. Ó grande herói, embora minhas águas não representem nenhum impedimento, na vossa marcha para Lanka, por favor, construí uma ponte sobre elas para difundir-lhes vossa fama transcendental ao tomarem conhecimento dessa maravilhosa e incomum façanha de vossa onipotência. Todos os grandes sábios e reis futuros glorificar-vos-ão.

Depois de Samudra, o oceano personificado, satisfazer o desejo de Sri Ramachandra, os exércitos de soldados macacos começaram a construir a ponte, com galhos de árvores e pedras, cerimoniosos, silenciosos e velozes. Depois da taumatúrgica ponte concluída, Hanuman, o mais fiel servo de Deus, atravessou o oceano Índico com o Senhor Ramachandra nos ombros e Angada também o cruzou carregando Lakshmana. Assim que a legião de macacos chegou à praia, cercando a ilha de Sri Lanka, Rama, com sua visão transcendental, procurou ver sua gloriosa esposa Sita, a qual se encontrava pesarosa, aprisionada e aflita. Ao perceber o estado de ansiedade de sua esposa, causado pelo assédio do demônio Ravana, Sri Ramachandra ordenou que o exército de Vaanara atacasse imediatamente a ilha de Sri Lanka, com pedras e pontudos galhos de árvores. Essa batalha durou noite e dia.

O filho de Ravana, um funesto mago negro, tornou-se invisível e atirou, contra Ramachandra e seu irmão Lakshmana, flechas impregnadas de serpentes, com a intenção de deixá-los imóveis sobre o solo. Porém, as flechas lançadas pelo mago negro foram neutralizadas pelo poder do pássaro Garuda, ave sagrada que transporta Vishnu e Lakshmi, e também pelas quatro plantas curativas encontradas nos Himalaias, trazidas por Hanuman, para expulsar as serpentes que cobriam os corpos de Ramachandra e Lakshmana, deixando-os presos ao solo. Com medo da superioridade de Ramachandra, Ravana pediu ao seu filho Indrajati, o mago negro, que esculpisse uma imagem igual à de Sita para, através da mágica, simular sua morte, deixando assim Sri Ramachandra e o exército de Hanuman sem coragem de prosseguir a luta, mas, antes que Indrajati concluísse o ritual, o Vaanara (exército de macacos) foi alertado dessa magia que os fariam acreditar na pretensa morte de Sita. Quando descobriu a farsa, Ramachandra enviou Lakshmana para afastar os maus espíritos e neutralizar a oferenda de Indrajati. Lakshmana tornou-se pleno de um inatingível poder, usou uma fórmula mágica para invocar o nome de Sri Rama, conhecido como rei guerreiro matador de demônios, e disparou uma flecha certeira, decepando a cabeça de Indrajati. Quando soube da morte do filho, o demônio Ravana mergulhou no ódio e na dor e decidiu liquidar Sri Ramachandra e o seu exército. Dirigiu-se, sozinho, ao campo de batalha no seu aeroplano. Durante o trajeto, o demônio observou vários sinais de mau agouro. Mas, por estar envenenado de fúria pela perda e pela vergonha, precipitou-se, como um vulcão tempestivo, contra Sri Ramachandra, que estava sentado na quadriga trazida por Matali, o quadrigário de Indra, o semideus do céu. Por estar sob a influência de *tama-guna* (ignorância), Ravana não poderia compreender que Sri Ramachandra veio a esse mundo mortal para exterminar todos os demônios. Ramachandra advertiu Ravana de que o seu fim se aproximava, dizendo-lhe as seguintes palavras: "És o mais abominável dos antropófagos. Na verdade, és igual ao excremento deles, pareces um cão, pois assim como na ausência do dono da casa, um cão rouba alimento da cozinha, na minha ausência roubaste minha esposa Sita. Portanto, assim como Yamaraja, o Senhor da morte pune os homens pecaminosos e descarados, hoje, eu, que jamais falho aos meus intentos, estou disposto a punir-te." Dito isso, Ramachandra o atingiu no peito onde o demônio tinha o segredo da invencibilidade. Ravana precipitou-se abruptamente do seu aeroplano, vomitando sangue por suas dez bocas, concretizando assim o resultado da ira da rainha Sita que o amaldiçoou.

Em seguida, Ramachandra encontrou Sita sentada sob uma árvore na floresta Asoka (jardim antes habitado pelas rainhas de Ravana). Vendo sua esposa, que é a personificação plenária da semideusa da fortuna, muito magra e pesarosa, envolta em iracundos sinais de saudade e infelicidade, o Senhor Ramachandra, pleno de alegria e amor, acompanhado do seu amoroso servo Hanuman, colocou sua amada Sita num aeroplano decorado com flores e retornou à sua capital Ayodhya.

Na chegada foi saudado por Brahma, o semideus da criação, e por outros que derramaram sobre o seu belo corpo fragrâncias de flores. Houve grande comemoração e júbilo. Os palácios de Ayodhya estavam decorados com pérolas e rodeados por lamparinas e incensos, à espera do reinado do Senhor Ramachandra. Na Idade de Ouro, Rama tornou-se rei, Sita rainha e Hanuman célebre fiel imortal. Na tradição hindu, durante o Diwali, o festival anual das luzes, o povo hindu decora suas casas numa alusão à volta triunfante do rei Ramachandra e da rainha Sita. Esse passatempo transcendental celebra a grande batalha pelo resgate de uma heróica mulher santa, e o confronto entre o bem e o mal, expressando com coragem muitos riscos, por causa do amor.

Apesar do casal transcendental ter encarnado na Treta-yuga (era da Prata), havia algumas combinações astrológicas desfavoráveis, que deram um aspecto trágico a suas vidas.

Na juventude, o rei Ramachandra foi expulso do seu reino, indo habitar ao lado de Sita e Lakshmana (irmão de Rama) na floresta. Durante o exílio do Senhor Ramachandra, o bandido Ravena raptou a rainha Sita, começando assim os presságios dos infortúnios de sua vida.

COMO LIBERAR ALGUÉM DO CORPO DE FANTASMA

O nome Ravana significa aquele que causa lágrimas nos outros. O demônio Ravana estava destinado à vida infernal, porém, por ter tido a sorte de ser morto pela suprema personalidade de Deus e de ter sido submetido à cerimônia fúnebre de Agni-Yotra, o demônio foi liberado do corpo fantasmal ao qual estava destinado.

Depois que a alma abandona o corpo grosseiro, transfere-se para outro corpo, mas quando alguém tem morte extemporânea (por acidentes, suicídio ou assassinato), ao abandonar o corpo físico, se transfere para um corpo sutil de fantasma, e aguarda em sofrimento a hora que estava determinada para a sua morte física. Para evitar que a pessoa que tem morte extemporânea entre na vida fantasmal, realiza-se a cerimônia fúnebre (Sraddha).

Os Sastras (escrituras) revelam que um dos principais passatempos prediletos do Senhor Ramachandra é matar demônios, e todas as vezes que isso acontece essas entidades demoníacas tornam-se liberadas.

COMO A MULHER CASTA PODE DESENVOLVER PODER

A mulher que desejar desenvolver poder sobrenatural deve permanecer casta e fiel ao esposo. Qualquer mulher que se-

Os Significados dos Arcanos

guir os passos da rainha Sita torna-se tão poderosa quanto ela, que é uma manifestação de Lakshmi a semideusa da fortuna. Mandodari, a esposa do demônio Ravana, era uma mulher casta, portanto ela pode compreender que diante dos acontecimentos proporcionados pela maldição que Sita lançou em Ravana, este foi executado tendo, dessa forma, morte extemporânea (antes da hora). Dessa maneira a esposa do demônio pode clarividenciar que a mulher pode desenvolver muito poder quando ostenta uma postura casta. As escrituras revelam que ao cometer atividades kármicas deliberadamente, a pessoa se transforma em Vikarmi (pecador consciente); devido à sua conduta demoníaca terá que morrer antes da hora.

TESTE DE FOGO

O demônio Ravana tomado pela incontrolável luxúria e agitado pelos belos traços femininos da rainha Sita não podia entender, mesmo dotado de poderes místicos, que era impossível raptar Sita que é magnanimamente a deusa da fortuna. A forma levada pelo demônio era falsa, ou seja, a representação ilusória de Sita, a qual tomou a forma de Maya Sita durante o teste de fogo realizado para provar que Sita manteve-se casta durante o período que esteve na companhia do demônio; Maya Sita foi incinerada e a verdadeira Sita saiu intacta do fogo. O arcano XI, o semideus Hanuman, representa o protetor dos casais; por ser um grande servo do casal divino Sita-Rama, o macaco Hanuman é muito poderoso e nenhuma arma poderá matá-lo. Frente a uma situação perigosa e traições no amor,

é aconselhável se refugiar e meditar no macaco Hanuman que é tão veloz quanto o vento.

PREVISÕES DO ARCANO

O serviço voluntário e humilde deve ser executado para a exaltação das gloriosas e castas mulheres.

Respeito pelas hierarquias compostas pelas grandes personalidades do mundo, que galgaram as mais altas posições por serem reconhecidas suas atitudes divinas e humildes. Deve-se desejar as virtudes da humildade, da fidelidade e do serviço espontâneo, sem as quais não podem ser reveladas as grandes missões a que se está predestinado neste mundo.

ASPECTO FAVORÁVEL

Devoção ilimitada e sincera, respeito e apego ao plano devocional por amor a Deus, fidelidade constante no amor e nas amizades, força para transcender as dificuldades causadas pela hipocrisia, presunção, inveja e intrigas.

ASPECTO DESFAVORÁVEL

Desrespeito para com o esforço de outrem, minimizando o esforço alheio por achar-se superior. Busca indiscriminadamente por todos os tipos de perversões, deixando-se envolver principalmente por sexo, vícios e vulgares seduções. Não quer dominar a luxúria insana e voraz, que oculta o fogo sagrado que refulge no âmago do verdadeiro amor que só existe em Deus.

SIGNIFICADOS DO ARCANO

Esta carta representa todos aqueles que seguem e servem seus superiores com o humor extático de fidelidade: servos, casais apaixonados, discípulos, babás, amigos sinceros.

Sua presença no jogo representa proteção contra mortes violentas, acidentes, traição, agressões físicas e morais. Ao lado da carta VI, indica fidelidade no amor em todos os aspectos da vida; ao lado das cartas XV e XIII, proteção contra tramas, tiranias e injustiças.

Se esta carta aparecer no jogo do ritual hindu, você deve adotar uma atitude vigilante e modesta, em se tratando de relacionamento com pessoas virtuosas, ligadas à esfera das paixões e posições proeminentes da espiritualidade. A divindade Hanuman, ao lado da carta VI Sita-Rama, representa êxito na reconciliação dos relacionamentos conjugais, e todos os obstáculos vencidos; porém, se o arcano VIII e o arcano XXII, aparecerem junto da carta VI Sita-Rama, anunciará os maus presságios descritos por uma separação causada por abandono, intrigas, disputa ou por uma dolorosa traição.

FILHO DE — Vayu, semideus regente do vento.

ATRIBUTOS — fidelidade e força.

CORES — branco, azul, vermelho, amarelo.

FORMA TRANSCENDENTAL — macaco.

OFERENDA — respeito e reverência pelo casal divino Sita-Rama. Coloque em seu lar um quadro de Hanuman.

MENSAGEM DO ARCANO

Quem sacrifica um grande amor
corrompe a fonte dos sonhos,
Fulmina o laço do apego.
Refugando o ninho do desejo,
exaspera o seu tesouro Colossal
para morrer
com o coração crucificado
entre a cruz da saudade
e rios de lágrimas.

Paramatma – A Testemunha Suprema

Desço até as profundezas do inconsciente e contemplo a imagem suspensa do enforcado, que, em postura submissa, abre mão de suas próprias defesas e expõe sua última expressão sagrada em vida.

DHARANA (CONCENTRAÇÃO) — A meditação e a oração ao Paramatma [a testemunha suprema] que habita dentro do nosso coração devem ser praticadas todas as vezes que desejarmos descobrir segredos que precisam ser revelados, ou obter de Deus proteção e orientação para problemas e situações delicadas, que estão nos deixando confusos e desesperados.

Esta dharana deve ser praticada com a yoga da introspeção onde se pode mentalizar Deus dentro do coração. Ouvir a faixa 3 do CD de mantras que acompanha este livro.

ARCANO XII

No tarô egípcio, representa o Enforcado. Está relacionado ao ciclo cósmico e ao sacrifício aceito voluntariamente em prol de algo maior. Deus, que habita no nosso coração, nos presenteou com o livre-arbítrio para fazermos as nossas escolhas pelos caminhos: espiritual, transcendental, mundano ou infernal. O Enforcado representa a perda de controle da vontade e a própria vida quando se ignoram os avisos advindos da intuição.

No tarô dos orixás, representa Oxalufá. Está relacionado com o mestre interior que protege quem com ele se sintoniza.

INTRODUÇÃO

O Arcano XII, Paramatma, personifica a sintonia onírica e profética que se manifesta através da mentalização de práticas ocultas e telepáticas provenientes de um retiro espiritual entre o absoluto e a *jivatma* (alma individual). Os mistérios sagrados jamais podem ser afetados por influências instintivas e ilusórias.

A expressão na forma de vida humana simboliza o perdão e a participação voluntária tanto na dor quanto na alegria dos nossos semelhantes, servindo de meta para se atingir a auto-iluminação e magnificência, e agradecendo aqueles que seguram nossa mão.

A aceitação do destino é uma preparação emocional para uma nova vida plena de percepção, força, tranqüilidade e contemplação no silêncio interior. O Arcano XII, Paramatma (a testemunha suprema), exterioriza o aspecto localizado de Deus dentro do coração e reata o elo perdido entre o homem e a iluminação, revelando-lhe a necessidade de aceitar com passividade sacrifícios voluntários, para atingir esferas mais elevadas. Significa também a transmutação do mal no bem e a introversão em busca da cura, buscando entendermos que todos os males têm um sentido e que podemos superá-los através da concentração da força do bem.

SIMBOLOGIA

A suprema personalidade de Deus é a alma suprema que habita o corpo carnal. Deus está localizado na região do coração de todas as entidades vivas, mede apenas vinte centímetros. Suas mãos de lótus seguram a roda da quadriga, o búzio, a maça e a flor de lótus; sua boca expressa felicidade. Suas roupas amarelas estão bordadas com pedras preciosas; seus adornos são feitos de ouro, e neles estão incrustadas gemas preciosas. Ele usa um elmo de penas de pavão na cabeça e brincos reluzentes nas orelhas. Seus pés de lótus estão situados sobre os verticilos do coração de lótus dos grandes místicos; sobre o seu peito está a jóia Kausthuba, na qual há a gravura de um belo bezerro, e existem outras jóias sobre seus ombros. Ele está ornamentado com uma guirlanda que lhe desce até a cintura e com anéis cravejados de pedras preciosas. Há guizos em seus tornozelos, pulseiras em seus braços, seus cabelos são oleosos, ondulados e de matiz azulado, seu belo rosto é sorridente. Tudo isso é muito agradável e é o indício de suas pródigas bênçãos.

PASSATEMPO TRANSCENDENTAL — PARAMATMA, A TESTEMUNHA SUPREMA

A testemunha suprema (Paramatma) e a alma individual atômica (*jivatma*) são como dois pássaros sentados na árvore do mesmo corpo. A alma se distingue de Paramatma, e só o percebem aqueles que praticam a *astanga-yoga* mística, através da meditação e de restrições de desejos materiais, ou os que estão completamente livres de lamentação. Esse estágio possibilita que a alma veja o eu interior com a mente purificada e quando esse vislumbre espiritual ocorre, o místico pode perceber a forma transcendental de

Deus, tanto dentro do seu coração como no coração de todos os outros seres encarnados.

Essa fase resulta num transe de yoga chamado *samadhi*. Quando o yogue é capaz de perceber que o Paramatma vê com igualdade todos os seres, tomando essa atitude da superalma (testemunha) suprema como exemplo, ele torna-se equânime tanto diante de um iluminado quanto de um mendigo. A lembrança daquilo que se conhece e daquilo que se esqueceu, flui sedenta de mistérios da testemunha suprema, que acompanha a alma até o último alento de vida, testemunhando suas atividades e concedendo-lhe o resultado de suas ações de acordo com o seu karma. Aquele que entende que Deus é o conhecedor supremo, passa a conhecer todos os aspectos da existência e torna-se autocontrolado, situando-se num estado de prazer ilimitado para poder desfrutar da alegria por intermédio dos sentidos transcendentais.

O processo da *bhakti-yoga*, através do processo de meditação na forma pessoal de Deus localizada no coração, é recomendado pelos *shastras* para a libertação da existência material.

A prática da *bhakti-yoga* e o cultivo do conhecimento espiritual desapegam a alma condicionada das atividades mundanas e letárgicas, purificando a inteligência da intoxicação e da lasciva prática sexual inerentes ao desejo, à ira, à ilusão, à insanidade e à inveja, as quais desvelam as funções da mente que se destina a pensar, sentir e desejar. Por estarem incessantemente presas ao plano mental, as entidades vivas mergulhadas no *samsara* (ciclo de nascimento e morte) se apresentam em diferentes formas e configurações materiais, que são resultado da identificação perpétua com o falso ego, e corpo grosseiro que serve de cobertura para todos os seres vivos.

Percebe-se a personalidade de uma pessoa de acordo com os gunas em que ela está atuando: o modo da ignorância — regido pelo Senhor Shiva — ativa os sentidos grosseiros. O modo da paixão — regido por Brahma — ativa os sentidos sutis, e o modo da bondade — — regido por Vishnu — ativa a mente, que é conhecida como Devomaya (divina). No estágio da existência temporal, a alma condicionada torna-se escrava de Maya e se identifica com o corpo grosseiro, e com tudo o que tem relação com sua família, com a sociedade e com sua nação. Mas ao meditar na superalma, que está presente no coração como parte integrante de Deus, a alma condicionada rompe com todas as conexões utópicas do estágio mundano e se une a Deus no seu aspecto conhecido como Paramatma (a testemunha suprema), que habita no seu coração.

A mudança a que o corpo se submete depende da entidade viva, que poderá mudar para um corpo superior ou inferior, de acordo com os seus desejos mentais. A sua independência o transportará para um outro tipo de corpo. Se, durante o percurso de sua existência, tal ser desenvolveu uma consciência animalesca com qualidades felinas ou caninas, mudará para um corpo inferior, designado a animais, como cães e gatos, plantas, bactérias e outros. Mas, se ele desenvolveu qualidades divinas, sua mente o conduzirá para um corpo de semideus. Se ainda, afortunadamente, semelhante alma fixar a mente em Svarup (forma espiritual de Deus), sua vida será um sucesso, ela se transportará para Krishnaloka (mundo espiritual), onde se associará com o ser absoluto. Após a aniquilação do corpo grosseiro, a alma individual transmigra de um corpo para outro. Suas atividades na existência atual determinarão seu próximo corpo, de acordo com o seu karma. Esse processo de transmigração de um corpo para outro acontece por meio do corpo sutil (mente) que detém as informações sobre o próximo corpo, ocasionando o desenvolvimento deste na vida seguinte. Deus como testemunha suprema dá início a todas as atividades que a entidade viva esqueceu em suas vidas passadas. A sua personalidade se expressa de acordo também com as ações passadas. O conhecimento necessário lhe é revelado e lembranças dos acontecimentos de suas vidas passadas são esquecidas. É assim que a testemunha suprema está localizada no coração de todos, como Brahman (espírito) que, sob a forma do fogo, está situado dentro do estômago e digere todas as espécies de alimentos. O Deus Brahman também encontra-se no ar e no som. O *Srimad-Bhagavatan* dá a seguinte descrição vívida das experiências da entidade viva desde o momento da concepção até a hora do nascimento: sob a supervisão da testemunha suprema, o feto se nutre dos alimentos ingeridos pela mãe, cresce, permanece no ventre, padecendo muito por causa de sua sensibilidade delicada. Quando a mãe come alimentos amargos e picantes ou alimentos muito salgados ou muito ácidos, o corpo da criança padece incessantemente de dores que são quase intoleráveis. Coberta exteriormente pelos intestinos, a criança permanece recostada no lado do abdômen, com a cabeça voltada para a barriga e com as costas e o pescoço arqueados. Ao fim de sete meses, a criança permanece exatamente como um pássaro na gaiola, incapaz de mover-se livremente e sofrendo sem alívio. A essa altura, se a alma é afortunada, ela tem grande facilidade para lembrar-se de todos os problemas de todas as suas vidas passadas. A visão de suas tentativas frustradas de ser feliz faz com que ela se aflija. Durante sua estadia no ventre, o ser vivo compreende que tem entrado desnecessariamente no mundo dos mortais.

A alma, profundamente arrependida, ora para o Senhor prometendo que nunca mais cometerá atividades pecaminosas de modo a ser introduzida em outro ventre, pois percebe que o Senhor em seu coração é o mestre supremo e que ela é subordinada a ele. Pela graça de Deus, a criança dentro do ventre pode compreender sua relação verdadeira com o Senhor Supremo e perceber que tem sido reduzida à sua condição abominável por causa do seu esquecimento de Deus. Ela deseja sair, mas compreende que somente pela misericórdia do Senhor Supremo poderá fazê-lo e, desse modo, implora pela bênção do Senhor. Depois de nove meses, contudo, a criança dentro do ventre prevê que o trauma do nascimento destruirá o conhecimento que lhe mostra as misérias da vida física, e sua recordação do Senhor Deus. Se ela se esquecer da provação no ventre assumirá outra vez a posição falsa de desfrutador. Para ela seria melhor não nascer nunca; pelo menos no ventre, ela é capaz de lembrar-se de Deus. O pensamento de suas misérias futuras faz com que ela relute em nascer, mas naturalmente não é possível que ela viva no ventre por mais tempo e o ar que ajuda no parto a impulsiona com o rosto virado para baixo. Empurrada de repente pelo ar, a criança sai com grande dificuldade, sufocada e despojada de sua memória devido à agonia severa, chora deploravelmente, ao perder seu conhecimento superior pela provação do nascimento.

O corpo de uma pessoa que, na sua atual reencarnação, é chamada de rei, com a morte se transformará em verme, excremento ou cinzas. Os seres humanos vêm à Terra e arrogam-se o direito de propriedade sobre ela, mas, no final, todos sem exceção, terão de abandonar este mundo e deparar-se com a morte. Embora o corpo físico seja composto de terra, água, fogo e ar, todos se identificam com o corpo transitório e vivem iludidos como se fossem imortais, no planeta Terra, que não é a nossa habitação eterna.

PREVISÕES DO ARCANO

A capacidade para penetrar no karma e desvendar o passado, o futuro e o presente, tanto da vida atual quanto da vida anterior. Sintonia com a intuição em conseqüência de um mergulho abissal no eu interior, facilidade de adaptação a sacrifícios voluntários e atividades elevadas para a realização da alma. No plano físico, significa o esquecimento de si mesmo, a prisão ao passado onde se busca autopunição das situações kármicas, ligadas ao ego, e guardadas no inconsciente.

ASPECTO FAVORÁVEL

Evolução vinda de uma transformação voluntária na qual são esclarecidas as ligações kármicas, sem precisar anular-se ou sofrer por dedicação aos outros.

ASPECTO DESFAVORÁVEL

Pressão e devaneios; sonhos irreais. Propensão à insegurança, indecisão e medo de provar o desconhecido, não cumpre suas promessas, tanto em relação a si mesmo como em relação aos outros. Deixa-se escravizar por forças obscuras e destrutivas.

SIGNIFICADOS DO ARCANO

Esta carta representa os médicos, os padres, os terapeutas, os místicos, toda a casta sacerdotal e os artistas, por simbolizarem o idealismo. Representa verdadeiramente todos aqueles que aderem a posições missionárias com o desejo voluntário de ajudar ao próximo. Esta carta, dependendo da pergunta e das outras cartas que a acompanham, representa desígnios e missões. Representa sofrimento causado por outros seres ou por si próprio, bem como segredos revelados subitamente, desenvolvimento da intuição espiritual e concentração telepática. Quando ela vem acompanhada da carta IX, indica a descoberta de um grande amor; ao lado da carta XXII, abandono repentino de idéias, posições e antigas relações, separação e incompatibilidade nos empreendimentos e no amor.

MANTRA — a faixa 3 do CD de mantras que acompanha este livro.
ATRIBUTO — Deus manifestado como o único amigo que temos neste mundo.
CORES — amarelo e vermelho.
OFERENDA — meditar na forma de Paramatma que habita dentro do nosso coração.
REGENTE — do passado, do presente e do futuro, por estar em companhia de todos os seres vivos, até o último suspiro da vida.

MENSAGEM DO ARCANO
Na minha encarnação passada,
cantei nas madrugadas sombrias de inverno com a cítara
e a harpa sagrada,
no templo do coração, onde habitas.
Te contemplei todo penetrante
Ó Senhor dos três mundos!
Na alegria confidencial do prazer
desperta meu coração para a prática
secreta do gozo imortal.

Yamaraja – Semideus da Morte

*Sou a morte, a completa consumação do grande mistério.
O umbral entre o mundo dos vivos e o dos mortos. O êxtase último e final.*

DHARANA (CONCENTRAÇÃO) — Os ouvidos estão habituados a escutar os sons mundanos, mas, na hora da morte, tem que ser protegidos e escutar a vibração dos santos nomes de Deus, para evitar que a alma seja retirada do corpo pelo ânus e, na próxima vida, venha habitar nos planos inferiores e animais.

Aquele que na hora da morte fixar o ar vital entre as sobrancelhas e, com toda a devoção, lembrar-se de Deus, alcançará os planetas espirituais.

Esta dharana deve ser praticada na hora da morte, por aqueles que estão abandonando este corpo físico, porém continuam lúcidos para lembrar-se de Deus na hora que vão sair deste mundo.

ARCANO XIII

No tarô egípcio, representa a **Morte.** Está relacionado com o destino que, com o fim de um ciclo, proporciona a renovação e continuidade ao novo estágio de vida.

No tarô dos orixás, representa **Obaluaê.** Está relacionado com o poder de vida e morte, com a doença e a cura. A figura de Obaluaê é a de um velho médico temível, digno e solitário.

INTRODUÇÃO

O Arcano XIII, Yamaraja, personifica diretamente a morte, o fim de um ciclo e o começo de outro completamente novo. Do mesmo modo que a vida está ligada ao prana (ar vital), a morte leva a entidade viva, através da mente, para um outro corpo que antecede o renascimento. Preso à catastrófica roda de samsara (ciclo de nascimento e morte), é preciso uma doutrina espiritual para que o ser humano possa resgatar seu karma e eliminar de suas vidas passadas todas as tristezas e fatalidades. O desprendimento do ego, a purificação dos sentidos e a mente espiritualizada põem um fim definitivo às ilusões, mesmo que seja doloroso o rompimento com algo que se quer preservar.

SIMBOLOGIA

Yamaraja, superintendente da morte, é o juiz supremo na corte das transformações, coordena e delibera sobre as mudanças que ocasionalmente ocorram devido às boas ou más ações, que obrigam a alma a passar de um corpo material para outro. Entretanto, no seu reino, o Senhor da morte é fielmente servido por seus *yamadutas* (os mensageiros da morte), de aparência horripilante e carranca assustadora, encarregados de retirar as almas pecaminosas de seus presentes corpos materiais e treiná-las a aceitar um outro corpo, após terem sido levadas a julgamento perante o senhor da morte.

Yamaraja expressa justiça, autoridade e está sempre vestido com trajes avermelhados e cintilantes. Seu rosto exuberante revela mistério e gravidade, uma guirlanda de flores coloridas adorna o seu corpo majestoso e sobre a sua cabeça vê-se um belo elmo dourado.

YAMARAJA, O SEMIDEUS REGENTE DA MORTE

A mente deve ser sempre controlada pela inteligência e estar conectada à força divina, para que possa pensar e sentir somente coisas autorizadas pela divindade suprema, evitando, dessa maneira, que sejamos levados ao reino de Yamaraja, o superintendente da morte.

O Senhor Yamaraja é representado como o rei dos Pitas e como o poderoso filho do Sol. Habita em Pitriloka, na companhia dos *yamadutas*, seus mensageiros da morte, seguindo regras e regulações estabelecidas pelo Senhor Supremo. O Senhor Yamaraja ordena aos *yamadutas* que lhe tragam todas as criaturas que deliberadamente praticaram atividades pecaminosas. Colocadas frente a frente sob a sua jurisdição, o Senhor Yamaraja realiza imparcialmente o seu julgamento e, com base nos atos abomináveis por elas cometidos, envia-as a vários planetas infernais para receberem o castigo pelas atividades pecaminosas realizadas durante o seu período de vida.

A forma de vida humana é destinada à auto-realização, porém se o ser humano esquecer disso, pode reencarnar numa das 8.400.000 espécies de vida. Se, na hora da morte, a mente registrar que uma entidade viveu como um porco, ela terá de ser treinada para receber um novo corpo desse animal. Assim, sua alma será tirada à força do corpo pelos *yamadutas* e será treinada energicamente por eles, sendo forçada a experimentar vários tipos de excremento.

Nunca podemos pensar que vamos passar toda a nossa existência vivendo como animais degradados e como pessoas extremamente apegadas a coisas materiais, e que, na hora da morte, vamos nos lembrar de Deus. Isso não é possível. Se não nos prepararmos durante a vida para, na hora da morte, nos lembrarmos de Deus, sem apegos mundanos, certamente vamos ter que aceitar um novo corpo que foi moldado pelos nossos desejos, pois o corpo é formado de desejos. Se, no momento da morte, um homem muito apegado à sua esposa ficar só meditando nela, com certeza seu próximo corpo será de mulher, e assim por diante.

Após sofrer em diferentes tipos de corpos e de condições infernais, o homem volta novamente à forma humana de vida no ventre da mãe, em condição precária.

Srila Visvanaha Cakravart Thakura descreve a maneira pela qual os seres humanos, carregados de pecados, vão até os planetas infernais e são castigados pelos agentes de Yamaraja. Ao situar-se na modalidade da bondade, os seres que apresentam características divinas são religiosos e felizes, executam atividades piedosas e, quando abandonam o atual corpo material, alcançam os nectários planetas celestiais. Já aqueles impelidos para o modo da ignorância são postos em diferentes estágios de vida infernal, estão sempre infelizes e vivem como animais.

Para exorcizar os perigos com o pacto mundano infernal, é preciso entender a natureza de karma, vikarma e akarma, e agir de acordo com esse conhecimento. As almas condicionadas que vêm ao mundo em busca de felicidade material e satisfação do gozo dos sentidos, têm a permissão de Deus para desfrutar dos insaciáveis sentidos, desde que estejam em conformidade com a lei da suprema personalidade de Deus e com certos princípios reguladores. Mas, se desafortunadamente forem violadas essas regras, as almas serão julgadas, punidas e colocadas pelo Senhor Yamaraja em determinados planetas infernais. Segundo a autoridade dos shastras, existem 28 tipos de planetas infernais.

Alguém que se apropria da esposa, dos filhos ou do dinheiro que pertençam legitimamente a outrem, na hora da morte é aprisionado pelos *yamadutas*, que o amarram com a corda do tempo e, à força, o atiram no planeta infernal conhecido como Tamisra. Nesse planeta, que é escuro como breu, o homem pecaminoso é castigado pelos *yamadutas*, que o açoitam e o repreendem.

O destino reservado ao indivíduo que, dissimuladamente, engana outro homem e desfruta da esposa e dos filhos deste, é o inferno conhecido como Andhatamisra. Lá, sua condição é exatamente igual à de uma árvore ao ser cortada pela raiz.

Para a manutenção do corpo e a satisfação de suas línguas, pessoas cruéis cozinham vivos pobres animais e pássaros. Tais pessoas são condenadas até mesmo pelos canibais. Em suas próximas vidas, são carregadas pelos *yamadutas* ao inferno conhecido como Kumbhipaka, onde são cozidas em óleo fervente.

O assassino de um brahmana é posto no inferno conhecido como Kalasutra. Internamente, ele queima de fome e de sede; externamente, queima com o calor escaldante do Sol e do fogo que fica embaixo da superfície de cobre. Ele deve passar por esse sofrimento por um período de milhares de anos equivalente ao número dos pêlos existentes no corpo de um animal.

Se alguém, sem justificativa premente, desvia-se do caminho dos Vedas, os servos de Yamaraja o colocam no inferno conhecido como Asipatravana, onde o golpeiam com chicotes. Ao correr de um lado para outro, fugindo da dor extrema, ele esbarra em palmeiras cujas folhas lembram espadas afiadas. É esse o sofrimento aplicado àquele que se desvia dos princípios religiosos aceitos.

Pelos desígnios do Senhor Supremo, os seres vivos de grau inferior sugam o sangue de seres humanos e outros animais. Essas criaturas insignificantes não sabem que suas picadas incomodam o ser humano. Contudo, os seres humanos de primeira classe, os brahmanas, os kshatryas e os vaisyas têm consciência desenvolvida e, portanto, sabem quão doloroso é ser morto. O ser humano dotado de conhecimento na certa comete pecado se mata ou atormenta criaturas insignificantes, que não têm a faculdade de discriminar. O Senhor Supremo pune tal homem pondo-o no inferno conhecido como Andhakupa, onde é atacado por todos os pássaros e feras, répteis, mosquitos, piolhos, vermes, moscas e quaisquer outras criaturas que ele tenha atormentado durante a sua vida. Assim, em Andhakupa, seu sofrimento é igualzinho ao de uma criatura das espécies inferiores.

Se alguém, sem justificativa premente, rouba um brahmana ou quem quer que seja, levando-lhe as jóias e o ouro, é posto no inferno conhecido como Sandamsa, onde sua pele é arrancada e retalhada por bolas e espátulas incandescentes, as quais são feitas de ferro. Dessa maneira, todo o seu corpo é despedaçado.

Homem ou mulher que tenha relação sexual com parceiro desonroso do sexo oposto, é punido após a morte pelos assistentes de Yamaraja, no inferno conhecido como Taptasurmi. O homem é forçado a abraçar uma incandescente efígie de ferro, a qual tem a forma de uma mulher, e a mulher é forçada a abraçar uma efígie semelhante, a qual tem a forma de um homem. Essa é a punição reservada para quem pratica sexo ilícito.

Aquele que pratica sexo indiscriminadamente, não poupando sequer os animais, é levado, após a morte, ao inferno conhecido como Vajrakantakasalmali. Nesse inferno, existe uma árvore de seda e algodão, cheia de espinhos tão fortes como raios. Os agentes de Yamaraja penduram o homem pecaminoso nessa árvore e o puxam para baixo com bastante força, de modo que os espinhos rasguem bem o seu corpo.

Os desavergonhados esposos de mulheres sudras, as quais são de nascimento inferior, vivem exatamente como animais e, portanto, não têm bom comportamento, limpeza ou vida regulada. Após a morte, tais pessoas são atiradas no inferno chamado Puyoda, onde são postas num oceano cheio de pus, excremento, urina, muco, saliva e coisas desse tipo.

Se, nesta vida, um homem das classes superiores (brahmana, kshatrya ou vaisya) é muito afeiçoado a levar à floresta seus cães, mulas ou asnos de estimação para caçar e matar outros animais desnecessariamente, é posto, após a morte, no inferno conhecido como Pranarodha, onde os assistentes de Yamaraja usam-no como alvo e trespassam-no com flechas.

Alguém que nesta vida orgulha-se de sua destacada posição e que, despreocupadamente, sacrifica animais em troca do simples prestígio material, é posto, após a morte, no inferno chamado Visasana, onde os assistentes de Yamaraja, após cominar-lhe dores cruciantes, o matam.

Se um membro tolo das classes dos duas vezes nascidos (brahmana, kshatrya ou vaisya) força a esposa a beber seu sêmen devido a um desejo luxurioso de mantê-la sob controle, ele é posto, após a morte, no inferno conhecido como Lalabhaksa, onde, atirado num rio formado de sêmen difluente, é forçado a bebê-lo.

Neste mundo, algumas pessoas são saqueadores profissionais que ateiam fogo às casas alheias ou envenenam os outros. Após a morte, tais demônios são postos no inferno conhecido como Sarameyadana. Nesse planeta, há 720 cães cujos dentes são tão fortes como raios. Sob as ordens dos agentes de Yamaraja, esses cães devoram vorazmente tais pessoas pecaminosas.

Aquele que, nesta vida, presta falso testemunho ou mente enquanto realiza negócios ou faz caridade, é severamente punido, após a morte, pelos agentes de Yamaraja, e é atirado no inferno conhecido como Avicimat.

Qualquer brahmana ou esposa de brahmana que tome bebida alcoólica é levado pelos agentes de Yamaraja ao inferno conhecido como Ayahp. Os agentes de Yamaraja sobem em seus peitos e derramam dentro de sua boca ferro fundido quente.

Uma pessoa abominável de nascimento baixo, que nesta vida se encha de falso orgulho, e que assim deixe de mostrar o devido respeito a alguém superior, por ordem espiritual, vai para o inferno conhecido como Ksarakardama, onde terá de sofrer muitas tribulações nas mãos dos agentes de Yamaraja.

Neste mundo, há homens e mulheres que sacrificam seres humanos a Bhairava ou Bhadrakali e depois comem a carne de suas vítimas. Aqueles que executam tais sacrifícios são levados, após a morte, à morada de Yamaraja, onde suas vítimas, tendo assumido a forma de rakchasas (demônios), retalham-nos com espadas afiadas. Assim como, neste mundo, os canibais beberam o sangue de suas vítimas, dançando e cantando de júbilo, estas deliciam-se em beber o sangue dos sacrificadores e celebram da mesma maneira.

Nesta vida, algumas pessoas abrigam animais e pássaros que, nas aldeias ou florestas, buscam a proteção delas e, após fazê-los acreditar que serão protegidos, tais pessoas os trespassam com lanças ou enlaçam-nos e os fazem de brinquedo, causando-lhes muita dor. Essas pessoas são levadas pelos mensageiros da morte ao inferno conhecido como Sulaprota, onde seus corpos são trespassados por afiadas lanças, semelhantes a agulhas. Elas sofrem de fome e de sede, e pássaros de bico pontiagudo atacam-nas de todas as direções para picar seus corpos. Sofrendo essa tortura, elas podem, então, lembrar-se das atividades pecaminosas que cometeram no passado.

Aqueles que, nesta vida, parecem serpentes invejosas, vivendo sempre irados e causando dor a outras entidades vivas, caem, após a morte, no inferno conhecido como Dandasuka. Nesse inferno, existem serpentes com cinco ou sete capelos, as quais devoram essas pessoas pecaminosas como se devorassem ratos.

Aqueles que, nesta vida, confinam outras entidades vivas em poços escuros, celeiros ou cavernas, são postos, após a morte, no inferno conhecido como Avata-nirodhana. Lá, eles próprios são atirados em poços escuros, onde fumaça e gases venenosos os sufocam, fazendo-os sofrer mui severamente.

Aquele que, neste mundo ou nesta vida, tem muito orgulho de sua riqueza, vive com medo de que alguém lhe tome a riqueza. Na verdade, ele suspeita inclusive de seus superiores. Seu rosto e seu coração se amofinam só de pensar em perder sua riqueza e parece um demônio abjeto. De modo algum ele consegue obter verdadeira felicidade e não tem conhecimento de como é que se vive sem ansiedade. Devido às coisas pecaminosas que pratica para ganhar dinheiro, aumentar sua riqueza e protegê-la, ele é posto no inferno chamado Sucimukha, onde os agentes de Yamaraja o punem, costurando todo o seu corpo assim como fazem os tecelões ao costurar roupas.

Na província de Yamaraja, existem centenas e milhares de planetas infernais. As pessoas ímpias devem todas entrar nesses vários infernos, de acordo com o grau de sua impiedade. Aqueles que são piedosos, contudo, entram em outros sistemas planetários, a saber, os planetas dos semideuses. Todavia, tanto os piedosos quanto os ímpios voltam à Terra.

A superalma está situada no coração de todas as entidades vivas: humanos, animais e vegetais. De acordo com o desejo pessoal de cada ser corporificado, Deus lhe dá várias classes de corpos. A entidade viva depende do controle da natureza material supervisionada pela alma suprema. Os seres mortais, ao abandonar seus presentes corpos, vão até a morada chamada Yamasadeva encontrar-se com o Senhor Yamaraja, controlador dos atos abomináveis e superintendente da morte.

Todo mortal é revestido de um corpo grosseiro e de um corpo sutil; o corpo sutil é composto de mente, ego, inteligência e consciência.

As escrituras revelam que os *yamadutas* amarram pelo pescoço, com fortes cordas, o corpo sutil do réu e o levam até Yamasadeva, a morada do senhor Yamaraja, para que possa ser submetido a rigorosos castigos. Enquanto é levado pelos *yamadutas*, o réu enche-se de fúnebre amargura, suas mãos tremem e, em seu percurso letal, surgem muitos cães com uivos grotescos. Os cães o mordem para fazê-lo lembrar-se de suas atividades criminosas.

Sob o sol escaldante o criminoso tem de passar por estradas de areia quente, cercadas por florestas em chamas, enquanto é chicoteado nas costas pelos *yamadutas* por ser incapaz de caminhar. Afligido pela fome e pela sede, ele cai de fadiga, mas é forçado a levantar-se. Dessa maneira, ele rapidamente é trazido à presença de Yamaraja.

O inferno Raurava é destinado aos que aceitam seus corpos temporais como o eu, e de dia e à noite trabalham arduamente em busca de dinheiro para manter seu próprio corpo e o corpo de sua esposa e filhos. Enquanto trabalham para manter a si mesmos e as suas famílias, cometem violência contra outras entidades vivas. As entidades que foram maltratadas por tal pessoa criminosa aparecem como animais chamados *rurys* para infligir-lhe severos tormentos.

A alma condicionada não pode agir ocultamente, pois existem testemunhas como o Sol, a Lua, o fogo, o céu, o ar, os semideuses, o crepúsculo, o dia, a noite, as direções, a água, a terra e a testemunha suprema que habita no coração de todos.

Para livrar a entidade viva de ser atado pelas cordas do mensageiro da morte e descer até a morada dos corpos inferiores e planetas infernais, o senhor Chaitanya Mahaprabhu [senhor Gaura] adveio na era de Kali-yuga representando a encarnação sonora dos santos nomes de Deus: Hare, Krishna e Rama, para difundir o culto de Bhakti (amor a Deus), um processo simples e deleitante que consiste em cantar e dançar o MAHA-MANTRA HARE KRISHNA. Deve-se vibrar a qualquer hora do dia e da noite o santo nome de HARE para que possam ser anuladas todas as reações pecaminosas.

PREVISÕES DO ARCANO

O fim de um ciclo e o começo de outro, não necessariamente ligado à morte física, à transformação ou à decomposição final do corpo carnal. Simboliza o renascimento e a transmutação que são imprescindíveis para eliminar da vida as ilusões do passado e as trevas que obstruem a existência do novo.

A transformação que destrói para construir é necessária como forma de trampolim para a evolução, trazendo inesperadamente uma profunda mudança na vida, na qual se é forçado a adaptar-se a transformações radicais e mudanças cíclicas. Cada fim preside um começo baseado no posicionamento da evolução espiritual e humana, onde o destino põe os seres à prova para que possam ser reconhecidas as mudanças inevitáveis e transitórias, impostas pela lei natural na mudança de corpos a todas as entidades vivas presas ao *samsara*.

Esta carta indica mudança de ciclo, da qual não se tem o controle sobre os seus efeitos instantâneos e sobrenaturais fortemente enraizados: a existência terrena, velhos padrões de relacionamentos kármicos, que precisam ser anulados ou transmutados para níveis superiores, trazendo a libertação de uma situação rígida e estagnante que pode estar tanto no plano material externo quanto interno.

ASPECTO FAVORÁVEL

Mudanças repentinas para que possa haver renascimento, relacionado a ligações kármicas; rompimentos com dogmas; afastamento do medo e dos aspectos dramáticos da dor e da melancolia.

Através do desbloqueamento dos padrões arcaicos, surgem perspectivas inteiramente novas, que podem significar um corte definitivo de tudo o que é maléfico perante a vida, ou seja, uma destruição que anteceda um belo rejuvenescimento e a liberação do antigo e supérfluo.

Uma nova oportunidade de compreender o fim de algo determinado pelo destino, trazendo uma libertação dolorosa e uma cura miraculosa das enfermidades tanto para o corpo material quanto para a alma espiritual.

ASPECTO DESFAVORÁVEL

Fim doloroso de um relacionamento que a todo custo se queria preservar. Dependendo das outras cartas, pode significar doenças, ruínas, perdas materiais e até mesmo morte física, causada por tragédias ou enfermidades que não dependem do nosso desejo. A manifestação crucial da dor e das lágrimas. Tendência a agarrar-se ao fracasso e à estagnação.

SIGNIFICADOS DO ARCANO

Esta carta representa todas as pessoas que lidam com a transformação das formas e encaram a morte como um processo libertador das coisas perecíveis.

A carta XIII representa todos aqueles que possibilitam a renovação das experiências ligadas à matéria e à consciência pura da evolução superior.

Representa os médiuns e videntes das ciências ocultas, doutores que seguem sua missão sob a sanção da providência divina e todos aqueles que ocupam cargos e posições ligados a jurisdições em favor da humanidade.

A carta que representa Yamaraja, quando acompanhada das cartas XV e XVI pode significar cirurgias graves, processos, prisões, intrigas e transformações. Quando ela vem acompanhada da carta XVII, a pessoa se recupera milagrosamente de um grave acidente, vencendo a morte. Quando ao lado da carta XII, indica desgosto causado pela solidão e pelo abandono.

ADVERTÊNCIA: Qualquer pessoa que aja de acordo com a autoridade de Yamaraja, que execute seus deveres ocupacionais, que pratique a austeridade, a misericórdia e a verdade, de acordo com os princípios da religião, ficará livre do perigo de que, na hora da morte, tenha de ser arrancada do seu corpo presente pelos *yamadutas* e levada à força à presença de Yamaraja.

ATRIBUTOS — poder de transformação.
CORES — vermelho, lilás e amarelo.
MANTRA — *om vishnudutas namah*.
REGENTE — da vida e da morte.
OFERENDA — cantar durante a vida o maha-mantra HARE KRISHNA, para na hora da morte lembrar-se de Deus.

MENSAGEM DO ARCANO

Primavera cinzenta
na imensa roda do destino,
deixando meus olhos aflitos e
meu coração trêmulo de medo.
Já nem sei orar.
Deus, meu pai, força maior,
Põe fé e paz no meu espírito
em trevas. Faz-me olhar as estrelas e
sentir o gosto do mar feiticeiro.
Não deixes minha energia
fecundadora e meu canto de sereia
serem levados no ataúde,
para um velório sem flores.
Mostra-me teu sussurro de abrigo
e as aventuras de um novo raiar, sem
pesadelo.

Sri Gaura-Nitai — Avataras da Misericórdia

É tempo de exorcizar o mal, é tempo de exorcizar a alma enferma.
Afastar as entidades do mal, meditar em seu nome e mergulhar nas chamas sagradas do amor.

DHARANA (CONCENTRAÇÃO) — Deve-se orar ao invocar as divindades do canto e da dança para obter sucesso na vida espiritual e amorosa. Gaura e Nitai devem ser focalizados pela consciência, para revelar uma prática de yoga que consiste num processo de iluminação rápido e atrativo, que todo mundo gosta de fazer: dançar, cantar o maha-mantra e tomar alimentos saborosos oferecidos a Deus.

Esta dharana pode ser praticada com as faixas 5, 8 e 13 do CD de mantras que acompanha este livro.

ARCANO XIV

No tarô egípcio, representa a **Temperança.** Está relacionado à depuração do karma, à expansão do desenvolvimento espiritual. É a fonte onde se pode experimentar a beleza tanto física quanto espiritual.

No tarô dos orixás, representa Logum-Edê. Está relacionado à união dos opostos, o sol e a chuva, possibilitando a formação do arco-íris. Logum-Edê contém simultaneamente em si mesmo o masculino e o feminino, revelando a energia vital, representada pela serpente, que os hindus denominam de kundalini.

Os Significados dos Arcanos

INTRODUÇÃO

O Arcano XIV personifica a misericórdia e o amor, que simbolizam a harmonização espiritual e a força pura da intensidade dos sentimentos quando transmutamos as energias inferiores em outras mais elevadas.

Para estabelecer a relação divina por meio do processo científico da yoga mântrica, o vibrar constante do mahamantra Hare Krishna tornou-se um método espiritual eficaz que liberta os seres mortais do ciclo de nascimento e morte, atados pelo elo de suas atividades demoníacas, considerados os prisioneiros kármicos de dívidas trazidas de outras vidas para esta existência atual.

SIMBOLOGIA DE GAURA

O Senhor Gaura é o próprio Krishna com as características externas de Srimat Radharani (contraparte feminina de Krishna).

Gaura, posicionado à direita, está vestido com as cores amarelo e vermelho, decorado com brincos, jóias e com uma guirlanda de flores silvestres. Os pés estão marcados com lótus, o seu rosto brilha como o centro do Sol, seus olhos são límpidos como as pétalas de lótus. Ele remove as misérias dos devotos e é o lugar de repouso para as mentes dos sábios que são como cisnes.

Embora o Senhor Supremo tenha a tez morena, nessa encarnação ele apareceu com a tez dourada, semelhante à cor de sua amada Srimat Radharani. Quando Krishna vem ao mundo, manifesta-se em três cores: vermelho, branco e amarelo. Embora a sua cor original seja negra, ao manifestar-se como avatara dourado, a cor amarelo-ouro predominou, e assim ele ficou conhecido como Gaura (dourado).

SIMBOLOGIA DE NITAI

Nitai, à esquerda, tem compleição e tez morena; estatura alta, forte e heróica; mãos, braços e pernas belamente formados; olhos idênticos a uma flor de lótus; suas vestes são de seda pura de cor azul; ele usa brinco de ouro nas orelhas, braceletes e pulseiras de ouro nos braços, os seus pés de lótus são adornados com tornozeleiras tilintantes e, em volta do pescoço, ele usa uma guirlanda de flores (colar). Seu rosto é belo como milhões e milhões de Luas, seus dentes são semelhantes às sementes de romã porque ele mastigava betel. Seu corpo belo está sempre a mover-se para a frente e para trás, para a direita e para a esquerda, o que demonstra que Nitai vive absorto em êxtase. O Senhor NITAI é a forma eterna da bem-aventurança e é o bem-querente de todos os seres vivos. Quando adveio ao mundo material há quinhentos anos, em companhia do Senhor Gaura, ele ia de porta em porta visitando as casas das entidades vivas decaídas e distribuía para todos o santo nome de Sri Gaura. A todos que via, ele punha uma palha entre os dentes como um sinal de humildade e pedia-lhes que adquirissem com ele o santo nome gratuitamente e adorassem a divindade Gaura. Então prostrava-se ante eles e fazia esse pedido ao público em geral.

Todos nós devemos implorar a misericórdia do Senhor Nitai, considerado o mestre espiritual original de todos.

GAURA-NITAI

As duas divindades (Gaura e Nitai) destroem a doença do mundo material, são misericordiosas e constituem a essência de todas as encarnações.

Existem muitas encarnações, como o Senhor Rama, Budha e mesmo Krishna, que ensinou o *Bhagavad-Gita*, que pregam o conhecimento e a compreensão da verdade absoluta. Mas esses dois Senhores Gaura e Nitai introduziram o processo atrativo, de dançar e cantar o maha-mantra Hare Krishna para atrair riqueza, poder, fama, beleza, renúncia e saber. Quem canta o mantra Hare Krishna se associa de imediato com essas desejadas opulências. Esse cantar e dançar leva ao objetivo desejado; assim sendo, devemos cantar e dançar com fé e convicção o maha-mantra Hare Krishna.

Dentro dos três mundos não há ninguém como o Senhor Gaura ou como o Senhor Nitai, porque suas qualidades misericordiosas são tão grandes que eles fizeram até os pássaros e as feras chorarem, isso sem falar dos seres humanos. Na verdade, quando o Senhor Gaura atravessou a floresta conhecida como Jharicanda, tigres, elefantes, cobras, veados e todos os outros animais uniram-se a ele cantando e dançando o maha-mantra.

Sri Gaura-Nitai são representados como as encarnações mais magnânimas de Deus, por outorgarem ilimitadamente e indiscriminadamente o amor puro por Deus. Ao passo que outros avataras descem ao plano mortal para exterminar os demônios, Sri Gaura-Nitai destroem as qualidades demoníacas que habitam na mente dos humanos, transformando e purificando suas vidas.

PASSATEMPOS DE GAURA-NITAI

Gaura apareceu em Bengala e durante muitos anos foi professor de sânscrito. Chegou a ser conhecido como o maior erudito de todos os tempos, e o lugar onde lecionava ficou sendo um centro de estudos filosóficos onde os maiores estudiosos da época se concentravam. Ele recomendava a todos que meditassem e cantassem o maha-mantra:

HARE KRISHNA, HARE KRISHNA
KRISHNA KRISHNA, HARE HARE,
HARE RAMA, HARE RAMA
RAMA RAMA, HARE HARE,

explicando que essa vibração sonora é a única yoga apropriada e de fácil domínio e o único meio de purificação para esta era. Quando lhe perguntavam por que uma pessoa tão erudita ficava o tempo todo cantando o maha-mantra, ele respondia: "Porque meu guru disse que eu sou um grande tolo."

Com essas palavras ele queria revelar que todos deviam ser humildes e buscar a auto-realização, sem se deixar dominar pelo orgulho, pela fama, pela posição ou pela erudição.

Nos últimos anos de sua vida, o êxtase do amor puro a Deus era tão grande que ele desrespeitou todos os padrões sociais da época. Por isso, muitos pensavam que ele estava louco.

O Senhor Gaura é a encarnação mais magnânima da pedra filosofal do amor a Deus, distribuído a qualquer pessoa indiscriminadamente.

O processo simples e deleitante de adorar a suprema personalidade de Deus foi ensinado por ele por meio da execução da meditação congregacional dos santos nomes de Deus. Quando o senhor Gaura cantava o santo nome de Krishna, reverenciando-o como Hare, esquecia-se de tudo, dava gargalhadas, chorava e dançava em êxtase, entrando num transe puro de amor. Quando esses sintomas de emoção e amor extático manifestavam-se no Senhor Gaura, todos pensavam que ele tinha enlouquecido; tomado de amor, às vezes ele caía inconsciente, mas ao ouvir cantar o nome de Krishna, logo recuperava a consciência.

O culto do Senhor Gaura tem por base Bhakti (amor) e tem potência para espelhar-se como *visva dharma* (religião universal).

O Senhor GAURA é o próprio Krishna nessa encarnação, porém, ele apareceu como um grande devoto do Senhor, cuja missão é distribuir amor a Deus incondicionalmente.

O segredo do seu aparecimento como o principal dos avatares culminou em amor conjugal. Assumindo a forma de Srimat Radharani (divindade feminina), ele quis entender a sua potência de prazer íntima amorosa. Por isso, o Senhor Krishna manifestou-se na forma feminina de Srimat Radharani, com sua energia de potência e prazer, e ocupou-se em assuntos amorosos com ela, tornando-a sua inseparável alma gêmea e seu objeto de prazer. Das muitas expansões e encarnações do Senhor Krishna, o avatara dourado é a principal, porque se trata de transmitir o êxtase do grande amor. O Senhor Gaura veio como a encarnação do avatara dourado e assumiu o êxtase e a cor de Srimat Radharani para transformar o mundo e difundir o êxtase de amor a Deus. Krishna é o reservatório de todo o prazer, e sua eterna consorte Radharani é a personificação desse grande amor extático por Deus. Estas duas supremas personalidades de Deus (Radharani e Krishna) se fundem numa só pessoa, na forma do avatara dourado Sri Gaura. O avatara dourado não é diferente de Krishna e Radharani, ambos são a mesma pessoa sob a forma de Sri Gaura. Essa manifestação simultânea feminina e masculina da pessoa suprema se dá para o gozo e bem-aventurança transcendental, onde permanentemente se abrigam todos os devotos. Dentre todos os mantras que presidem as divindades indianas, o Mantra Hare Krishna descreve o romance espiritual do amor de Radharani e Krishna, é considerado o mais poderoso e foi composto pelo poeta Jayadeva.

No aspecto de avatara dourado, o sentimento experimentado pela divindade Gaura é a saudade, refletida pelo sentimento de separação que Srimat Radharani sentia quando teve que se separar de krishna. Não é possível compreender o sentimento de amor do avatara dourado, com os nossos pervertidos sentidos materiais. Só alguém favorecido pela suprema personalidade de Deus poderá compreender a forma e as características transcendentais do avatara dourado. Ao ser tomado certa vez pelos sentimentos amorosos de Srimat Radharani, Sri Gaura disse o seguinte: "Se acaso a forma transcendental de Krishna aparecer ao alcance de minha visão, meu coração maltratado será raptado pelo cupido da felicidade, já que não posso ver a bela forma de Krishna tanto quanto desejei. Ao ver sua forma novamente, vou decorar as fases do tempo com muitas jóias. Sempre que eu tinha a oportunidade de ver o rosto de Krishna e a sua flauta, mesmo que em sonho, dois inimigos apareciam diante de mim: o prazer e o cupido. Eles raptavam a minha mente e eu não podia satisfazer plenamente meus olhos com a visão do rosto de Krishna. Se, por acaso, chegar o momento em que eu possa ver Krishna uma vez mais, então hei de adorar esses segundos, minutos e horas."*

Sob a forma de Radharani, Sri Gaura dirigia-se assim às Gopis (vaqueiras e servas de Krishna): "Minhas queridas amigas, onde está esse Krishna, o cupido personificado que é a própria doçura e o néctar para os meus olhos e para a minha mente, a fonte suprema de bem-aventurança transcendental, e a minha vida e a minha alma! Acaso ele apresentou-se perante meus olhos outra vez?"

Sri GAURA costumava lamentar-se dizendo: "Onde está Sri Krishna, cujo *jalye* curva-se em três lugares? Onde está a doce melodia de sua flauta e onde está a margem do rio Yamuna? Onde está a dança da Rasa? Onde está essa dança, esse canto e esses risos? Onde está o meu Senhor, Madana Mohana, o encantador de cupido?" O avatara dourado é o divino encarnado na forma de um devoto para mostrar de maneira prática e devocional como se desenvolvem as qualidades transcendentais, para se experimentar o néctar do amor puro supremo e compartilhar com o deus fonte de prazer todo o segredo da felicidade.

___
* Este verso foi proferido por Srimat Radharani no Jagannatha Vallabha Nalaka (3.11) de Ramananda Raya.

Rada significa adoradora suprema. Krishna é chamado Kamadeva ou Madana Mohana. A divindade que estabelece nossa relação com Krishna chama-se Govinda, cuja flecha é feita de flores. Ele é a personalidade de Deus que aceita o nosso serviço devocional.

COMENTÁRIOS SOBRE O MAHA-MANTRA

A vibração do maha-mantra Hare Krishna anula todos os pecados de vidas passadas, mas se uma pessoa ofender os santos nomes do Senhor, levará uma vida de completo infortúnio e não obterá o mérito da salvação. O canto do maha-mantra só faz efeito na boca de uma pessoa que, por muitos nascimentos, tenha adorado a Deus, sem fazer diferença entre Deus e o seu próprio nome, pois o santo nome é tão perfeito como o próprio Deus em plenitude, beleza e eternidade. O Senhor Gaura recomenda cinco processos de meditação para se alcançar a iluminação:
1. Servir um devoto puro.
2. Cantar o maha-mantra Hare Krishna.
3. Ouvir a leitura do *Srimad-Bhagavatan* (o livro sagrado).
4. Adorar a divindade de Krishna ou alguma de suas encarnações.
5. Morar num lugar sagrado.

Na era de Kali-yuga, toda a sociedade materialista arde furiosamente no fogo da inveja, infectada pela ira, luxúria e cobiça. Mas, apesar de todos esses infortúnios, nessa era surgiu a mais misericordiosa encarnação de Gaura. O Senhor Supremo encarna a cada milênio e, em cada encarnação, ele vem com uma cor diferente, de acordo com o *yuga* (milênio) em que se faz presente.

Kali-yuga (a era da hipocrisia), embora refletida no ateísmo do poder mundano e em esdrúxulas profecias, torna-se tão auspiciosa como Satya-yuga (a era do ouro), pela misericórdia de Gaura e Nitai. Se alguém adota em sua funesta vida a meditação sonora do maha-mantra Hare Krishna, aos poucos esconjura a nefasta contaminação de sua vida, livrando a pessoa de karmas passados, presentes e futuros. Essa meditação é muito prazerosa e todos podem facilmente aderir a essa prática de yoga:

kali-kale nama rupe krishna avatara

Nesta era de Kali-yuga, Krishna desce sob a forma de seus santos nomes — HARE KRISHNA, HARE RAMA. O Senhor Gaura recomenda que todos cantem esse mantra para limpar a poeira acumulada no coração durante muitas vidas e receber a oportunidade de se purificar.

Dizem que Krishna (Deus) jamais se manifesta no coração de uma pessoa que esteja dominada pela lamentação ou pela ira.

Quando se entoa um mantra em meditação, suave e lentamente, ele é chamado de *japa*, destina-se ao benefício pessoal, é pronunciado e escutado apenas pela pessoa que está praticando. Mas, quando esse mesmo mantra é praticado em voz alta, é chamado de *kirtana* (coletivo) e se destina ao benefício de todas as outras pessoas presentes que o estão escutando. Quem canta ou ouve ardentemente os sons dos mantras transcendentais liberta-se da fome, da sede, do medo, da lamentação material e dos laços fortes da ilusão.

Se alguém ouve o som vibrado por grandes *acharyas* (mestres), abandonará por completo a ânsia que atormenta seu coração. Os rios nectários que correm pelo planeta Lua fluirão por seus ouvidos, trazendo-lhe a anelante iluminação. Esse rio de néctar que flui da boca de Sri Krishna eliminará com suas vibrações sonoras toda infelicidade e toda a ilusão que moram no coração. A verdadeira meditação é praticada quando a mente se ocupa em pensar na forma transcendental do Senhor Krishna, que é transcendental à dor e aos prazeres mundanos. Meditar sobre essa forma divina ilumina até mesmo uma pessoa demoníaca e cética. Por meditar em Deus, a pessoa se purifica e, assim, mantém-se conectada com planos superiores, tornando-se protegida e recebendo de Deus mensagens no seu íntimo.

PREVISÕES DO ARCANO

A essência dos ensinamentos filosóficos, religiosos e espirituais durante o processo da vida visa harmonizar a matéria com a mente e o espírito. A polarização do feminino e do masculino é purificada quando numa fusão abissal e harmônica, alimentamos e celebramos todos os nossos aspectos iluminados e obscuros buscando momentos de transe, moderação e a manifestação de planos etéricos. A integração flexível das mudanças profundas de certas situações vem para revelar os desafios kármicos, transformando as relações conflitantes e os estados opostos em resgates significativos que celebram a alegria e o prazer. No plano espiritual, o aparecimento desse arcano traz paz e transcendência para a alma. No plano afetivo ele revela a possibilidade de uma grande paixão, de uma união ou da concretização de um casamento, tanto no plano espiritual quanto no plano carnal. Prevê ainda a cura por meio de forças espirituais magnéticas.

ASPECTO FAVORÁVEL

Leveza kármica e iluminação do espírito; ajuda espiritual e sintonia com deuses e guias; paz interior que revela sortilégios e aponta o caminho para uma missão; transcendência dos cinco sentidos grosseiros, vitalidade para o corpo carnal e inspiração para o corpo sutil, denominado mente.

ASPECTO DESFAVORÁVEL

Leviandade e preguiça que trazem a intriga e a dificuldade de entender os semelhantes. Frustração por não ter paciência para esperar aquilo que pode ser alcançado pela moderação; bloqueios amorosos e perturbações mentais; falta de harmonia entre o corpo e o espírito.

SIGNIFICADOS DO ARCANO

Esta carta representa todas as pessoas que escolhem caminhos alternativos e buscas espirituais: mestres, filósofos, professores, médicos, os quais optaram pelos métodos de tratamento alternativos, também os musicoterapeutas, os tarólogos, as analistas e os poetas

A presença desta carta indica muita sorte, moderação e profundo mergulho em si mesmo.

Junto à carta XX e V, indica capacidade e encanto para influenciar outras pessoas. Junto à carta VI, a escolha de um novo caminho, mostrando a revolução de conceitos e de uma ideologia. Junto com a carta XVIII, encontro de um novo ou antigo amor, carregado de paixão e magia.

ATRIBUTOS — misericórdia por meio da yoga do canto, da yoga da dança e da yoga de comer alimentos oferecidos a Deus.
CORES — amarelo, vermelho e azul.
MANTRA — as faixas 9 e 13 do CD de mantras que acompanha este livro.
OFERENDA PREFERIDA — manga rosa.

MENSAGEM DO ARCANO

Minha aura requer
a limpeza dos lírios do campo,
a iluminação, a seiva do amor.
Revolucionarei meu universo espiritual,
transcenderei uma geração prostituta,
e serei sensitiva ao meu divino guru.

DURGA – SEMIDEUSA DA ILUSÃO

Com um sorriso permanente nos lábios disfarçarei meu poder de autoridade feiticeira, sentar-me-ei, nua, no meu trono e te oferecerei meu colo molhado de libido.

DHARANA (CONCENTRAÇÃO) — Durga-devi deve ser mentalizada para a concessão de bênçãos materiais e a realização dos desejos ligados ao corpo e à mente. Quando se quer castigar ou amaldiçoar alguém, deve-se praticar esta dharana, orar à Durga para que o resultado desejado possa ser obtido. A presença da deusa só pode ser invocada por aqueles que estão espiritualmente protegidos por Krishna. Porém esta dharana pode ser realizada com a faixa 2, que reverencia Shiva, o esposo de Durga, do CD de mantras que acompanha este livro. E, assim sendo, por cantar ou ouvir a vibração desse mantra, os pedidos do consulente também serão atendidos.

ARCANO XV

No tarô egípcio, representa o Diabo. Está relacionado ao reflexo de todas as formas animalescas, degradantes e terrenas. Os rituais de magia negra, a degradação humana e os impulsos sexuais que passam a representar nosso aspecto escuro por tomarem o lugar da consciência espiritual e nos escravizarem ao *samsara* e às nossas necessidades físicas de nascer, procriar e morrer.

No tarô dos orixás, representa a **Pombagira**. Está relacionado às bebidas alcoólicas, ao fumo e ao sexo. Por ser extremamente sedutora e vingativa, a Pombagira é a dona do amor e da magia e sempre está acompanhada por Exu e Egum.

INTRODUÇÃO

O Arcano XV, Durga, personifica, instintivamente, maya, o acerto de contas com as correntes satânicas e ilusórias. Em todos os envolvimentos passionais a alma torna-se vítima das paixões cegas e destrutivas, acompanhadas por decepção e desrespeito ao próximo e a si mesmo. Recomenda-se evitar o abuso de poder, as intrigas e o sucesso quando são alcançados por meio das manobras ilícitas. Kali é um dos aspectos sombrios manifestados pela semideusa Durga, que está permanentemente em ação onde quer que haja bebidas alcoólicas, drogas, jogos de azar e sexo ilícito. Durga representa a grande mãe regente do mundo material, no seu aspecto de maya. Ela ilude fazendo com que as pessoas desprovidas de espiritualidade permaneçam enganadas e presas ao mundo das ilusões.

No aspecto de Kali, representa a degradação física, moral e a violência.

No aspecto de Durga, representa a justiceira em forma do castigo imposto pelo somatório kármico das ilusões.

SIMBOLOGIA

Considerada uma das deusas mais poderosas, por concentrar em si energias destrutivas, doadoras da vida, a semideusa Durga representa a justiça e está sentada, imparcialmente, em posição de lótus. Seu corpo esbelto e encantador está ornado com uma guirlanda de flores.

Vestida com roupas de cor esmeralda e adornos feitos de jóias preciosas, ela segura nas mãos um tridente, uma espada e um escudo. Com uma das suas quatro mãos, a semideusa Durga outorga bênçãos a todos os filhos da Terra dominados pelo seu poder e pelo encanto de sua beleza feminina. Ela oculta em suas mãos estigmas implacáveis. A deusa tem olhos de gazela e seu hálito é doce. Seus dois seios lembram um par de dourados botões de lótus e sua voz é semelhante a uma nuvem tempestuosa; suas pernas são bem torneadas e ela sempre se apresenta montada sobre o dorso de um violento tigre.

MANIFESTAÇÃO DE DURGA À DEUSA MAYA

Durga, na sua manifestação como Shakti Devi, representa a mulher, a energia ativadora, o *yoni* (útero materno), presente nos ciclos eternos e denominado "poder universal". Assim como todas as expansões masculinas são manifestações do *purusha* (macho supremo), todas as expansões divinas femininas originam-se de Srimat Radharani, a gloriosa manifestação feminina de Deus, plena de amor, poder e prazer.

A energia cósmica material representada por Maya (Shakti Devi) é a transformação ou a externalização de Krishna; dando início ao processo de criação das entidades vivas que habitam as esferas do mundo, materializadas por desejos, que correspondem aos sonhos da mente, às aparências ilusórias de felicidade e tristeza, preenchendo a esfera temporária e condicionando a alma à (Tama), escuridão, (Raja), trabalho para o gozo dos sentidos. A alma corporificada é capturada por Maya, na medida em que está enredada com a vida familiar e se identifica com o corpo temporário, tornando-se fatalmente uma serva de Maya, por incorporar o arquétipo da kármica escuridão material, criado pela mente, identificado com a subjetiva-fenomenal emoção da dor, da alegria e do prazer. Tudo isso são sintomas temporários. O verdadeiro propósito da existência humana é ligar-se a Deus, educar e controlar o corpo mental que, com suas projeções irreais e temporárias, não nos deixam perceber que o mundo da matéria não passa de um reflexo pervertido do verdadeiro e eterno mundo espiritual.

Os *shastras* explicam detalhadamente que tudo o que existe nas experiências terrenas é um reflexo pervertido de tudo o que existe nos planetas espirituais plenos de bem-aventurança e eternidade. O objetivo de Maya, neste mundo, é deixar a entidade viva materializada em sua própria ilusão. Enquanto a entidade corporificada tenta erroneamente assenhorear-se da energia cósmica material, iludida pelo orgulho, sua alma fica presa como se estivesse acorrentada a grilhões de ferro. Atada ao falso ego [corpo físico], é a mente o principal agente responsável pelo cativeiro do corpo físico na atmosfera cósmica material.

MANIFESTAÇÃO DE DURGA COMO A DEUSA SATI

Feiticeira de rosto radiante e belo, envolta em letargia universal, dela se originam todos os seres viventes. Eterna e divina ela é a embriaguez do mundo, abriga o universo em sua própria obscuridade; a sua atuação aprisiona os seres, unindo-os à volúpia carnal da dor e do prazer, num encantamento onde reside a criação contínua do mundo. Com o seu fascínio arrebatador, a deusa Sati seduziu o asceta Shiva fazendo-o emergir das profundezas do seu transe para contemplar sua forma feminina, que desperta desejo e enfeitiça todos os seres. *Sati* significa a consorte feminina, modelada para satisfazer o desejo de Shiva.

MANIFESTAÇÃO DE DURGA À SEMIDEUSA PARVATI

Parvati é filha do Himalaia (rei das montanhas). Consorte de Shiva e mãe do semideus elefante Ganesha, reverenciada como Tripura Sundari, a mais bela dos três mundos, ela é a personificação da beleza, a senhora da eterna juventude. Por ser a grande mãe da energia cósmica material, é sempre almejada, mas da mesma forma que é conquistada por todos, também deles escapa por comandar o destino que conduz à disputa do mundo. A deusa e senhora onírica escraviza e enreda a todos, transformando-os em protagonistas de sonhos. No papel de Maya, a senhora dos opostos, representa o engano que se expande em todas as direções. Completamente diferente da mãe suprema Radharani, que liberta a alma de sua condição utópica, dando-lhe sabedoria para transcender *tama* (escuridão) e se posicionar na luminosidade intrínseca do eu.

MANIFESTAÇÃO DE DURGA À DEUSA KALI

A deusa Kali representa a destruição, e está sempre enfurecida, com seus vários braços e língua vermelha. Disposta a lançar chamas vermelhas pelos olhos e a manifestar suas várias feições amedrontadoras, exibe suas mãos de justiça implacável. A deusa Kali vive ocupada em decapitar demônios quando detecta uma pequena falha destes em sua adoração. A deusa pune o seu adorador tirando-lhe a vida. Os demônios sempre adoram Kali, almejando benefícios materiais. A deusa não perdoa pecados em nome de sua adoração, como, por exemplo, o sacrifício de um ser humano ou de um animal diante da sua imagem. Com sua compleição escura e seus seios nus e arredondados, Kali está sempre presente onde se manifestam a praga, a fome e a degradação. Nos cemitérios e crematórios, ela aparece sempre acompanhada do seu esposo Shiva, sinistramente está sempre adornada com o seu colar de crânios, e traz nas mãos uma grinalda composta de mãos de defuntos.

PASSATEMPO DE JADA BHARATA, UMA ALMA AUTO-REALIZADA

Um bando de salteadores considerou Jada Bharata um homem com características de um animal e decidiu que ele era uma escolha perfeita para o sacrifício à deusa Kali. Com seus rostos perversos radiantes de felicidade, eles o amarraram com cordas e o levaram ao templo da deusa. Depois o banharam, vestindo-lhe roupas novas e enfeitaram-lhe o corpo com adornos apropriados a um animal. Untaram todo o seu corpo com essência aromática e o decoraram com tilaka de polpa de sândalo e com guirlandas de flores. Os ladrões alimentaram o santo Jada Bharata fartamente e, então, colocaram-no diante do altar da deusa Kali, a quem ofereceram incenso, lamparinas, guirlandas, cereais tostados, ramos, tenros brotos, frutas e flores. Antes de matarem Jada Bharata, a quem consideravam um homem animal, eles adoraram a imagem de Kali, entoando mantras e orações, tocando tambores e cornetas e fizeram o sábio sentar-se diante da imagem de Kali. Agindo como um grão-sacerdote, um dos ladrões preparou-se para oferecer o sangue de Jada Bharata, que imaginava ser um homem animal. Pegou a sua espada afiadíssima e, consagrando-a com o mantra de Bhadrakali, ergueu-a para matá-lo. Todos os ladrões e assistentes que ali estavam presentes para adorar a deusa tinham mentalidade rasteira e estavam atados aos modos de *tama* (ignorância) e raja (paixão). Dominados pelo desejo de se tornarem ricos, eles tiveram a audácia de desobedecer os preceitos dos Vedas a ponto de se organizarem para matar o sábio nascido no seio de uma família brahmana. Ao perceber que os assaltantes estavam prestes a matar um grande devoto da suprema personalidade de Deus, a deusa Kali não pôde tolerar isso. Subitamente, a estátua partiu-se ao meio, e a deusa Kali apareceu pessoalmente num corpo incandescente, de brilho intenso e ofuscante. Como se estivesse pronta para destruir toda a criação, ela assumiu um corpo assustador e, pulando violentamente do altar, decapitou imediatamente todos os canalhas, com a mesma espada que eles haviam planejado matar Jada Bharata. Enfurecida, ela começou a beber o sangue quente que escorria do pescoço daqueles miseráveis patifes decapitados, como se bebesse licor. Na verdade, ela bebia esse líquido embriagador com suas companheiras (bruxas perversas e fétidas demônias). Intoxicadas com o sangue, todas elas passaram a cantar bem alto e a dançar como se estivessem preparadas para aniquilar todo o universo. Elas começaram a brincar com as cabeças decapitadas dos salteadores, jogando-as como se fossem bolas. Jada Bharata parecia um louco surdo e mudo, mas era o homem mais inteligente do mundo e, por estar protegido pela suprema personalidade de Deus, ele não protestou quando foi colocado diante da estátua de Kali para ser imolado. A suprema personalidade de Deus, que carrega a *sudarsana cakra* (arma mortal) para matar demônios, vive, porém, continuamente protegendo os devotos que se refugiam aos seus pés. Portanto, em qualquer situação, mesmo quando ameaçados de serem decapitados, esses devotos permanecem imperturbáveis. Alguém que desafortunadamente ofenda os pés de lótus de um devoto puro de Krishna, do quilate de Jada Bharata, Jesus Cristo ou Srila Prabhupada, com certeza será punido pela semideusa Durga e pelo tridente do Senhor Shiva.

A história de Jada Bharata é um exemplo da proteção que a deusa Kali oferece aos seres iluminados.

MANTRA PARA PROTEÇÃO CONTRA OS ADORADORES DE KALI

*MARABI RAKHABI-YO ICCHÁ
TOHARA NITYA-DASA-PRAT
TUYÁ ADHIKARA.*

["Meu Senhor, agora estou rendido a ti, sou teu servo eterno. Se quiseres, podes matar-me, ou, se preferires, podes proteger-me; em qualquer caso, estou plenamente rendido a ti."]

Aconselha-se entoar esse mantra quando se sentir ameaçado por pessoas invejosas maquiavélicas.

O corpo material é uma manifestação temporária e fantasmagórica da deusa Maya, potência externa do absoluto. Quando esse corpo está presente num corpo de uma mulher, torna-se muito poderoso e atraente, por estar representando a energia ilusória do Senhor. Executar serviço amoroso a Deus significa seguir os passos de Radharani, a divindade feminina suprema que está diretamente ligada ao mundo espiritual, associada às *mahatmas* (grandes almas). Por estarem sob o enfeitiçamento da energia cósmica material e tendo maya como ama, as entidades corporificadas estão presas ao estado anormal de loucura, atraindo para a sua vida cotidiana maus augúrios e ilusão. Ao negligenciar o serviço devocional inerente à alma, as entidades temporais tornam-se infectadas pela ignorância, já que estão deliberadamente praticando *vikarma* (ações proibidas na forma humana de vida).

Por ser dotada de consciência superior divina, a forma humana de vida está destinada a *sanatana-dharma* (ocupação eterna da alma). Ao fazer mau uso do livre-arbítrio, fica presa ao *samsara* e sujeita a reencarnar numa das 8.400.000 espécies de vida. De acordo com o seu karma, ela pode voltar ao nosso mundo mortal como planta, semideus, animal, demônio, etc.

A Mãe suprema SRIMAT RADHA-RANI simboliza a união com o divino. Só ela pode liberar a alma condicionada do *samsara*, ocupando-a na execução de um serviço particular a Deus inerente a cada natureza. Assim, dessa maneira, a Mãe Rhadarani desvela a *Rasa* (relacionamento doce) entre Deus e a alma eterna, que nunca deixará de ser parte e parcela do divino.

A Deusa Negra Kali é cultuada pelos hindus como a divindade destruidora. Kali assume uma face perversa e aterrorizante, semelhante ao aspecto dos Demônios. O culto à deusa Kali é praticado pelas sudras e por pessoas malignas que tentam satisfazer a deusa, oferecendo-lhe em oblação coisas abomináveis. O templo de Kali em Calcutá, na Índia, tem um aspecto aterrorizante e é cercado por uma grande grade de ferro. Diariamente são oferecidos à deusa sacrifícios de animais. Também lhe são oferecidos leite misturado com água do rio Ganges e maconha, por todos os tipos de castas. Em épocas passadas, eram oferecidos no templo de Kali sacrifícios humanos. Atualmente, o ritual à deusa só pode ser realizado quebrando-se um coco diante do seu altar, simbolizando o sacrifício de uma cabeça humana. Ao prever a realização de seus crimes, os assassinos se dirigem ao "templo da deusa Kali" para orar e oferecer a próxima vítima à deusa.

Assim como Vishnu deixou-se encantar por Lakshmi, Brahma por Saravasti e Shiva por Sati, todos os enamorados no mundo material estão inebriados por Maya, tentando ser os amantes supremos Radharani e Krishna, que compõem a carta XIX do *Tarô Sagrado dos Deuses Hindus*. Srila Prabhupada, o mestre que representa a carta V, declara que todos os relacionamentos que unem os casais intrinsecamente, surgem do desejo que a alma sente de se relacionar com Radharani e Krishna, as divindades supremas do mundo espiritual. Quando a alma condicionada recebe as bênçãos da Mãe divina, Srimat Radharani, a deusa Maya afasta-se voluntariamente da vida desse devoto sincero, deixando-o despertar Krishna no seu coração. Esse encontro, planejado por Radharani entre Krishna e seu devoto, é chamado perfeição.

Para fortalecer esse elo divino, é preciso que o devoto aceite tudo o que seja favorável ao seu crescimento interior e rejeite Maya para não ser preso pelos truques de suas ilusões.

PREVISÕES DO ARCANO

Posse e agressividade nas relações sexuais, envolvendo os sentimentos afetivos e familiares, que são manipulados para fins egoístas, e os instintos selvagens que muitas vezes permanecem na impunidade.

A pessoa se torna cega pela conquista de um corpo, muitas vezes obtida por meios violentos, ou pelas paixões proibidas, descontroladas e reprimidas, impedindo a inspiração interior para o auto-exame daqueles que se deixam arrastar pelo sexo, buscando no corpo só o prazer.

Esta carta também se refere aos destrutivos castigos espiritualmente impostos àqueles que, obsediados pelas correntes de força satânica, ficam aprisionados em rituais de magia negra praticados através de meios ilícitos e maléficos, comunicação com espíritos malignos com o propósito de conquistar dinheiro, sexo, fama, ou de fazer mal ao seu semelhante.

Esses seres simbolizam as forças ocultas que trabalham a favor da instintividade passional e animalesca, das perversões e das manobras falsas e criminosas.

Esta carta pressagia, principalmente, os sucessos efêmeros, as influências ocultas, as atrações secretas, as paixões proibidas e violentas, e oculta o triunfo obtido por meio de trapaças e desrespeito aos sentimentos alheios.

ASPECTO FAVORÁVEL

Ação mágica que produz magnetismo pessoal e se desenvolve como ajuda, clarividência e proteção contra os poderes malignos das bruxarias, influências ocultas e encantamentos provocados pela prática de magia negra. Dom para desvendar enigmas; realização positiva no desenvolvimento de bens materiais; conservação da beleza física e do sexo, gerando harmonia e autocontrole.

ASPECTO DESFAVORÁVEL

Subserviência ligada às experiências sobrenaturais de magia negra. Fracasso inesperado como castigo para nossos próprios erros.

Dependência de certos desejos e vícios que levam à infelicidade e à degradação, tornando as pessoas prisioneiras umas das outras, incapazes de perceber os seus próprios objetivos.

Ganância exacerbada por poder e dinheiro; disputa e ruína por causa de negócios e amor gerando desarmonia e falta de autocontrole.

SIGNIFICADOS DO ARCANO

Esta carta representa os artistas, os viciados em drogas e bebidas alcoólicas, os magos negros favorecidos pela escuridão. Homens e mulheres depravados que buscam o orgasmo pervertidamente como pederastas, ninfomaníacos, bissexuais sádicos, neuróticos, necrófilos, políticos corruptos e persuasivos, assassinos maníacos, ladrões que usam de violência para roubar o que, por merecimento, pertence a outro.

Esta carta representa todas as pessoas ligadas a manobras criminosas, instintos grosseiros e que são ávidas por todas as situações passionais que aprisionam a alma ao plano terreno.

A presença da carta XV simboliza que toda a escravidão se manifesta a partir do medo do próprio eu. Personifica aqueles que praticam o mal sem se importar com os prejuízos que ele trará aos outros.

A carta XV, junto com a carta XVIII, indica casamento; grandes paixões que em breve se manifestarão na vida do consultante; bem como trabalhos de magia negra.

Ao lado da carta V, significa conflito religioso. Ao lado da carta VIII e da carta XII, pode significar litígios, prisão, separação pela revelação de um segredo há muito tempo escondido. Os efeitos desta carta se tornam muito inauspiciosos quando vem acompanhada de cartas com conotações negativas, principalmente se a pergunta estiver relacionada à saúde, à espiritualidade e às questões judiciais.

NOME — Durga-devi, a mãe material.
ARMA — espada e tridente.
ATRIBUTOS — concessão de bênçãos materiais e também de castigos e punições.
COR — vermelho.
ESPOSA — de Shiva.
MANTRA — a faixa 2 do CD de mantras que acompanha este livro.
OFERENDA — lamparina de manteiga, água, flores.
TRANSPORTE — um tigre.

MENSAGEM DO ARCANO

Atônita, me imunizei contra o teu desejo,
escondi nosso selvagem segredo e,
em desespero, traí minha devoção.
Inebriada, te amei por um desvelo,
beijei todos os fios fúnebres dos teus cabelos.
Mentecapta, brinquei com o teu trágico coração.
Assustada, esposei tua obscura companhia,
exorcizei a sarjeta dantesca
onde eu contigo vivia.
Lúcida, amaldiçoei
teu infiel coração.

SRI NRISHIMHADEVA – DEUS PROTETOR

Minha alma está sufocada por apego às coisas do mundo. A fatalidade pode me arruinar, eu posso cair nas armadilhas das tentações se eu não confiar em Deus e a seus pés não me refugiar.

DHARANA (CONCENTRAÇÃO) — A presença do Senhor Nrishimhadeva deve ser invocada nos momentos em que tememos algo, estamos assustados ou corremos sérios perigos de vida. Também é muito auspicioso orar ao deus protetor ao iniciar uma viagem e pedir ajuda para as pessoas que morreram em qualquer circunstância, seja de morte natural ou prematura.

Esta dharana deve ser realizada com a faixa 11 do CD de mantras que acompanha este livro.

ARCANO XVI

No tarô egípcio, representa a Torre. Está relacionado à destruição dos falsos valores, que nos acorrentam a uma falsa auto-imagem, que deve ruir atingindo o ponto de ebulição, libertando a dor e a angústia que nos afligem.

No tarô dos orixás, representa **Egum.** Está relacionado às trevas que tentam ocupar o lugar de Deus, que não pode ser destronado da nossa vida por causa de dinheiro, inveja e falsas posições efêmeras.

INTRODUÇÃO

O Arcano XVI personifica o perigo irreversível e a catástrofe para aqueles que estão presos pelo orgulho e pelo poder arbitrário. Sri Nrishimhadeva é a divindade mais temível e assustadora do Tarô Sagrado dos Deuses Hindus, a sua presença torna-se uma advertência contra as fantasias da riqueza e do poder. Acontecimentos súbitos que podem prever ruína, divórcio, perda do emprego ou do grande amor. Nrishimhadeva é metade homem e metade leão, e essa forma da divindade, apesar de assustadora, é idolatrada por pessoas santas e espiritualizadas. Nrishimhadeva deve ser invocado para proteção contra graves acidentes, fantasmas e demônios.

SIMBOLOGIA

Nrishimhadeva, a suprema personalidade de Deus, na sua forma transcendental, metade homem metade leão, está belamente vestido com trajes de seda amarela, decorado com uma guirlanda de vísceras que ele arrancou do abdômen de Hiranyakasipu, o demônio que está deitado em seu colo e apoiado em suas coxas. A boca e a juba do Senhor Nrishimhadeva estão salpicadas de gotas de sangue. Seus olhos irados, parecem ouro derretido. A expressão do seu rosto é amedrontadora. A língua e os dentes são afiados como uma navalha, as orelhas, eretas e imóveis, as narinas e a boca escancaradas lembram cavernas de uma montanha. O pescoço é muito curto e grosso. O peito é amplo e majestoso. A cintura é delgada e os pêlos do corpo, brancos como os raios da Lua. Os braços, adornados com finos braceletes de ouro, parecem fileiras de soldados espalhados por todas as direções. Cinge-lhe a cabeça uma coroa dourada, rodeada de serpentes.

O DEUS DA PROTEÇÃO

O demônio Hiranyakasipu, morto por Nrishimhadeva, executou uma série de austeridades com o intuito de obter vantagens materiais, pondo, assim, em grande aflição todo o universo. Até Brahma, principal Senhor do Universo, ficou um pouco perturbado e foi pessoalmente ver por que Hiranyakasipu estava ocupado em austeridades tão rigorosas. Hiranyakasipu desejava tornar-se imortal. Ele não queria ser derrotado por ninguém, nem ser acometido de velhice ou doença, nem ser atacado por nenhum tipo de arma. Assim, ele queria tornar-se o governante absoluto do universo.

Ao tomar conhecimento do objetivo que levou Hiranyakasipu a praticar a meditação austera, o Senhor Brahma, acompanhado do grande sábio Bhirgu e de grandes personalidades, tais como Daksha e outros, foi ter com Hiranyakasipu. Então, com a água do seu *kamandalu*, uma espécie de cântaro, borrifou a cabeça de Hiranyakasipu.

Hiranyakasipu, rei dos *daityas* (demônios), prostrou-se diante do Senhor Brahma, o criador deste universo, prestando-lhe muitas e muitas vezes respeitosas reverências e oferecendo-lhe orações. Quando o Senhor Brahma concordou em dar-lhe a bênção, ele pediu para não ser morto por nenhuma entidade viva, para não ser morto em lugar nenhum, coberto ou descoberto, para não morrer nem de dia nem de noite, para não ser morto por nenhuma arma, nem na terra nem no ar, e para não ser morto por nenhum ser humano, animal, semideus ou qualquer outra entidade viva ou não viva. Com essa bênção de Brahma, o demônio vilão pensou ser imortal e sentiu-se tão poderoso, que se julgou capaz de desafiar Deus.

Nrishimhadeva é a forma divina metade homem, metade leão. Por isso pode matar o demônio, pois nem é um homem, nem um animal, e sim metade de cada um. Dessa maneira, a bênção de Brahma foi anulada e se concretizou o extermínio do rei demônio. Nrishimhadeva é outro aspecto infinito e ilimitado de Deus, que se manifesta para acabar com as pessoas que, por orgulho titânico, não conseguem desenvolver a humildade. Apesar da forma de Nrishimhadeva ser aterrorizante, ela se torna, aos olhos de pessoas espiritualizadas e piedosas, um oceano de néctar. Essa forma de Nrishimhadeva é muito temida por demônios e fantasmas; é aconselhada a sua invocação por quem queira proteger o lar e a si mesmo.

PASSATEMPO TRANSCENDENTAL

Hiranyakasipu decidiu matar seu filho Prahlada porque todos os filhos dos demônios apreciaram as instruções transcendentais de Prahlada Maharaja e levaram muito a sério os ensinamentos, sobre Deus, rejeitando dessa maneira as instruções materialistas dadas por seus professores, Sanda e Amarka.

Ao observar que todos os estudantes, filhos dos demônios, estavam se tornando avançados em espiritualidade devido à associação com Prahlada Maharaja, Sanda e Amarka ficaram com medo, foram ter com o rei dos demônios e descreveram-lhe a situação.

Ao inteirar-se dela, Hiranyakasipu ficou extremamente irado, tanto que seu corpo tremia. Foi então que ele decidiu matar Prahlada. Por natureza, Hiranyakasipu era muito cruel e, sentindo-se insultado, começou a sibilar como uma serpente pisada por alguém. Pacífico, meigo e cortês, seu filho Prahlada demonstrava controle dos sentidos e, de mãos postas, permanecia diante do pai. Levando-se em conta a idade e o comportamento de Prahlada, ele não deveria ser castigado. Porém, lançando-lhe um olhar sorrateiro, Hiranyakasipu censurou-o com estas palavras ásperas:

"Ó pessoa das mais insolentes, és um ininteligentíssimo destruidor da família e, sendo o mais baixo da humanidade, violaste meu poder de governar-te e, portanto, és um tolo obstinado. Hoje te enviarei à residência de Yamaraja. Meu filho Prahlada, patife, sabes muito bem que, quando estou irado, todos os planetas dos três mundos tremem, juntamente com seus principais governantes. Quem te deu poder, ó insolente, para te tornares tão atrevido a ponto de não ficares com medo de desafiar a minha autoridade em governar-te?"

Prahlada Maharaja disse: "Meu querido rei, a fonte de minha força, sobre a qual estás indagando, é também a fonte da tua. Na verdade, a fonte que origina todas as espécies de força é única. Ela não é apenas a tua e a minha força, mas a única força de todos. Sem ela, ninguém pode obter nenhuma força. Móveis ou inertes, superiores ou inferiores, todos, incluindo o Senhor Brahma, são controlados pela força da suprema personalidade de Deus, o controlador supremo do tempo." Prahlada Maharaja continuou: "Meu querido pai, por favor, abandona tua mentalidade demoníaca. E não discrimines entre amigos e inimigos; procura ter uma mente equânime com todos. Quando alguém vê todos na mesma posição de igualdade, então consegue adorar o Senhor perfeitamente. Não existem inimigos. Os inimigos são mera imaginação da pessoa que está em ignorância."

Hiranyakasipu respondeu: "Patife, estás tentando minimizar meu valor, como se fosses capaz de me superar no controle dos sentidos. Estás querendo te impor como muito inteligente. Portanto, posso facilmente entender que desejas morrer em minhas mãos, pois só se metem a falar essa espécie de conversa tola aqueles que estão prestes a morrer. Ó desafortunadíssimo Prahlada, sempre descrevestes um ser supremo diferente de mim, um ser supremo que está acima de tudo, que controla tudo e é onipresente. Mas onde está ele? Se ele está em toda parte, por que então não está presente diante de mim neste pilar? Porque falas tanta tolice, agora mesmo separarei de teu corpo a tua cabeça. Então vamos ver se teu adorável Senhor virá proteger-te. Faço questão de ver isso."

Obcecado pela ira, Hiranyakasipu, que possuía muitíssima força física, pegou sua espada, levantou-se do trono real, e, com muita ira, golpeou a coluna com seu punho.

Então, de dentro do pilar, eclodiu um som horripilante, o qual dava a impressão de que iria rachar a cobertura do universo. Esse som alcançou até mesmo as moradas dos semideuses, tais como o Senhor Brahma, que, ao ouvi-lo, pensaram: "Oh! Nossos planetas estão sendo destruídos!" Enquanto mostrava seu poder extraordinário, Hiranyakasipu, que desejava matar o próprio filho, ouviu aquele prodigioso e estrondoso som, nunca dantes ouvido por alguém. Ao escutar o som, os outros líderes dos demônios ficaram com medo. Nenhum deles pôde localizar em que setor da assembléia teria surgido aquele som.

Para provar que a afirmação de seu servo Prahlada Maharaja tinha fundamento; em outras palavras, para provar que o Senhor Supremo está em toda parte, mesmo dentro do pilar de um salão de assembléia, a suprema personalidade de Deus, manifestou uma forma maravilhosa nunca dantes vista. A forma não era nem de homem nem de leão. Assim, no salão da assembléia, o Senhor apareceu em sua forma maravilhosa. Enquanto Hiranyakasipu olhava por todo o redor, querendo encontrar a fonte do som, essa maravilhosa forma do Senhor, que não podia ser definida nem como homem nem como leão, emergiu do pilar. Estupefato, Hiranyakasipu pôs-se a imaginar: "Que criatura é esta, que é metade homem e metade leão?" Hiranyakasipu estudou a forma do Senhor, tentando reconhecer qual seria a forma de Nrishimhadeva que se postava diante dele.

Então, Hiranyakasipu murmurou para si mesmo: "O Senhor Vishnu, que possui muito poder místico, traçou este plano para matar-me, mas de que adianta tal tentativa? Quem pode lutar comigo?" Assim pensando, Hiranyakasipu apanhou sua maça (arma mortal) e, tal qual um elefante, investiu contra o Senhor.

Os Significados dos Arcanos

Assim como um pequeno inseto cai forçosamente no fogo e as criaturas insignificantes tornam-se invisíveis, ao atacar o Senhor, que era cheio de refulgência, Hiranyakasipu tornou-se invisível. Isso não é absolutamente espantoso, pois o Senhor sempre está situado em bondade pura. Outrora, durante a criação, ele entrou no universo escuro e iluminou-o com o seu fulgor espiritual. Depois disso, o grande demônio Hiranyakasipu, que estava muitíssimo irado, munido de sua maça, atacou novamente, com rapidez, Nrishimhadeva, o qual entretanto, capturou o grande demônio, juntamente com a sua maça, assim como Garuda (pássaro de Vishnu) captura uma serpente enorme.

Quando o Senhor Nrishimhadeva deu a Hiranyakasipu uma oportunidade de fugir de suas mãos, assim como Garuda, às vezes, brinca com uma serpente e a deixa escapar de sua boca, os semideuses, que haviam perdido suas moradas e escondiam-se atrás das nuvens com medo do demônio, não consideraram muito bom aquele incidente. Na verdade, eles ficaram perturbados. Ao livrar-se das mãos de Nrishimhadeva, Hiranyakasipu ficou pensando que o Senhor temia-lhe o poder. Portanto, após um pequeno descanso, ele pegou sua espada e seu escudo e, com muito ímpeto, novamente arremeteu contra o Senhor. Emitindo um som alto e estridente à guisa de risada, a suprema personalidade de Deus, Narayana, que é extremamente forte e poderoso, agarrou Hiranyakasipu, que se protegia com a espada e o escudo, não apresentando pontos vulneráveis. Com a velocidade de um falcão, Hiranyakasipu movia-se ora no céu, ora na terra, mantendo os olhos fechados devido ao medo que a risada de Nrishimhadeva lhe causava.

Assim como uma serpente captura um rato ou Garuda (pássaro que transporta Vishnu) captura uma serpente muito venenosa, Nrishimhadeva capturou Hiranyakasipu, que não podia ser trespassado nem mesmo pelo raio do rei Indra. Sentindo-se muito aflito com o fato de ter sido capturado, Hiranyakasipu movia os membros para cá e para lá. O Senhor Nrishimhadeva pôs, então, o demônio no seu colo, apoiando-o sobre as suas coxas e, na entrada do salão da assembléia, e com as unhas de sua mão, mui facilmente dilacerou o demônio. Hiranyakasipu havia recebido do Senhor Brahma a promessa de que não morreria nem na terra nem no céu. Portanto, para manter intacta a promessa do Senhor Brahma, Nrishimhadeva pôs o corpo de Hiranyakasipu em seu colo, que não era nem céu nem terra. Hiranyakasipu recebera a promessa de que não morreria nem de dia nem de noite. Portanto, para manter essa promessa de Brahma, o Senhor matou Hiranyakasipu no crepúsculo vespertino, que corresponde ao final do dia e início da noite, mas não é dia nem noite. Hiranyakasipu recebera do Senhor Brahma a promessa de que nenhuma arma o mataria e de que nenhuma pessoa, morta ou viva, daria cabo dele. Portanto, só para preservar a palavra do Senhor Brahma, o Senhor Nrishimhadeva trespassou o corpo de Hiranyakasipu com suas unhas que não eram armas e não eram nem vivas nem mortas, mas ao mesmo tempo podem ser consideradas vivas. Para manter intactas todas as promessas do Senhor Brahma, Nrishimhadeva, de maneira aberrante, mas com muita facilidade, matou o grande demônio Hiranyakasipu. A boca e a juba do Senhor Nrishimhadeva ficaram salpicadas de gotas de sangue, e era impossível alguém conseguir fitar seus olhos ferozes e cheios de ira. Lambendo os lados da boca com a língua, a suprema personalidade de Deus, Nrishimhadeva, que estava ornamentado com uma guirlanda [colar] das vísceras arrancadas do abdômen de Hiranyakasipu, parecia um leão que tinha acabado de matar um elefante.

A suprema personalidade de Deus, que tinha muitos e muitos braços, primeiramente arrancou o coração de Hiranyakasipu, o qual, depois, jogou de lado, e partiu em direção aos soldados do demônio. Esses soldados que, com as armas em riste, tinham vindo aos milhares para combater o Senhor Nrishimhadeva, eram fiéis seguidores de Hiranyakasipu, mas o Senhor matou todos eles meramente com as pontas de suas unhas. O pêlo sobre a cabeça de Nrishimhadeva açoitava as nuvens e espalhava-as por todos os lados, o brilho dos seus olhos suplantava a refulgência dos luzeiros no céu, e a sua respiração agitava os mares e os oceanos. Por causa do seu rugido, todos os elefantes do mundo começaram a chorar de medo. Os pêlos da cabeça de Nrishimhadeva lançaram aeroplanos ao espaço sideral e ao sistema planetário superior. Devido à pressão dos pés de lótus do Senhor, a Terra parecia descambar de sua posição, e todas as colinas e montanhas curvavam-se ao peso de sua força. A refulgência corpórea do Senhor atenuava a iluminação natural do céu em todas as direções.

O Senhor Nrishimhadeva, estando muito irado e não encontrando nenhum rival capaz de enfrentar o seu poder e a sua opulência, ali mesmo, no salão da assembléia, sentou-se no excelente trono do rei. Devido ao medo e ao respeito, ninguém ousou apresentar-se para servir ao Senhor diretamente.

Hiranyakasipu havia sido exatamente como uma febre de meningite na cabeça dos três mundos. Portanto, quando, nos planetas celestiais, as esposas dos semideuses viram que o grande demônio fora morto pelas próprias mãos da suprema personalidade de Deus, seus rostos demonstraram grande júbilo. Elas não se cansavam de derramar chuvas de flores sobre o Senhor Nrishimhadeva. Naquele momento, os aeroplanos dos semideuses, que desejavam ver as atividades do Senhor Supremo, encheram o céu. Os semideuses começaram a bater tambores e timbales e, ao ouvi-los, as mulheres angélicas puseram-se a dançar, enquanto os principais gandharvas cantavam docemente.

Os semideuses aproximaram-se então do Senhor. Encabeçados pelo Senhor Brahma, pelo rei Indra e pelo Senhor Shiva, entre eles estavam grandes pessoas santas, os habitantes de Pitriloka, de Siddhaloka, de Vidyadhara-loka. Os Manus aproximaram-se, e a mesma atitude foi tomada pelos habitantes de vários outros planetas. Todos iam se chegando ao Senhor, do qual emanava um brilho intenso. De mãos postas diante de seus rostos, ofereceram-lhe, um por um, reverências e poderosas orações para glorificar Nrishimhadeva e se proteger do perigo.

Os semideuses, encabeçados pelo Senhor Brahma, pelo Senhor Shiva e por outros grandes semideuses, não ousaram apresentar-se diante do Senhor, que, naquele momento, estava extremamente irado. Todos os semideuses presentes solicitaram então à semideusa da fortuna, Lakshmi (sua esposa), que se apresentasse diante do Senhor, pois eles, sentindo muito medo, não ousavam fazê-lo. Mas nem mesmo ela jamais vira tão maravilhosa e extraordinária forma do Senhor, e assim nem tentou aproximar-se dele. Depois disso, o Senhor Brahma pediu a Prahlada Maharaja, que estava postado bem perto dele: "Meu querido filho, o Senhor Nrishimhadeva está extremamente irado contra teu pai demoníaco. Por favor, adianta-te e tranqüiliza o Senhor."

Embora fosse apenas um menininho, o sublime devoto Prahlada Maharaja aceitou as palavras do Senhor Brahma. Lentamente, ele avançou ao encontro do Senhor Nrishimhadeva e caiu; em seguida, de mãos postas, ofereceu suas respeitosas reverências.

Ao ver o menininho Prahlada Maharaja prostrado aos seus pés de lótus, o Senhor Nrishimhadeva ficou embevecido de afeição por seu devoto. Erguendo Prahlada, o Senhor pôs sua mão de lótus sobre a cabeça do menino, porque a sua mão sempre produz destemor em todos os seus devotos. Quando a mão do Senhor Nrishimhadeva entrou em contato com a cabeça de Prahlada Maharaja, o menino livrou-se por completo de todas as contaminações e desejos e assim foi totalmente purificado. Portanto, de imediato, ele ficou situado na plataforma da transcendência, e todos os sintomas de êxtase manifestaram-se em seu corpo. O coração encheu-se-lhe de amor, e os olhos, de lágrimas; assim, ele conseguiu fixar firmemente os pés de lótus do Senhor no âmago do seu coração. Em transe total e com plena atenção, Prahlada Maharaja fixou a mente e a visão no Senhor Nrishimhadeva. Com a mente firme, ele começou a oferecer orações amorosas e sua voz estava embargada. Prahlada Maharaja orou:

"Como é possível que eu, tendo nascido em família de demônios, possa oferecer orações convenientes, capazes de satisfazer a suprema personalidade de Deus?

PREVISÕES DO ARCANO

A fragilidade humana frente à força desconhecida. Nrishimhadeva é o Deus protetor das pessoas piedosas e religiosas. É muito invocado em momentos de medo. Seus devotos procuram glorificá-lo ao deitar-se para dormir, para evitar ter pesadelo ou ser perturbado por fantasmas. Também, antes de se iniciar uma viagem, deve-se entoar o mantra de Nrishimhadeva para evitar algum tipo de acidente. Nrishimhadeva deve ser visualizado para iluminar o caminho daqueles que abandonaram a vida terrena e continuam presos ao corpo fantasmal. Neste caso, é aconselhado que parentes ou amigos visualizem a imagem dessa divindade e da pessoa morta, colocando-as em sintonia. Essa visualização ajuda aquele que já abandonou o corpo a entender a sua relação eterna com Deus. Na Índia, os cadáveres são cremados em piras para evitar que o falecido continue identificado com o corpo carnal.

ASPECTO FAVORÁVEL

Libertação de falsos relacionamentos afetivos e sociais, considerados catastróficos nos acontecimentos do dia-a-dia. Proteção e intuição na vida física e espiritual. Esta carta está relacionada diretamente com laços familiares, já que as almas reencarnam na mesma família para resgatar dívidas que deixaram pendentes em vidas anteriores.

Eis aqui o mantra que deve ser entoado em viagens para evitar acidentes. Também é indicado como escudo protetor contra obsessores e fantasmas.

Que o Senhor Nrishimhadeva, rugindo para o seu devoto Prahlada, o proteja contra todos os perigos manifestados por veneno, armas, água, fogo, ar e assim por diante. Que o Senhor Nrishimhadeva, com a sua própria influência transcendental, anule o poder nefasto de todos os líderes satânicos espalhados por todos os quadrantes. Que o Senhor Nrishimhadeva proteja-nos em todas as direções e em todos os cantos, acima, dentro e fora.

ASPECTO DESFAVORÁVEL

Cegueira e presunção diante do poder, mesmo sabendo que toda posição terrena é efêmera. Condenação por violação à Lei divina, que pode acarretar infortúnios e levar a pessoa ao estado de perturbações, de loucura e medo.

No plano material, perdas que não são realmente perdas, na verdade anunciam momentos de renovação e relaxamento.

No plano afetivo, rompimentos que trazem alívio e libertação, mesmo que essa separação aparentemente cause perdas, sofrimentos e escuridão exterior.

SIGNIFICADOS DO ARCANO

Esta carta representa proteção e intuição. Tem relação direta com dívidas kármicas e laços afetivos, com pessoas que se encontram ou nascem na mesma família, para o resgate das dívidas passadas.

Quando esta carta está relacionada com perguntas referentes a laços amorosos, pode indicar separação; se estiver acompanhada de cartas que denotam vibrações negativas, indica cuidados com inesperados perigos, desgostos e doenças prestes a se manifestarem.

MANTRA — a faixa 11 do CD de mantras que acompanha este livro.
ARMA — as unhas.
ATRIBUTO — proteção e pureza.
CORES — amarelo, vermelho, verde, branco e preto.
ESPOSA — Lakshmi, a semideusa da fortuna.
REGENTE — proteção absoluta para aquele que se refugia em Nrishimhadeva, a décima quarta encarnação de Deus na forma transcendental de metade homem, metade leão.

Os Significados dos Arcanos

OFERENDA — malpouri.

Receita
2 copos de farinha de trigo
1/2 copo de açúcar cristal
1/2 copo de água

Modo de fazer:
Misture tudo até obter uma massa homogênea. Frite às colheradas. Escorra a gordura. Coloque um copo de iogurte natural ou com frutas sobre as bolinhas.

MENSAGEM DO ARCANO
Se não te acautelares
dos invejosos e das sombras letais,
estará próximo o teu fim.
Tua vontade deverá refletir na Terra
a vontade divina e não a vontade dos homens.
Protege a tua mente de desejos sangrentos.
Não deixes teu anjo da guarda
dar-te as costas.
Se não tomares como aviso minhas
profecias, seguirás pelas ruínas
do acaso e da hipocrisia
e o teu corpo efêmero
ficará encharcado de vícios, de
dor e de adultério.

Mohini-Murti – Deusa da Imortalidade

*Eu sou mulher divina, estou ligada à saúde não apenas orgânica.
Desperto a cura em todas as esferas da vida.*

DHARANA (CONCENTRAÇÃO) — A pessoa que desejar tornar-se sedutora, glorificada, muito bela, desenvolver poder divino para salvar seres humanos e seres inferiores, curar-se de todas as enfermidades orgânicas e espirituais, deve meditar e orar para a forma transcendental feminina divina de Mohini-Murti.

Esta dharana deve ser praticada com a faixa 6 do CD de mantras que acompanha este livro.

ARCANO XVII

No tarô egípcio, representa a Estrela. Está relacionado aos sentimentos de compreensão e de fidelidade. Por pertencer à polaridade feminina, esses sentimentos despertam a espiritualidade e as várias formas de reviver o amor.

No tarô dos orixás, representa Ossãe. Está relacionado às ervas e às folhas, pois Ossãe é denominado protetor da natureza, patrono das florestas e da Medicina. Ele alimenta o corpo astral e cura as enfermidades físicas e espirituais.

INTRODUÇÃO

O Arcano XVII personifica a encarnação divina de Sri Vishnu (Deus) na sua bela forma feminina, representando principalmente a cura e a sedução suprema. Na mitologia hindu, Mohini-Murti é representada por uma taça que contém o néctar da imortalidade, revelando assim que tudo o que existe tem origem na existência suprema. O fluido da esperança e do consolo, contido na jarra, simboliza os influxos imortais que envolvem e fazem florescer a harmonia e a vida.

SIMBOLOGIA

Vishnu, a suprema personalidade de Deus, assumiu a forma de uma belíssima e sedutora mulher. Essa encarnação de mulher (Mohini-Murti) é incomparavelmente agradável para a mente. Sua tez tem a cor de um lótus enegrecido, e todas as partes de seu corpo estão belamente distribuídas: as orelhas estão decoradas com brincos, as maçãs do rosto são muito formosas, o nariz é arrebitado e o rosto cheio de brilho. Os seios fartos fazem sua cintura parecer muito fina. Os cabelos estão belamente enguirlandados com flores, os olhos sedutores permanecem irrequietos, revelando seu orgulho juvenil. O pescoço está atrativamente adornado com colares e outros adereços, os braços estão decorados com braceletes e o corpo coberto por um sari vermelho e amarelo. Nas mãos de lótus, ela segura um pote de ouro onde baila o néctar da imortalidade. Soberana entre os deuses e demônios, a bela senhora é cúmplice da sedução, hipnotiza e exorciza a morte.

Mohini-Murti assemelha-se ao Senhor Budha que apareceu para enganar os demônios.

SIMBOLOGIA DE DHANVANTARI

Enquanto os filhos de Kasyapa, os demônios e os semideuses, estavam ocupados com o bater do oceano de leite, um maravilhoso varão apareceu. Sua constituição física era muito forte; seus braços longos, vigorosos e robustos; seu pescoço estava marcado com três linhas, parecia um búzio; seus olhos eram avermelhados; e sua tez, enegrecida. Ele era muito jovem, estava enguirlandado com flores, e todo o seu corpo estava decorado com vários adornos. Vestia roupas amarelas e usava brincos resplandecentes e polidos, feitos de pérolas. As pontas de seu cabelo estavam untadas com óleo, e o seu peito era muito largo. Seu corpo possuía todos os traços físicos favoráveis, ele era vigoroso e forte como um leão e usava braceletes. Na mão, carregava uma jarra abarrotada de néctar (o elixir da imortalidade). Essa pessoa era Dhanvantari, uma porção plenária do Senhor Vishnu.

Dhanvantari, o Semideus Regente da Medicina

Ao verem Dhanvantari, o semideus da medicina, carregando a jarra de néctar da imortalidade, os demônios, desejando obter a jarra e o seu conteúdo, imediatamente arrebataram-na à força. Quando a jarra de néctar foi levada pelos demônios, os semideuses ficaram melancólicos e buscaram refúgio nos pés de lótus, a suprema personalidade de Deus. Ao ver que os semideuses estavam tristes, a suprema personalidade de Deus, que sempre deseja satisfazer as ambições de todos os devotos, disse-lhes: "Não fiqueis pesarosos. Através de minha própria energia, deixarei os demônios confusos, criando uma desavença entre eles. Dessa maneira, satisfarei vosso desejo de obter o néctar da imortalidade."

Surgiu então entre os demônios uma discórdia por meio da qual procurava-se definir quem deveria beber o néctar da imortalidade primeiro. Porém, Sri Vishnu, na forma transcendental de Mohini-Murti, usou a sedução feminina com o propósito de impedir que os demônios bebessem o néctar e se tornassem imortais. O supremo controlador dos três mundos, exibiu sua bela aparência feminina, tão encantadora, tão sedutora, jamais imaginada. Todos os demônios ficaram perplexos e confusos diante da sensação de prazer que suas mentes sentiram ao contemplar a forma feminina de Deus, em seu aspecto divino.

Deus é completo em todos os aspectos, por isso sua bela forma de mulher tornou-se muito atrativa para os sentidos e a mente dos deuses e demônios. Aproveitando o instante em que todas as atenções estavam voltadas para a beleza extasiante do seu rosto de lótus e para os traços do seu corpo sedutor, Mohini-Murti tornou-se dona do néctar da imortalidade, segurando com suas mãos de lótus a jarra, que simboliza a medicina como instrumento do Deus supremo, capaz de anular qualquer doença ou qualquer vestígio de morte extemporânea. Mohini-Murti, a forma mais bela e sensual de Deus, segura nas suas mãos de lótus um pote de ouro onde baila o néctar da imortalidade. De seus olhos mediúnicos e proféticos derrama-se um oceano de bênçãos. Fluxo sensual do divino prazer é ela a eternidade soberana entre deuses e demônios, numa exaltação ao elixir da vida, essa divindade torna-se cúmplice do tempo, que exorciza e hipnotiza os demônios em direção à morte sombria.

Quando o Senhor Supremo assumiu sua forma de mulher, a mais sedutora entre todas, despertou os desejos luxuriosos dos demônios e estes ficaram inimigos uns dos outros. Até mesmo o Senhor Shiva ficou confuso diante de tanta beleza.

Supondo que a jovem deusa tinha ido até aquelas paragens porque queria encontrar um esposo entre todos os que ali estavam presentes (Daityas, semideuses, Gandharvas e assim por diante), ousaram dirigir-se a ela nestes termos:

"Ó formosa jovem, de sobrancelhas encantadoras, decerto a Providência, por sua misericórdia imotivada, enviou-te para satisfazer os sentidos e a mente de todos nós. Não é verdade? Acontece que estamos todos envoltos em inimizade mútua, devido ao seguinte impasse, a jarra de néctar. Embora tenhamos nascido na mesma família, estamos nos tornando cada vez mais hostis. Ó mulher de cintura fina, que és tão bela em tua posição prestigiosa, pedimos-te que nos faças o favor de resolver nossa contenda."

Os demônios compreenderam que a bela mulher havia atraído a atenção de todos eles. Portanto, unânimes, pediram-lhe que se tornasse o árbitro para resolver a contenda que surgiu entre eles.

Tendo recebido essa solicitação que lhe foi feita pelos demônios, a suprema personalidade de Deus, começou a sorrir, olhando para eles com atrativos gestos femininos. Ela disse-lhes o seguinte: "Ó filhos de Kasyapa Muni, sou apenas uma prostituta. Como é que tendes tanta fé em mim?"

Logo, a suprema personalidade de Deus, que se fazia passar por uma mulher, advertiu os demônios de que não depositassem tanta fé nela, pois ela aparecera como uma mulher atraente com o objetivo final de enganá-los.

Após ouvirem as palavras de Mohini-Murti, que falara em tom jocoso, todos os demônios ficaram deveras confiantes. Eles riram com muita discrição e, afinal, depositaram o recipiente de néctar nas mãos dela.

A suprema personalidade de Deus, certamente não estava brincando, mas falava sério e com gravidade. Os demônios, entretanto, cativados pelos seus traços físicos femininos, tomaram suas palavras como sendo um gracejo e, com muita confiança, puseram o recipiente do néctar da imortalidade em suas mãos.

Portanto, Mohini-Murti assemelha-se ao Senhor Budha, que apareceu como *sammohaya sura-dvisam*, para enganar os *asuras*. A palavra *suradvisam* refere-se àqueles que invejam os semideuses ou devotos. Às vezes, a suprema personalidade de Deus encarna para enganar os ateístas. Assim, vemos aqui que, embora Mohini-Murti estivesse lhes falando a verdade, os *asuras* tomaram suas palavras como facécia. Eles estavam tão confiantes na honestidade da deusa que imediatamente passaram a jarra de néctar às suas mãos, a fim de deixá-la fazer do néctar da imortalidade o que bem quisesse, ou seja, distribuí-lo, jogá-lo fora ou bebê-lo sozinha, sem dá-lo a eles.

Em seguida, a suprema personalidade de Deus, tendo se apossado do recipiente, sorriu discretamente e proferiu algumas palavras atraentes. Ela disse: "Meus queridos demônios, se, honesta ou desonesta, aceitais tudo o que eu possa fazer, posso então assumir a responsabilidade de repartir o néctar da imortalidade entre vós?" Eles responderam imediatamente: "Sim."

A suprema personalidade de Deus jamais se submete aos ditames de quem quer que seja. Tudo o que ela faz é absoluto. Os demônios, evidentemente, foram iludidos pela potência ilusória da suprema personalidade de Deus, e, assim, Mohini-Murti fê-los prometer que acatariam tudo o que ela fizesse.

Os Vedas prescrevem que, antes de qualquer cerimônia ritualística, a pessoa deve primeiramente ficar limpa, banhando-se nas águas do Ganges ou do Yamuna ou nas águas do mar. Qualquer pessoa sobre a qual recaia a responsabilidade de executar uma cerimônia ritualística, não deve vestir-se com roupas costuradas com agulha.

Enquanto os demônios e os semideuses se acomodavam numa arena plenamente decorada com guirlandas de flores, lamparinas perfumadas com fumaça de incensos, a suprema personalidade de deus, vestida num sari belíssimo, com seus sinos de tornozelo tilintando, entrou na arena, caminhando mui vagarosamente, devido aos seus quadris volumosos e baixos. Seus olhos estavam buliçosos devido ao orgulho juvenil, seus seios eram como jarras de água; seu nariz atraente, as maçãs do seu rosto encantadoras, e suas orelhas adornadas com brincos de ouro, tornavam-lhe o rosto belíssimo. À medida que ela se movia, o decote do sari, logo acima dos seios, descia um pouco. Quando semideuses e demônios viram a bela forma da deusa, que olhava para eles e sorria discretamente, ficaram completamente encantados. Por natureza, os demônios são ardilosos como serpentes. Portanto, distribuir-lhes uma parte do néctar da imortalidade não era de modo algum recomendável, uma vez que isso poderia ser tão perigoso como fornecer leite a uma serpente. Portanto, a suprema personalidade de Deus, que nunca se deixa enganar, não repartiu o elixir da longevidade entre os demônios.

Mohini-Murti colocou os semideuses sentados a distância. Aproximou-se então dos demônios e falou-lhes mui graciosamente, para que eles pudessem julgar-se muito afortunados de estar com ela. Uma vez que deixara os semideuses sentados em um lugar distante, os demônios julgaram que os semideuses ganhariam apenas um pouco do néctar da imortalidade, e que Mohini-Murti estava tão satisfeita com eles que lhes daria todo o néctar. O estratagema do Senhor era enganar os demônios simplesmente lhes dirigindo palavras doces, mas sua verdadeira intenção era distribuir o néctar imortal só aos semideuses para livrá-los da invalidez, da velhice e da morte.

Os demônios estavam tão cativos com suas artimanhas e palavras amistosas que, embora os semideuses fossem servidos primeiro, os demônios acabaram apaziguando-se com meras palavras doces. O Senhor disse aos demônios: "Os semideuses são muito avarentos e estão excessivamente ávidos por tomar o néctar primeiro. Então, que eles o tomem primeiro. Uma vez que não sois como eles, podeis esperar mais um pouco. Sois todos heróis e estais satisfeitos comigo. É melhor esperardes que os semideuses bebam."

Rahu, o demônio que causa o eclipse do Sol e da Lua, colocou as vestes de um semideus e, assim, entrou na assembléia dos semideuses e bebeu o néctar sem ser detectado por ninguém, nem mesmo pela suprema personalidade de Deus. Entretanto, a Lua e o Sol, devido à permanente inimizade com Rahu, perceberam-no e Rahu foi desmascarado.

A suprema personalidade de Deus, Mohini-Murti, foi capaz de deixar confusos todos os demônios, mas Rahu era tão astuto que não se deixou enganar. Rahu pôde perceber que Mohini-Murti estava enganando os demônios e, portanto, mudou de roupa, disfarçou-se de semideus e sentou-se na assembléia com os demais. Neste ponto, talvez você se pergunte por que a suprema personalidade de Deus não pôde detectar Rahu.

A razão é que o Senhor queria mostrar o que iria acontecer àquele que bebesse o néctar da imortalidade. Assim, quando Rahu entrou na assembléia dos semideuses, a Lua e o Sol detectaram-no, a suprema personalidade de Deus também deu tento de sua presença. Usando seu disco, decapitou Rahu, a cabeça permaneceu viva, embora o corpo morresse. Rahu havia colocado o néctar na boca, e, antes que o néctar alcançasse o corpo, sua cabeça foi cortada. Com isso, a cabeça de Rahu tornou-se imortal por ter sido tocada pelo néctar da imortalidade, ao passo que o seu corpo feneceu. Esse maravilhoso ato executado pelo Senhor destinava-se a mostrar que o néctar é ambrosia milagrosa.

O Senhor Brahma, o pai do universo, aceitou a cabeça de Rahu como um dos planetas, colocando-o em nível equivalente ao da Lua e do Sol. Rahu, entretanto, sendo um eterno inimigo do Sol e da Lua, ataca-os periodicamente durante as noites de Lua cheia e de Lua nova.

Depois, quando os semideuses tinham praticamente acabado de beber o néctar, o Senhor, na presença de todos os demônios, revelou sua forma original.

O lugar, o tempo, a causa, o propósito, a atividade e a ambição eram todos os mesmos para os semideuses e os demônios, mas os semideuses alcançaram um resultado e os demônios, outro.

No *Bhagavad-Gita*, afirma-se: "*ye yatha mam prapadyante tams tathaiva bhajamy aham*", ou seja, a suprema personalidade é o juiz que recompensa ou pune as pessoas, de acordo com o grau com que elas se rendem aos seus refugiantes pés. As pessoas dotadas de natureza materialista, transmigram através de diferentes corpos, ora subindo, ora descendo, e, com isso, sofrem, no *karma-chakra*, os resultados de suas ações. Os devotos, entretanto, porque se renderam aos pés de lótus do Senhor, jamais malogram em suas tentativas. Embora aparentemente trabalhem com os *materialistas*, mesmo assim voltam ao lar Supremo e são bem-sucedidos em todos os seus esforços. Os demônios ou ateístas têm muita fé em seus próprios esforços, passam dia e noite trabalhando arduamente, e só conseguem obter aquilo que o seu destino lhes reserva. O sucesso ou o fracasso em qualquer atividade conhece-se pelos resultados. Existem muitos *demônios* vestidos de devotos, mas a suprema personalidade de Deus pode adivinhar-lhes os propósitos.

Os *karmis*, que desejam o gozo dos sentidos, os *jnanis*, que aspiram à liberação ou imersão na existência do Supremo, e os yogues, que buscam o sucesso material do poder místico, são todos inquietos e acabam frustrando-se. Mas o devoto, que não anseia por nenhum benefício pessoal e cuja única ambição é divulgar as glórias da suprema personalidade de Deus, é abençoado com todos os resultados auspiciosos da *bhakti-yoga*, sem que, para isso, precise sofrer ou executar trabalho árduo.

Na sociedade humana, existem várias atividades que, realizadas através de palavras, da mente e das ações, servem para proteger a riqueza e a vida da pessoa em questão, mas todas elas são executadas visando o gozo dos sentidos, restrito ou irrestrito, cujo ponto de referência é o corpo da própria pessoa. Todas essas atividades estão desprovidas de serviço devocional. Porém, quando as mesmas atividades se realizam para a satisfação do Senhor, os resultados benéficos são distribuídos entre todos.

PREVISÕES DO ARCANO

Sedução pelo encanto de uma bela mulher. Imortalidade para os que agem de acordo com a consciência divina e que desenvolveram qualidades de *sattva* (bondade). Infortúnios para aqueles que agem de acordo com a aparência exterior da matéria ilusória, e não respeitam os ditames espirituais, desconsiderando os avisos de significado simbólico. Essa carta pressagia principalmente a cura advinda da providência divina, trazendo recuperação física, mental, emocional e espiritual. Representa também a sedução infalível de todas as mulheres e a cura para todos os males.

ASPECTO FAVORÁVEL

Triunfo por meio do charme, da beleza e da espiritualidade feminina, tanto exterior como interiormente. Contato com a cura interior para cicatrizar feridas que precisam ser curadas. Externalização da felicidade e da boa fortuna, por encontrar e assumir seu próprio destino.

Satisfação e realização entre os desejos e a esperança. Substancialidade e prazer físico proporcionados pela capacidade de se relacionar consigo mesmo e com os outros.

ASPECTO DESFAVORÁVEL

Prostituição e exploração, utilizadas em benefício próprio, tanto em relação à medicina, como em relação à feminilidade.

SIGNIFICADOS DO ARCANO

O Arcano XVII representa a medicina e as mulheres descomprometidas. Quando vem acompanhado do arcano XIII, indica o surgimento de enfermidades. Ao lado da carta XVIII, revela doença obsessiva e, ao lado da carta XIV, cura do físico e da alma.

Ao lado de cartas masculinas, representa a esperança que resulta em novas perspectivas, sugerindo o amor para a realização de uma união rejuvenescedora.

O Arcano XVII pode representar um médico, um enfermeiro, um terapeuta, um místico, um psicólogo.

No seu aspecto feminino, representa as mulheres que representam a deusa suprema, com suas várias faces e que usam a beleza e a sedução como forma de atingir seus desejos, realizar seus sonhos e galgar cobiçadas posições.

ATRIBUTOS — beleza, poder e sedução.
CORES — vermelho e o amarelo.
MANTRA — a faixa 6 do CD de mantras que acompanha este livro.
REGENTE — da imortalidade.

Os Significados dos Arcanos

OFERENDA — comer *kofta* e meditar em Mohini-Murti, décima terceira encarnação de Vishnu na sua forma de mulher.

Receita
2 couves-flores médias
22 batatas
1 colher de chá de turmerique
1 e 1/2 colher de chá de sal
mais ou menos 1/2 xícara de farinha de grão-de-bico
1 pitada de assa-fétida
ghee para fritar

Molho
10 tomates
1 colher de chá de sal
2 folhas de louro
1/2 colher de chá de orégano
2 colheres de *ghee*
1/2 colher de chá de assa-fétida
1/2 colher de chá de semente de cominho
1/2 colher de chá de pimenta malagueta amassada
1/2 colher de chá de sementes de coentro inteiras
1/2 colher de chá de sementes de gengibre moído

Modo de fazer
Rale as batatas e as couves-flores juntas. Escorra o excesso de água. Junte todos os condimentos e farinha de grão-de-bico suficiente para juntar todos os ingredientes e fazer bolinhos de 2 a 3 cm de diâmetro. Frite os bolinhos de *kofta* em *ghee* morno. Escorra-os em toalhas de papel e separe-os.

Molho: Toste as sementes de cominho e adicione a pimenta malagueta. Doure-as e junte a assa-fétida e o gengibre. Pique três tomates e junte-os à mistura. Cozinhe por 10 minutos em fogo baixo. Enquanto isso, bata os outros sete tomates no liqüidificador e junte-os ao molho, com as folhas de louro e o orégano. Cozinhe por meia a uma hora, em fogo baixo. Pode-se começar a fazer o molho de tomate antes, e as bolinhas podem ser fritas durante o cozimento do molho. Quando o molho de tomate estiver pronto para ser servido, junte os bolinhos de *kofta*. Sirva com manteiga derretida, arroz com limão e *chapuri*.

MENSAGEM DO ARCANO

Possuo a chave da paixão secreta.
Posso em tua alma mergulhar,
Clarividenciar tua aura,
Te proteger, te enfeitiçar.
Na cúmplice penumbra,
à luz do luar,
eu te convido a beber
o cálice sagrado do amor.
Eu faço um voto de paixão secreta,
Te ensino a amar,
venero teu sexo,
te ensino a beijar.
Teus lábios de sereia,
finalmente vão poder se declarar.

Shiva — Semideus da Magia

No nosso inconsciente habitam as forças negativas que perturbam e assustam, mas mesmo assim somos obrigados a encará-las.

DHARANA (CONCENTRAÇÃO) — O Senhor Shiva é protetor dos fantasmas, dos demônios e de todos aqueles que se encontram no limiar da escuridão. O arcano XVIII deve ser invocado por quem deseja doutrinar essas entidades que se encontram nas trevas, conquistar bênçãos materiais e desenvolver poder místico para trabalhar com os vários segmentos da yoga e da magia.

Esta dharana deve ser realizada com a faixa 2 do CD de mantras que acompanha este livro.

ARCANO XVIII

No tarô egípcio, representa a Lua. Está relacionado à força oculta e ao mistério das profundezas, vindos do inconsciente que revelam uma lei insondável e um aviso kármico predestinado.

No tarô dos orixás, representa Exu. Está relacionado aos cemitérios, aos quatro caminhos das encruzilhadas. Apesar de estar mancomunado com os prazeres mundanos, Exu porta as chaves para abrir os diversos caminhos.

INTRODUÇÃO

O Arcano XVIII, Shiva, personifica o deus das mil faces. Senhor do linga, aquele que rege a modalidade material da destruição. Quando dança é reconhecido como Shiva Nataraja, o deus da dança. Faz parte da trindade hindu.

SIMBOLOGIA

Uma característica marcante do Senhor Shiva é o terceiro olho, localizado no meio da testa entre as sobrancelhas. Seu olho direito simboliza o Sol, o esquerdo, a Lua, e o olho do meio, o fogo. O terceiro olho representa a energia espiritual, e por isso recomenda-se aos adeptos da yoga que se concentrem no ponto localizado entre as sobrancelhas, ou seja, o terceiro olho. Com um único olhar do terceiro olho, Shiva pode vencer todos os seus inimigos. Um anel de chamas emerge do deus, simbolizando os processos vitais do universo e suas criaturas, em alusão ao aspecto destrutivo do Senhor Shiva na forma de Rudra.

Outro símbolo que caracteriza Shiva, o deus das mil faces, é sua tigela de esmolas, representando sua vida de asceta, na qual ele vive absorto em sua própria solidão, vestido com sua tanga de pele de animal, que lhe cinge os quadris, caracterizando-o como um yogue brahmane.

O deus usa no pescoço grinaldas de crânios de cadáveres, está sempre vestido com pele de tigre ou de elefante. A pele do tigre simboliza o domínio sobre a ansiedade e sobre a dispersão e a pele de elefante, o domínio sobre o orgulho e sobre os atos violentos. Aparece sempre transportado por um touro branco, simbolizando o domínio sobre a natureza física. Somente aquele que está em condições de controlar os seus impulsos pode montar o touro. Suas armas estão representadas pelo tridente, cujas três pontas regem as três propriedades de deus (os mundos físico, mental e o espiritual).

Seu pescoço e seus ombros sempre estão rodeados por serpentes na forma do destruidor Mahakala (tempo), e sua natureza sinistra é identificada através da visita a cemitérios.

Seus cabelos são longos e revoltos, compostos de uma diminuta representação da deusa Ganga, ou seja, o rio Ganges, que ele sustenta no topo da cabeleira ao descer do céu para a terra. Ainda em sua cabeleira nota-se a figura da Lua na sua fase crescente. A deusa Ganga é conhecida como a mãe que concede *sukhada* (prosperidade) e *moksha* (liberação). Os rios são divindades femininas que concedem vida e alimento e se tornaram muito populares na Índia.

Shiva é considerado o Senhor da floresta e dos animais selvagens. Sua comitiva é formada por espectros, fantasmas e almas penadas que habitam lugares assombrados.

Shiva é um dos três princípios que constituem a *trimurti* hindu (Pai, Filho e Espírito Santo) e a personificação do princípio de destruição das formas materiais.

SIGNIFICADOS DOS NOMES DE SHIVA

- **Rudra (o destruidor):** Representa o Senhor da destruição, traz na testa um crânio como símbolo da morte e é cultuado como o Senhor dos crematórios. Suas *murtis* (imagens) estão sem-

pre ornadas com crânios e cobertas com a cinza dos mortos.
- **Shiva Mahakala:** Representa o tempo que tudo devora, com todas as suas eras e todos os seus ciclos.
- **Shiva Nataraja (o rei dos dançarinos):** Representa Maya, a ilusão cósmica, e a aniquilação com o fim de cada criação. Sua cabeleira é ornada por uma diminuta representação da deusa do rio Ganges (Ganga), e também pela Lua crescente, chamada Sisu.

Como Shiva Nataraja, ele dança simbolizando o ato da criação; nesse ritual, são encontradas as energias que dão forma a um mundo. A imagem de Shiva dançarino mostra o semideus a dançar sobre o corpo caído de um demônio, representando a figura da ignorância e da degradação humana. A dança é uma forma de hipnose e de magia, durante a qual o dançarino torna-se impregnado de poderes sobrenaturais que o levam ao transe. A dança pode lançar sortilégios sobre os outros. Os efeitos de encantamento podem ser produzidos não só pela dança, mas também pelo jejum, pela prática da yoga e pela repetição de mantras.

SHIVA NATARAJA, O DANÇARINO CÓSMICO

Simboliza e manifesta a energia eterna em suas três atividades: destruição (samsara), o ciclo de nascimentos e mortes; encobrimento (*tiro bhava*), o verdadeiro ser por trás das diferentes manifestações de Maya, e graça (*anugraha*), o reconhecimento da devoção do yogue.

Shiva, o rei dos dançarinos, representa dois tipos principais antagônicos de dança:

1. *Tandava*: dança trágica e violenta incitada por um vulcão delirante que culmina em destruição.
2. *Lasya*: dança bucólica, cheia de doçura, que faz fluir a emoção e o prazer do amor.

Por ter muitos atributos, Shiva, o deus da destruição, atua como o deus da yoga e da magia e é conhecido como grande guerreiro e soberano dos fantasmas. Aclamado com o título de o mais misericordioso *vaishnava* (devoto de Vishnu), patrono e protetor dos fracos e oprimidos, como demônios, fantasmas, almas penadas. Seu séquito tenebroso e obsessivo toma sempre como refúgio o Senhor Shiva e o acompanha quando Shiva surge montado em seu misterioso touro branco e passa pelo planeta Terra às 18h e à 0h. Essa hora não é propícia para gerar filho e viajar. É um horário recomendado ao recolhimento interior.

SIMBOLOGIA DE SHIVA NATARAJA, O DANÇARINO

Os dedos da mão esquerda superior de Shiva compõem um *mudra* (em forma de meia-lua) e a palma dessa mão mostra um linga de fogo. O fogo simboliza o elemento de destruição do mundo. O gesto de paz é feito pela mão direita. A mão esquerda aponta para baixo, para o pé esquerdo erguido, simbolizando libertação, refúgio e salvação, enquanto o gesto de paz é feito pela mão direita superior, que marca o ritmo do tambor, como que a anunciar o som de encantamento e da magia divina. O som é associado ao éter, porque dele emanam o fogo, o ar, a água e a terra. O éter é o primeiro dos cincos elementos, é a manifestação primordial sutil que penetra na substância divina. Em comunhão com o éter, o som marcou o momento genuíno da criação.

Os *sadhus* (sábios da Índia) revelam que é muito perigoso proferir palavras que provoquem vibrações negativas. Eles instruem que tudo o que se fala fica gravado no éter e volta àquele que o proferiu como conseqüência de um bom ou mau resultado. Por isso, devemos ficar profundamente atentos ao que falamos, pois as palavras são vibrações de poder, que abrem caminhos no plano astral para objetivos específicos. Todas as vezes que se for consultar o Tarô Sagrado dos Deuses Hindus, deve-se invocar o Senhor Shiva.

Ao realizar-se a cerimônia de *agni-hotra* ou o ritual de *sraddha* (cerimônia fúnebre) destinado a liberar alguém de um corpo de fantasma, o Senhor Shiva se faz presente como representante da terceira visão e senhor primordial da magia.

COMO REALIZAR UMA CERIMÔNIA DE SRADDHA

Sraddha é uma oferenda a Vishnu, em benefício de um antepassado, feita até doze dias após a sua morte. Esse ritual tem como finalidade livrar a entidade de permanecer num corpo sutil, fazendo com que, durante a cerimônia, ele passe para um plano espiritual mais elevado.

Prepara-se uma arena de sacrifício com grãos, condimentos e frutas oferecidos ao Senhor Vishnu. Acende-se a fogueira regada a *ghee* (manteiga clarificada), onde Vishnu será adorado e invocado juntamente com semideuses e grandes almas. O fogo terá como base uma mandala apropriadamente desenhada em cinco cores diferentes. Nas extremidades colocam-se cocos representando os semideuses e, no centro dela, um coco maior representando Vishnu.

Na arena deve-se colocar pedras preciosas, metais, flores variadas, guirlandas de folhas de mangueira; o chão deve ser forrado com folhas de bananeira, e sobre elas dispõem-se potes de barro, por serem todos esses símbolos auspiciosos. Junto a toda essa parafernália, deve ser posta uma foto do antepassado que abandonou o corpo de forma trágica. Em frente à foto do antepassado, deve ser colocado um prato de *maha prasada* (alimento oferecido a Vishnu). Esse prato de oferenda tem o propósito de invocar o antepassado a comer o alimento oferecido a Vishnu e, assim, se libertar do corpo de fantasma no qual ele habita.

Para que essa cerimônia alcance o seu objetivo, deve-se observar as seguintes restrições:

- o sacerdote precisa ser iniciado como *brahmana* por um mestre espiritual e deve ser muito qualificado no serviço a Vishnu;
- deve haver mais cinco brahmanas presentes à cerimônia que cantarão os mantras védicos e jogarão gergelim no fogo do sacrifício.

PREVISÕES DO ARCANO

Rituais de magia branca e negra nas fases de mudança da Lua. Na astrologia védica, a Lua é considerada um planeta da água, sendo representada por todos os líquidos: oceanos, água salgada, sangue, etc. A Lua negra é chamada de Li-

lith, e aparece todos os meses, um dia antes do nascer da Lua nova e é considerada maléfica. Nunca se deve iniciar atividades pessoais, durante a vigência da Lua negra, pois ela projeta na mente indecisões, paranóias e fobias que levam o ser humano a experimentar drogas e conhecer a total ausência de luz. Durante a Lua crescente, chamada Sisu, é muito propício começar qualquer atividade. A Lua crescente simboliza a divindade Shiva e proporciona a todas as entidades total deleite, bons presságios e contemplação.

A Lua é um planeta feminino, mas em sânscrito, recebe o nome masculino de Chandra, representante da mente nos seus aspectos emocionais e sentimentais.

ASPECTO FAVORÁVEL

Manifestação da natureza serena, voltada para a reflexão filosófica e para a prática iniciática da elevada magia. Prática da yoga, destinada ao crescimento interior da humanidade. Absorção da emoção, sensitividade e telepatia, que se manifestam onde houver necessidade de fortalecimento e de exorcização de energias negativas.

ASPECTO DESFAVORÁVEL

Pensamentos obsessivos e pervertidos que corrompem a alma, rituais malévolos com invocações a egrégoras fantasmagóricas com a intenção de fazer o mal, mesmo sabendo do perigo de se lidar com as forças ocultas e traumáticas originadas de tristezas, bruxarias, traições. Mente depressiva causada por álcool, drogas e rompimentos amorosos.

SIGNIFICADOS DO ARCANO

Esta carta representa o aparecimento de pessoas falsas, vingativas, dos inimigos ocultos, e das forças do inconsciente, ligadas à ação de pessoas próximas que tramam armadilhas. Representa todas as pessoas filiadas a seitas de linhas filosóficas e esotéricas, místicos, mandingueiros, gurus, pais-de-santo, bruxas, sacerdotisas e feiticeiros.

O Senhor Shiva, quando invocado, jamais deixa de atender qualquer pedido de alguém. O deus concede bênçãos a todos os suplicantes. Ele é muito invocado por moças solteiras, com muita dificuldade em encontrar um parceiro. Portanto, ele é o outorgador de bênçãos para o matrimônio. Esta carta, acompanhada da carta XV (Durga), pode indicar casamento duradouro e feliz, mas também trabalhos de magia negra e prisão. Acompanhada da carta XII (Paramatma), significa a revelação de segredos que comprometerão o consultante. Quando a esse conjunto for acrescentada a carta XIII (Yamaraja), pressagia prisão, tragédia ou traição.

ARMAS — tridente e tambor da dança da destruição.
ATRIBUTO — o maior *vaishnava* misericordioso (devoto de Vishnu).
CARACTERÍSTICAS — terceiro olho e, na cabeleira, uma diminuta representação da deusa Ganga.
CORES — as cores do tigre.
FILIAÇÃO — originário da ira de Brahma.
MANTRA — a faixa 2 do CD de mantras que acompanha este livro.

Os Significados dos Arcanos

OFERENDA — a faixa 2 do CD de mantras que acompanha este livro, com a queima de incensos.
REGENTE — da dança, da magia, da yoga e da meditação.
TRANSPORTE — um touro branco.
VESTES — peles de animais e cinzas de crematórios.

MENSAGEM DO ARCANO
Quando me olhas,
tuas pálpebras tornam-se enegrecidas,
teus olhos se enfurecem de um selvagem desejo.
Levito em transe,
no plano telepático da paixão.
Meus lábios deslizam pelos teus lábios, beijando o teu corpo
e saboreando toda a tua pele.
Sinto vertigem na embriaguez do amor, e nosso amor oculto torna-se transparente à miragem da Lua.

Radha-Krishna – Divindades do Amor

Encontrei você para brindar a embriaguez em um novo raiar do dia e comunguei em sigilo a glória e o prazer sobrenatural do nosso amor.

DHARANA (CONCENTRAÇÃO) — Meditar em Radha-Krishna faz aflorar lampejos de prazer transcendentais que nos levam a um estado extasiante provocando o transe de amor tão desejado pelos mortais. Aquele que desejar conquistar até mesmo um amor impossível, e ter sorte nos relacionamentos afetivos, deve realizar esta dharana escutando as faixas 4, 6 e 9 do CD de mantras que acompanha este livro, orando e fazendo seus pedidos às supremas divindades do amor.

ARCANO XIX

No tarô egípcio, representa o Sol. Está relacionado ao encontro da luz com o verdadeiro amor e ao apogeu através de tudo o que é abençoado.

No tarô dos Orixás, representa Oduduá e Obatalá. Está relacionado aos princípios feminino e masculino.

INTRODUÇÃO

O Arcano XIX, Radha-Krishna, personifica os amantes que se amam incondicionalmente. Os enamorados simbolizam almas gêmeas. O relacionamento secreto e apaixonado das supremas divindades do amor celebra o êxtase amoroso, a essência espiritual da vida, simbolizando a paixão divina que rompe com conceitos morais preestabelecidos e os ultrapassados padrões. O Arcano XIX revitaliza e oficializa as uniões proibidas.

SIMBOLOGIA DE SRIMAT RADHARANI

Srimat Radharani é representada como a princesa vaqueirinha de Vrindavana (aldeia sagrada da Índia). Ela sempre aparece ao lado da sua alma gêmea Sri Krishna, o Supremo Deus. Sua compleição é semelhante ao ouro derretido e seus olhos inquietos exibem a todo momento uma expressão nova. Seu rosto eternamente jovem exala o aroma de uma flor de lótus, e seus lábios têm uma doçura imortal. Seu corpo é a extraordinária fonte de toda a beleza e da boa fortuna. Cultuada como divindade soberana que controla a vida e a alma de Deus, ela é habilidosa em cantar e dançar; suas qualidades e características são cantadas por deuses e sábios. Seus pés de lótus macios são como o coral brilhante. Suas mãos de lótus estão sempre ansiosas em satisfazer o desejo acalentado pelos seus devotos e em conceder a bênção do destemor. Sua compleição é clara e brilhante, os membros do seu corpo são como ouro derretido. Embriagada com a beleza de sua juventude, está sempre adornada com os seus ricos ornamentos e com o seu mau humor (*māna*). Versada em todas as novidades do amor, vive a se deliciar com o amor do seu amante. Seus olhos inquietos lançam um olhar encantador. O seu encanto enfeitiça Madana Mohana (*Krishna*) que a segue, cativo de seu fascínio.

O seu pescoço maravilhoso ostenta colares de ouro, e os seus quadris estão adornados de flores, enquanto sininhos de jóias pendem do cinturão de flores na sua encantadora e fina cintura. Desde a ponta dos dedos dos pés até o topo da cabeça, ela se veste esplendorosamente.

Suas principais expansões ilimitadas são: Lakshmi, a semideusa da fortuna, as Gopis (108 pequenas vaqueiras, servas e amantes) de Krishna que atuam no plano mais elevado do amor; Parvati — Maha-devi — a mãe do universo; Durga, a semideusa da justiça; Kali, a deusa da violência e da degradação; rainha Sita, a esposa casta e perfeita, e Maya, a causadora da ilusão do mundo.

Na hierarquia hindu, os nomes das divindades femininas são invocados em primeiro lugar. Sem a invocação das divindades femininas, nem mesmo o *maha-mantra* pode ser vibrado para se entrar em contato com o plano absoluto. Esse é o motivo por que Radharani é sempre invocada. O mantra mais invocado e conhecido é *Jaya Radha Madhava*, que significa "Glória a Radha e a Krishna".

SIMBOLOGIA DE KRISHNA

Krishna, a suprema personalidade de Deus, é simbolizado por um pastor de vacas com a aparência de um adolescente, cujo semblante lembra uma nuvem escura carregada de chuva e cujo belo corpo azul está sempre decorado com seda bordada de cor vermelha e amarela dourada. No pescoço está sempre a refulgir um colar de flores kabanda. Para reconhecê-lo, basta observar se Krishna usa, nos ondulados cabelos negros, um elmo de penas de pavão e traz uma melodiosa flauta nos lábios divinos. Esses atributos o diferenciam de suas outras encarnações, tais como Vishnu, Shiva, Brahma, Narayana, Bhuda, Rama. Às vezes, os seus negros cabelos ondulados são decorados com flores e, em volta do pescoço, ele usa uma guirlanda de cinco flores de cores diferentes, cujo comprimento chega a tocar-lhe os joelhos ou os pés de lótus. Seu passatempo mais conhecido é a dança da Rasa, em todas as noites de Lua cheia. Ao se expandir como a divindade Govinda, ele torna-se adorado e glorificado como o artista supremo, a tocar sua flauta e exibir passos de dançarino, num harmonioso e exótico bailado. Ele sempre aparece ao lado de sua inseparável amante suprema Radharani.

A pessoa que desejar obter opulência e ser feliz no amor deve orar muito devotadamente à divindade Radharani, ter em casa um quadro com a foto de Radha e Krishna e lhes oferecer incensos, flores, perfumes e água. Enquanto o praticante está executando esse *arati* (adoração aos amantes apaixonados), a postura deve ser de profunda meditação, cantando ou ouvindo os mantras do amor.

Krishna nunca está sozinho, quando falamos dele, invocamos-lhe o nome, as qualidades, a fama, a parafernália. Não há diferença entre ele e a sua imagem ou seja a sua fotografia. Quando ele apareceu no planeta há 5.000 anos, sua presença tornou-se prodigiosamente atrativa ao manifestar suas opulências: poder supremo (ele é a fonte de tudo e, ao mesmo tempo, independente); maior fama (por ser o mais conhecido em todos os sistemas planetários, sem dúvida é sempre o mais comentado por todas as gerações); maior beleza (quem é desejado, consciente e inconscientemente por todas as entidades vivas, naturalmente é o mais atrativo e o mais belo); renúncia total (aquele que é o dono de toda a energia cósmica material, de todas as coisas existentes e, mesmo assim, não está apegado à riqueza ou ao poder, certamente é o mais capaz de renunciar); maior riqueza (quem é dono de todo o universo e proprietário de toda a criação, sem dúvida é o mais rico); maior sabedoria (quem conhece o passado, o presente e o futuro, também se torna a mais velha personalidade divina e a mais sábia de todas); força máxima (quem sustém todos os planetas mais pesados em órbita perfeita é, sem dúvida, o mais forte).

Quem deseja trilhar o caminho da meditação deve concentrar a mente nos pés de lótus do Senhor Krishna, que são adornados com as marcas de um raio, um cajado, uma bandeira e um lótus. O esplendor de suas belas unhas rosadas e similar à órbita da Lua dissipa a densa escuridão do coração. Para se livrar da escuridão da ignorância que norteia a existência corpórea, é preciso fixar a mente nos pés de lótus de Krishna. As marcas e bandeiras que simbolizam os pés de Krishna são:

Os Significados dos Arcanos

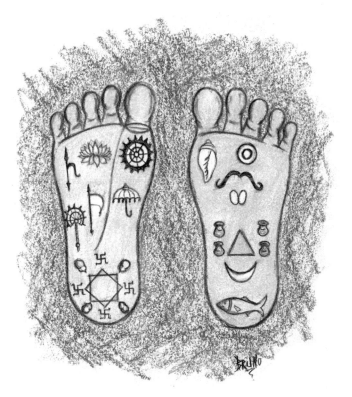

1) Na base do dedão do pé direito há a marca de um disco, que decepa os seis inimigos mentais de seus devotos.
2) Na base do dedo médio do mesmo pé, há a marca de uma flor de lótus, que simboliza a devoção e aumenta a ambição de obter Krishna.
3) Na base do dedo menor do pé direito, está a marca de um raio, que esmaga as atividades pecaminosas de vidas passadas.
4) Na articulação do dedão do pé direito, está a marca da cevada, representando todas as espécies de opulências desfrutáveis.
5) No lado direito do pé direito encontra-se o raio, e, debaixo do raio, o aguilhão para tanger elefantes.

Os diferentes ornamentos de Sri Krishna, a suprema personalidade de Deus são: seu elmo de penas de pavão; a compleição escura do seu corpo; os seus cabelos ondulados realçando-lhe a beleza; centenas de vozes; guizos nos tornozelos; brincos feitos de diamantes; seu colar de pérolas e seus braceletes.

O corpo espiritual de Krishna é simbolizado por uma flor de lótus em oito partes: rosto, olho direito, olho esquerdo, mão direita, mão esquerda, umbigo, pé direito e pé esquerdo.

Nessa encarnação vivida por Krishna 5.000 atrás, ele figurava como um pequeno vaqueiro a cuidar sempre das vacas. Para distinguir Krishna de outros avataras, basta observar se no cabelo ele possuía uma pena de pavão e, nos transcendentais lábios, uma flauta.

Os *shastras* revelam que a verdadeira meditação deve ser praticada fixando-se a mente na forma transcendental e nas qualidades e atividades de Deus.

RADHA-KRISHNA

Srimat Radharani, a expansão feminina do amor, é o complemento direto de Deus. Sendo a figura feminina central dentre todas as deusas da fortuna, ela possui todos os atrativos para cativar Deus e mantê-lo sobre o seu controle absoluto. Habilidosa em cantar e bailar, ela mostra toda a sua beleza e o seu talento, encantando, assim, a suprema personalidade de Deus.

Srimat Radharani também é perita em ir ao encontro do seu amante Krishna e lhe mostrar toda a sua ira, ciúmes e outros sinais de amor. As escrituras hindus revelam que há dez divisões de loucura divina, e que somente em Srimat Radharani surge o êxtase da perplexidade. Quando isso acontece, ela alcança o estado extasiante do delírio. A palavra *mream* indica o especial relacionamento sublime entre Radha e Krishna. Devido ao inconcebível amor de Radharani por Krishna, ele se torna muito facilmente controlado por ela. Por não conseguir viver sem Krishna, Radha realiza inúmeras espécies de adoração a fim de atar Krishna cada vez mais a ela. O amor conjugal dos dois nunca é perturbado por nenhuma consideração pessoal. Só na companhia um do outro é que eles se tornam plenamente gloriosos e felizes. As escrituras sagradas revelam que a compleição do corpo de Radharani supera a beleza do ouro. Se alguém vê o belo rosto de Srimat Radharani que se assemelha a uma flor de lótus desabrochando, detesta imediatamente a beleza da Lua. Quando Radharani fica insatisfeita com o comportamento de Krishna e exprime sua zanga, os olhos turvam-se desfavoráveis, suas palavras viram insultos, tremem-lhe os lábios e ela respira muito rapidamente, deixando de falar com ele. Krishna lamenta-se e, pedindo-lhe perdão, cai aos seus pés.

Só se pode aproximar da suprema personalidade de Deus com a permissão de Srimat Radharani, porque só ela sabe desvendar os sentimentos das almas condicionadas que desejam se unir a Deus. Ela traz, no seu caráter divino, uma dupla personalidade que remete tanto ao bem como ao mal. No seu aspecto luminoso como mãe suprema, Srimat Radharani ajuda a alma condicionada a se aproximar do pai divino por meio da execução do serviço devocional à pessoa suprema de Deus. No seu aspecto obscuro, ela se manifesta como maya e, assim, sua missão é iludir e afastar para sempre as almas demoníacas e invejosas de Deus, deixando-as apodrecerem no ciclo de nascimento e morte, presas aos corpos mais abomináveis e inferiores. Sri Krishna não é uma expansão do divino, ele é o próprio Todo-Poderoso supremo. Nos Vedas, descreve-se Sri Krishna como Bhagavan, em cuja personalidade transcendental encontram-se todas as qualidade e opulências máximas existentes.

A pessoa que desejar alcançar na vida uma das seis opulências do divino — a beleza, a riqueza, o poder, a fama, o saber e a renúncia —, deve cantar o maha-mantra Hare Krishna, pois, além desse mantra neutralizar os efeitos negativos da Kali-yuga, ele a motiva a alcançar as mesmas feições corpóreas do supremo Vishnu e as suas qualidades. Ao abandonar o corpo físico e mental, ela habitará nos planetas vaikuntas, na companhia eterna do Senhor Supremo. Para identificar se uma pessoa alcançou a dimensão espiritual, basta observar se ela está sempre alegre. O sabor particular na troca de amor com Krishna chama-se *Rasa*, ou doçura, e uma maneira de se vislumbrar essa doçura é fazendo vibrar os mantras sagrados ou escutando, da boca de uma pessoa iluminada, a narração dos passatempos amorosos de Krishna e de sua consorte eterna Radharani. Outra maneira de se iluminar consiste em adorar as representações dessas divindades nos templos ou na própria casa de quem adota esse processo deleitoso de iluminação. Não é qualquer pessoa que experimenta o êxtase amoroso transcendental, de saborear a doçura que flui de atividades espirituais realizadas em vidas passadas. Esse processo só pode ser revelado pela sua misericórdia sem causa da associação com o guru.

Krishna é conhecido como a fonte original de todas as encarnações. Na sua encarnação de peixe, ele salva os Vedas. Sob a forma de Nrishimhadeva, metade homem, metade leão, ele mata Hiranyakasipu para salvar o seu devoto querido. Sob a forma de Rama (o rei perfeito), ele mata todos os demônios; na encarnação de Budha, salva todos os pobres animais. Inumeráveis encarnações estão sempre saindo do corpo de Krishna, como ondas no oceano. Ninguém pode superá-lo ou ser igual a ele. Para meditar na sua forma transcendental, concentra-se a mente nos pés de lótus de Sri Krishna, a suprema personalidade de Deus, que transcende a dor e os sofrimentos mundanos.

A meditação na sua forma transcendental é tão potente que pode iluminar até mesmo uma pessoa demoníaca e cética. Essa forma de Deus fica ainda mais atrativa quando ele toca a sua flauta: a vibração maravilhosa do seu instrumento é capaz de quebrar a meditação dos mais elevados sábios. O som de sua flauta fez com que Shiva, o semideus da destruição, parasse de tocar o seu tambor dindina e Brahma, o semideus da criação, que estava sentado sobre uma flor de lótus com o objetivo de criar, ficasse perplexo. Sua beleza pessoal era tanta que surpreendeu o mundo, e tão extasiante que ele não precisava de ornamentos para embelezar o corpo; ao contrário, o seu corpo é que embelezava os ornamentos.

PREVISÕES DO ARCANO

Este arcano pressagia um grande amor invencível que ninguém consegue separar; relações apaixonadas e secretas, que trazem glória, satisfação e sucesso; comunicação telepática da alma através da sintonia com o amor; renúncia voluntária ao prazer em prol da felicidade e dos desejos do amante; devoção e adoração imaculadas que alimentam as emoções e culminam em exaltadas conquistas amorosas, fidelidade e domínio total sobre o amor.

Radha e Krishna, as deidades predominantes, simbolizam os eternos amantes que portam o amor dos enamorados em sintonia com a telepatia e os mistérios do amor. Esta é a carta mais poderosa do tarô e seus efeitos são felizes e instantâneos.

Krishna é a suprema personalidade do Deus Todo-Poderoso.

Radha, é a potência interna do amor, personificada na forma viva de Deus.

ASPECTO FAVORÁVEL

Vitalidade, saúde, união com o eu superior, capacidade de decisão e de libertar-se de temores e da autoridade alheia; satisfação pela atuação de sentimentos recíprocos entre duas pessoas. Fidelidade e manejo em questões de amor e das amizades. Esta carta exprime, no mundo físico, a consciência coletiva que só pode ser captada em comunidade, e perspectivas favoráveis em todas as direções.

ASPECTO DESFAVORÁVEL

Ilusão gerada por traição, falta de compreensão amorosa, casamento sem um amor verdadeiro, confusão e más notícias, indiscrição e utopias mentais; vaidade, que não nos deixa aceitar os golpes do destino, por estarmos identificados com conceitos morais e com *status* social; futuro nebuloso; falta de amigos.

SIGNIFICADOS DO ARCANO

Esta carta representa todos os amantes e casais felizes e apaixonados que portam, no fundo do coração, um amor eterno. Artistas, e celebridades imortais, que realizam terrenamente poder e transformação, loucas paixões ardentes e amores proibidos, casais perfeitos, os verdadeiros gurus ou mentores espirituais que trabalham em favor da humanidade.

Esta carta, mesmo que mal posicionada por estar em companhia de outras cartas de influência negativa, pressagia sucesso em todos os aspectos. A carta XIX tem o poder de neutralizar qualquer energia negativa que venha a manifestar-se durante o jogo. Ela favorece sucesso no amor, no trabalho, nas artes e na religião, o apreço pelas coisas simples, os relacionamentos derivados de amizade, noivado ou casamento.

CARACTERÍSTICAS MARCANTES DE KRISHNA — a pena de pavão e a flauta.

CORES — vermelho, amarelo e dourado.

REGENTE — da beleza, do poder, da fama, da renúncia, da sabedoria e da riqueza.

MANTRA DE SRIMAT RADHARANI E KRISHNA — as faixas 6 e 9 do CD de mantras que acompanha este livro.

ATRIBUTOS DE SRIMAT RADHARANI — beleza desconcertante e poder supremo sobre o deus.

COR DE SRIMAT RADHARANI — vermelho.

REGENTE — do amor e de todos os tipos de bênçãos.

Os Significados dos Arcanos

OFERENDA PREFERIDA DE SRIMAT RADHARANI — *dahl* básico de ervilha partida.

Receita
1 xícara de ervilha partida
1 pimenta vermelha picada
1 xícara de legumes variados cortados
2 colheres de sopa de *ghee*
5 xícaras de água
1 colher de chá de sal
8 colheres de chá de turmerique
1/2 colher de chá de semente de cominho

Modo de fazer:
Lave as ervilhas e coloque-as numa panela com a água, o turmerique e o sal. Deixe levantar fervura. Junte os legumes. Abaixe o fogo e cozinhe até que o *dahl* fique uma sopa fina (mais ou menos uma hora). Numa panela pequena, aqueça a *ghee* até sair fumaça. Junte as sementes de cominho e cozinhe-as até que escureçam. Junte a pimenta vermelha e cozinhe-a até escurecer. Despeje de uma vez esta mistura sobre o *dahl* e cubra rapidamente para evitar que respingue.

MENSAGEM DO ARCANO

Deitados sobre a relva fresca do rio,
Refrescados pela brisa do ar,
Eles se amaram ininterruptamente,
Num bailado desconcertante
e sublime.
Seus olhos de lótus se olharam,
Seus lábios divinos se tocaram
plenos de sedução e alegria.
Com seus corações aprisionados,
Os amantes supremos celebraram
secretas juras de amor.

GANESHA – SEMIDEUS REMOVEDOR DE OBSTÁCULOS

Reavalie sua encarnação presente, seu karma, sua consciência e as coisas que chegaram até você minutos atrás.

DHARANA (CONCENTRAÇÃO) — Ganesha deve ser invocado para retirar os obstáculos do caminho de seus adoradores, colocando-os na plataforma do alto conhecimento, boa sorte e sinceridade. O semideus removedor de obstáculos é protetor das crianças. Muito generoso, favorece aqueles que buscam bênçãos materiais e estão ligados à literatura e ao comércio.

O ARCANO XX

No tarô egípcio, representa o Julgamento. Está relacionado à fé e à vitória sobre o mal, quando ouvimos o chamado da consciência e seguimos o sinal de Deus.

No tarô dos orixás, representa Oxaguian. Está relacionado à prosperidade e à reflexão sobre o passado.

INTRODUÇÃO

Os obstáculos jazem por trás das aparências visíveis e invisíveis, desencadeando, quando menos se espera, o fluxo de forças ocultas carregadas de perturbações físicas e mentais. Quando isso acontece, é preciso ficar atento à rapidez com que se revelam os desígnios, para que se possa recuperar prejuízos materiais e a consciência perdida.

Ganesha é o deus da literatura, protetor das artes, do lar e das crianças, criador da escrita e da música. Ele remove obstáculos e, junto com a semideusa Sarasvati, proporciona força, bondade e sabedoria interior. O Senhor Ganesha tornou-se conhecido como o proeminente deus da literatura pelo fato de ter compilado os Vedas. Acredita-se que o texto de *Mahabharata* foi oralmente narrado pelo sábio Vyasa e divulgado por Sri Ganesha ao mundo inteiro.

SIMBOLOGIA

É muito bom meditar na imagem de Ganesha, que tem a forma de um corpo de criança e uma cabeça de elefante. A tromba está sempre mergulhada numa tigela de doces. Os *higis* descrevem a sua barriga como um símbolo de tolerância e os seus pés pousados numa flor de lótus como símbolos de poder e de inteligência. O nome Ganesha significa Senhor dos exércitos. Muito adorado e popular na Índia, ele é o filho adolescente querido do Senhor Shiva e da semideusa Parvati. Na mão esquerda ele segura um vaso cheio de arroz, com o qual ele alimenta e derrama corais sobre os seus devotos. Ventrudo e jovem, ele é o símbolo máximo da prosperidade e do bem-estar terreno, capaz de neutralizar qualquer mal e de proteger seus devotos contra infortúnios físicos e espirituais.

Ganesha remove os obstáculos e abre caminho para os seus discípulos. Por isso, antes de se iniciar qualquer empreendimento, ele deve ser invocado. Em toda a Índia, Ganesha é cultuado como um dançarino, com quatro braços, nos quais segura um rosário, um machado, uma compota e um marfim quebrado. Ele sempre é visto sobre um pedestal adornado por uma flor de lótus dupla.

PASSATEMPO

Como Senhor removedor dos obstáculos ele abre os caminhos. Ganesha deve ser invocado no início de qualquer projeto, seja relacionado com viagens, construção de uma casa, publicação de um livro, começo de um romance e até mesmo na composição de uma carta. Existem muitos passatempos relacionados com a sua criação. Um desses passatempos relata que a semideusa Parvati, sentindo-se triste e solitária, criou Ganesha. Quando o seu esposo Shiva voltou de uma longa viagem, supondo que Ganesha não era o seu filho legítimo o degolou. Ao se dar conta do engano, saiu arrependido em busca de uma solução, e o primeiro ser vivo que o Senhor Shiva encontrou foi um elefante, do qual imediatamente arrancou a cabeça e a colocou no seu filho Ganesha.

Descrito também como o deus dos bons augúrios, Ganesha é muito generoso, favorecendo aqueles que se ocupam no serviço devocional e buscam bênçãos materiais ligadas ao comércio, às artes e às práticas esotéricas, removendo as dificuldades do caminho dos seus adoradores e colocando-os na trilha do autoconhecimento e da boa sorte.

Ganesha tem vários nomes com significados diferentes, entre eles Ekadanta (um só dente), Vakraturda (de tromba curvada), Vinayaka (belo como a Lua), Ganapati (o destruidor de todos os obstáculos), Vignarayam (o grandioso), Gayanaman (o chefe dos ganas hastes de Shiva), Krishna Pigaksham (que tem olhos doces), Gayagavaktram (como um pequeno servo).

Para afastar todos os obstáculos da vida espiritual, deve-se cultuar o Senhor Ganesha com o nome de Ganapati, que adora os pés de lótus da divindade que representa a carta XVI, Nrishimhadeva, a personificação da ira de Deus, na forma transcendental de metade homem, metade leão.

Para se livrar de enfermidades deve-se adorar Vivaswant (o deus do Sol). Para obter riqueza e fazer chover, Indra. Para conseguir uma bela esposa, Uma (a consorte de Shiva). Para se tornar um erudito, Sarasvati. Para conseguir magia e bênçãos materiais, Shiva. Para alcançar sucesso na vida espiritual, Gaura-Nitai.

Deve-se ainda adorar os pés de lótus do Senhor Nrishimhadeva para alcançar proteção; Lakshmi e Vishnu para se obter todo tipo de opulência; Radha e Krishna para ser feliz no amor; Hanuman para se livrar de todos os tipos de perigos; Brahma para se tornar versátil e inteligente; Yasoda Mata para se obter o amor materno e Dhanvantari para se recuperar a saúde.

Os que adoram semideuses nascerão entre os semideuses. Os que adoram fantasmas e espíritos nascerão entre tais seres fantasmagóricos. Os que adoram ancestrais, depois da morte irão viver entre seus antepassados. Mas aqueles que adoram Krishna, a suprema personalidade de Deus, ou alguma de suas encarnações, se transportarão aos planetas espirituais.

MANTRA DE GANESHA

Para afastar todos os infortúnios, este mantra deve ser vibrado em todas as ocasiões necessárias. Quem o vibrar, movido pela fé e pela devoção, removerá de sua vida todos os obstáculos e infortúnios.

"Ó criador da felicidade, removedor das tristezas!
Tua graça dá-nos amor e não deixa nenhum vestígio de obstáculo.
Tens pó vermelho por todo o teu corpo e um colar de pérolas reluz em teu pescoço.
Vitória a ti! Vitória a ti! Ó Deus de forma afortunada!
Por teu olhar, todos os desejos do meu coração são realizados.
Ó filho de Gauri!
Estás enfeitado de jóias, ungüento de pasta de sândalo, pó vermelho e açafrão e uma coroa marchetada de diamantes, que ficam tão lindos em ti!
Tornozeleiras com sinos tilintantes retinam em teus pés.
Vitória a ti! Vitória a ti! ó Deus de forma afortunada!
Por teu olhar, todos os desejos do meu coração são realizados.
Tens um ventre enorme, usas um traje de seda amarela
e és glorificado por Sesha.
Teu tronco é firme, tua presa é curva.
Ó tu, de três olhos!
Este devoto de Rama espera por ti em sua casa.
Ó Deus, venerado por todos os grandes deuses, sê benevolente conosco nas horas de dificuldade e protege-nos nas horas de calamidade.

Vitória a ti! Vitória a ti! ó Deus de forma afortunada!
Por teu olhar, todos os desejos do meu coração são realizados."

Quem vibrar este mantra, motivado por fé e devoção, removerá de sua vida todos os obstáculos e infortúnios. Sri Ganesha é invocado em qualquer situação. Na Índia, nas entradas de templos, palácios e casas comerciais há sempre o seu retrato.

**Ganesha Sharanam
(Mantra do refúgio)**
Para obter justiça, por invocar também a deusa Durga.

Ganesha sharanam / Sharanam ganesha / Saisha sharanam / Sharanam saisha.
Tradução:
[Ó Senhor Ganesha, / Protege-nos / Junto com a mãe Durga / Dá-nos refúgio.]

**Gaya Vadana
(Mantra das bênçãos materiais)**
Para obter todo o poder material porque invoca Gauri, a mãe da energia material.

Gaya Vadana / Gananatha / Gauri Tanaya / Dhayamaya / Bhuvana Dhara / Pranava Svarupa / Palaya Palaya / Partipurisha.
[Senhor Ganesha, / Filho de Gauri, / Cheio de compaixão, / Sustentador do Universo, / Por favor, / Protege-nos.]

Jai Ganesha (Mantra para invocar proteção)

Jai Ganesha / Jai Ganesha / Jai Ganesha / Pahi mam / Sri Ganesha / Sri Ganesha / Sri Ganesha / Raksha mam.
[Glória a Ganesha! / Ó Ganesha, / Protege-me e cuida de mim!]

Vinayaka (Mantra para realizar todos os desejos)

Vinayaka Vinayaka / Vishva Dhara / Vinayaka / Siddhi Vinayaka / Bhava Bhaya Nasa / Sura Muni Vandita / Sri Ganesha / Vishva Dhara / Vinayaka.
[Ó Sri Ganesha / Que é adorado por / Grandes sábios e semideuses. / Tu removes todo obstáculo / Do Sendeiro de / Liberação e Devoção / Ao Senhor Supremo, Vishnu. / Destrói todo temor de / Existência material.]

**EXPLICAÇÃO GERAL
SOBRE OS MANTRAS**

O mantra é um som místico e poderoso, reconhecido como uma fórmula espiritual. Através da sua repetição rítmica, podemos atingir os resultados desejados. São palavras cantadas para fins mágicos e religiosos, que podem abrir as portas da percepção. Antes de se vibrar qualquer mantra deve-se saber seu significado, sua meta, suas fórmulas e seu procedimento. Esse estudo prático das vocalizações mântricas proporciona-nos o controle da mente e nos eleva ao plano transcendental, liberando-nos das experiências de sofrimento e tristeza.

A existência de um grande número de mantras demonstra o desejo do ser humano de obter tudo o que a mente pode alcançar, tanto no nível positivo quanto no negativo. Existem mantras que atuam como um escudo de proteção para a pessoa que corre perigo de vida; há outros mantras que atuam para atrair o sexo oposto ou exterminar o inimigo, atrair riqueza, saúde e felicidade.

Mantra significa "som" e quando emanado de uma fonte espiritual pura, tem o poder de ajudar aqueles que estão buscando o conhecimento sobre Deus. Deve-se vibrar o maha-mantra Hare Krishna que é livre de regras e regulações, podendo ser vibrado em todos os momentos independentemente de tempo, lugar e circunstância. Para cantar o maha-mantra não é preciso passar pelo processo ritualístico da iniciação, basta tocar o santo nome de Deus com a nossa língua para obtermos qualquer coisa desejável. Poderoso, eficaz e de fácil domínio, a pessoa que entoa este mantra HARE KRISHNA, HARE KRISHNA, KRISHNA KRISHNA, HARE HARE, HARE RAMA, HARE RAMA, RAMA RAMA, HARE HARE, se salvará de qualquer tipo de perigo, podendo, ainda, levar uma vida longa sem infortúnios e enfermidades.

A vibração desse mantra em rituais purificatórios e durante manifestações públicas, garante sucesso, harmonia e proteção absoluta.

OM — A SÍLABA SAGRADA

O mantra OM é considerado como aquele que tudo inclui, ou seja, a origem e o fim do universo. Os Vedas afirmam que a imperecível sílaba OM é o som primordial. É o próprio Brahman (espírito).

O mantra *om* deve ser vibrado para atrair bons fluidos e neutralizar os infortúnios que possam se manifestar na vida de quem o estiver recitando.

PREVISÕES DO ARCANO

Este arcano simboliza os desígnios das forças ocultas, que trazem sempre ajuda inesperada nas horas de grande dificuldade, servindo de trampolim para o homem despertar da sua conduta perturbada e limitada; ajuda, também, o homem a alcançar um novo patamar para o renascimento do eu através da renovação, da cura e da regeneração da vida.

Recuperação da consciência espiritual, revelação de uma missão e de uma profecia ligada ao divino. No plano sentimental e profissional, a carta traz muita força, indicando que as ações executadas pelo consulente serão pesadas, mas que o beneficiarão com novas oportunidades se ele se mostrar merecedor. No plano físico, indica um milagre da medicina, trazendo para o consulente o retorno da saúde física.

ASPECTO FAVORÁVEL

Abundância e prosperidade em todos os sentidos; forte ligação com a intuição para ajudar a direcionar novos caminhos da vida. Os obstáculos que arruínam a vida são removidos para dar lugar às grandes realizações. Novas possibilidades com as alianças religiosas e matrimoniais, contentamento por causa do sucesso, festas e presságios favoráveis na existência cotidiana; prazeres derivados das experiências e da boa reputação. Excelentes resultados conquistados por mérito pessoal. Recompensa profissional que resulta em amor e amizade entre duas pessoas.

ASPECTO DESFAVORÁVEL

Relutância em compreender os obstáculos impostos pelo destino. Medo de abrir novas portas, que têm a finalidade de ampliar os universos físico, mental e espiritual. Propensão a ficar estagnado em meio aos obstáculos que surgem no dia-a-dia e que constituem bloqueios provindos de vidas passadas.

SIGNIFICADOS DO ARCANO

Esta carta representa os guerreiros, os artistas, os gênios, os comerciantes, os professores e os compiladores no plano anímico, todos aqueles que vibram com as forças ocultas. Aconselha-se, quando se quer prosperar em empreendimentos, que se coloque um quadro do Deus da prosperidade no recinto de trabalho. É muito comum, na Índia, ter-se uma *murti* de Ganesha em estabelecimentos comerciais.

ATRIBUTOS — uma caneta representando a compilação dos Vedas, *japa-mala*, etc.
CORES — amarelo, azul e vermelho.
DIA DA SEMANA — quarta-feira.
FILIAÇÃO — Shiva e Parvati.
MANTRA — *ganesha ky jay, ganesha ky jay*.
OFERENDA — doces, frutas e derivados de leite.
REGENTE — da prosperidade e da remoção de obstáculos.
TRANSPORTE — um ratinho.

MENSAGEM DO ARCANO

Não te deixes arrastar
pela ignóbil escuridão,
que premedita tua queda e ruína.
Segue a trilha amorosa de teu
coração.
Ora ao Senhor, que remove
obstáculos para que te livres da
indelicadeza e do perigo de um
ataque covarde pelas costas.
A maldição paira sobre os nossos
afagos bestiais
E ameaça o coração aberto.

Sri Vishnu – O Mantenedor do Universo

Sou o triunfo, em todos os aspectos da vida, por merecimento tenho tudo aquilo que desejo.

DHARANA (CONCENTRAÇÃO) — A meditação em Vishnu deve ser praticada por quem deseja a glória e se manter no poder. Também devem orar a Vishnu aqueles que precisam abandonar o conceito de limitação da pobreza, para poderem tornar-se reconhecidos pelo *status* do seu próprio mérito e pelas bênçãos dos poderes material e espiritual.

Esta dharana deve ser realizada com a vibração do mantra das faixas 8 e 9 do CD que acompanha este livro.

ARCANO XXI

No tarô egípcio, representa o **Mundo**. Está relacionado ao exercício do poder embasado em sólidas realizações, advindas da superação dos problemas passados e de conquistas por merecimento pessoal e espiritual

No tarô dos orixás, representa **Olorum**. Está relacionado à comunhão entre o mundo material e o espiritual e ao poder de tomar decisões. A principal característica de Olorum é gerar direcionamento e movimento onde quer que vá.

INTRODUÇÃO

O Arcano XXI, Vishnu, personifica o poder que culmina em triunfo, pressagiando glória e numerosos auxílios. O encontro do consulente com a sorte lhe permitirá momentos de esplendor, realização e poder. Quando o avatara Sri Vishnu se manifesta para o consulente por meio das cartas do Tarô sagrado dos Deuses Hindus, o destino lhe permitirá vencer os obstáculos e chegar ao resultado almejado, pleno de inspiração e coroado de êxito em todos os aspectos e sentidos.

SIMBOLOGIA

Vishnu representa o mantenedor absoluto de tudo o que existe nos três sistemas planetários: inferior, intermediário e superior.

Como a suprema personalidade de Deus, é simbolizado por milhões de capelos da serpente Ananta Naga. É representado na sua eterna forma refulgente, montado no seu pássaro Garuda. Ele usa no pescoço uma guirlanda de lírios de água, seu rosto de lótus está emoldurado por cachos escuros de cabelos ondulados. Todos os ornamentos do seu corpo assemelham-se a ouro derretido, da cor do sol da manhã; tem os quadris ressaltados e cobertos sempre por vestes brilhantes de seda amarela. Os seus quatro braços ostentam diferentes armas representadas por um disco, por uma maça, por um búzio e por uma flor de lótus.

O disco e a maça (armas mortais) que o Senhor Vishnu segura nas mãos, representam a punição contra os demônios e os canalhas. A flor de lótus e o búzio são símbolos da bênção dada para proteger seus devotos.

Às vezes, Vishnu é representado com oito braços e suas oito mãos são comparadas às oito pétalas de lótus. Ele segura o arco, a flecha, o escudo e a espada. Sobre o seu peito extasiante refulge a famosa jóia Kausthuba, representando Lakshmi, a semideusa da fortuna, que ocupa a posição hierárquica de outorgadora dos bens materiais. Sri Vishnu, arcano XXI, faz parte da trimurti hindu; composta de Brahma, Shiva e Vishnu. Porém, somente Vishnu, regente da modalidade da bondade (*sattva-guna*) pode sustentar todo o universo. Mediante a adoração a ele como a personificação da bondade material, obtemos a bênção de nos livrarmos das seis perturbações materiais: fome, sede, definhamento, morte, medo e ilusão.

VISHNU, MANTENEDOR DO UNIVERSO

O modo da bondade, que tem como regente a suprema personalidade de Deus Sri Vishnu, simboliza a experiência e o conhecimento que eleva o homem ao plano da iluminação interior. A modalidade da paixão, que tem como regente Brahma, o pai da criação, representa a realização dos desejos e das missões materiais, através da determinação para gozar os sentidos. A modalidade da ignorância, regida pelo Senhor Shiva, revela a experiência da escuridão profunda que atrai as forças sutis e degrada a condição humana. Por abandonar o falso ego que leva à identificação com as três modalidades, o ser humano pode alcançar a iluminação mediante o conhecimento perfeito que atua na plataforma espiritual e está acima até mesmo do plano transcendental. Através da potência relacionada a esses três modos da natureza cósmica material, Vishnu cria o universo, o mantém e também o dissolve sucessivamente. Sri Vishnu é representado deitado sobre uma cama fria de serpente onde dorme no oceano causal, com o objetivo de criar ilimitados universos. Enquanto ele dorme, da sua respiração surgem inúmeros universos. O Senhor Todo-Poderoso dorme e desfruta da felicidade em meio à agitação violenta das ondas do mar. O comprimento e a largura do seu corpo transcendental só podem ser medidos por sua própria dimensão, pois ele é onipresente em toda a manifestação cósmica material. Vishnu representa o mantenedor dos três sistemas planetários: o superior (planetas celestiais habitados por vedas e semideuses); o intermediário (a Terra habitada por seres humanos, árvores, rios, animais, etc.); o inferior (planetas habitados por demônios e fantasmas).

As escrituras sagradas relatam que a água do Ganges flui diretamente dos pés de lótus de Vishnu, e o seu curso percorre desde os planetas mais elevados até os mais inferiores. O Ganges é o único rio celestial que flui por todo o universo. Os *sadhus* revelam que quando alguém toca a água do Ganges com a cabeça, está tocando diretamente os pés de lótus do Senhor Vishnu. Essa prática espiritual pode livrar qualquer pessoa de todas as atividades pecaminosas de suas vidas passadas. A beleza fascinante da natureza também é considerada pelos *sadhus* como o reflexo pervertido do gigantesco corpo transcendental do Senhor Vishnu. A forma de Vishnu é simbolicamente representada por milhões de capelos da serpente Ananta Naga, submersos na água da devastação. O disco eterno na sua mão infunde na mente das entidades vivas o medo da morte. Enquanto o Senhor Vishnu estava deitado nas águas devastadoras do oceano causal, nasceu do caule do seu umbigo, o primeiro ser vivo, Brahma, que é o arquiteto do universo, regente da modalidade *rajo-guna* (modalidade da paixão). Vishnu se ocupa em manifestar suas diversas energias sob a forma da manutenção cósmica material. Vishnu, a suprema personalidade de Deus, ostenta toda a opulência. Parte dela se manifesta como Brahman (aspecto de Deus impessoal), outra parte como Paramatma (aspecto de Deus localizado no coração de toda entidade viva). Todos os sistemas planetários universais estão situados no corpo eterno e espiritual do Senhor Vishnu, que refulge na sua forma transcendental de Purusha (macho supremo). Com milhares de pernas e braços extraordinariamente belos e suas milhares de cabeças, ouvidos, olhos e narizes decorados com elmos e radiantes brincos. Em diferentes milênios surgem suas diversas e inumeráveis encarnações divinas e avataras.

Eis, a seguir, uma lista de todas as porções plenárias ou de porções das porções plenárias de Sri Vishnu:

1. **Kumaras:** São os quatro filhos do semideus da criação material (Brahma). Praticantes do voto de celibato e de rigorosas austeridades para a compreensão da verdade absoluta. Seus nomes são: Sanaka, Sanandana, Sanatana e Sanatkumara.

Os Significados dos Arcanos

Quando se medita nos sábios Kumaras, a compreensão da verdade absoluta é revelada dentro do coração.

2. **Varaha:** Encarnação de Vishnu na forma de um javali gigante. Quando o planeta Terra foi desviado de sua órbita pelo demônio Hiranyaksha, o javali transcendental colocou o mundo na ordem certa através de suas presas e o demônio foi destruído. A encarnação Varaha veio para estabelecer a ordem e eliminar os perturbadores.

3. **Narada Muni:** Grande sábio entre os semideuses, difundidor da filosofia dos Vedas, ele encaminha a entidade viva à prática devocional, livrando-as de projetos materiais. Nascido em família humilde, elevou-se espiritualmente devido à grande determinação de servir e conhecer a Deus. Por esse motivo Sri Vishnu presenteou-o com um instrumento sagrado veena. Narada Muni, vive a viajar por todo o universo, montado em seu instrumento musical e executando canções espirituais.

4. **Nara-Narayana:** Foi o filho da esposa do rei Dharma. Submeteu-se a severas penitências para controlar os sentidos, tornando-se assim um exemplo para todos os seres humanos. O lugar sagrado de seu aparecimento está localizado em Badri-Narayana, na cordilheira dos Andes. As pessoas devem esforçar-se por alcançar objetivos elevados, mesmo quando esses objetivos estão ligados ao aspecto material. A palavra sânscrita *nara* significa humano. Esta encarnação veio para ensinar a humanidade a agir em harmonia com a realidade que a circunda.

5. **Kapila:** A quinta e a mais avançada encarnação para os que praticam poderes místicos e magias. Siddhaloka é um planeta onde seus moradores possuem poderes místicos e praticam a magia, e o sábio Kapila é descrito como o mais poderoso entre todos eles. Ele é o autor da filosofia Sankhya que explica a realidade dos elementos básicos da criação e da metafísica. A pessoa que deseja desenvolver poderes místicos deve se purificar e aceitar Kapila-deva como mestre.

6. **Rishabhadeva:** Filho dos reis Nabhi e Merudevi, descreveu os princípios religiosos mais elevados e estabeleceu Bhakti (devoção) como a meta mais importante da vida. Rishabhadeva mostrou que o propósito da religião não é o de obter lucros terrenos. Ensinou também que o sofrimento não deve ser visto como castigo, mas sim como meio de se elevar espiritualmente por meio de experiências vividas.

7. **Prithu:** Foi o mais piedoso rei que já reinou no planeta Terra, por seguir os princípios de dignidade humana e priorizar o bem-estar de todos os seres vivos que estavam sob o seu comando. Durante o seu reinado, as pessoas viviam com muita opulência e fartura, porque o rei estava preocupado em cultivar a terra para produzir alimentos.

A corrupção é um sintoma de impureza. Por isso, muitas vezes pessoas puras não assumem posições de liderança. Para fazer uma boa administração, é preciso ter uma natureza virtuosa e humilde.

8. **Matsya:** Esta encarnação de Vishnu em forma de peixe deu-se em dois momentos: primeiro, quando o asura Hayagriva queria usurpar o conhecimento védico de Brahma (pai da criação) e, segundo, quando ele salvou o rei Satyavrata e os brahmanas de uma inundação total.

   Um avatara pode aparecer tantas vezes quantas desejar, com o objetivo de proteger as entidades vivas que agem devotadamente em relação a ele. Quem está do lado da verdade acredita em Deus e nada teme, porque a verdade não é contraditória.

9. **Kurma:** Quando os teístas e ateístas brigaram para obter a imortalidade, que se encontrava no fundo do mar, esta encarnação de Vishnu em forma de tartaruga ofereceu sua couraça para servir de escudo protetor. Às vezes, a tartaruga é o símbolo da lentidão. Quem está certo de seus atos, prefere agir lentamente sem dar lugar para a ilusão. A imortalidade não existe neste mundo terreno, já que tudo é perecível. As situações centradas e sólidas só podem ser vislumbradas estando em plena sintonia com o reino espiritual.

10. **Dhanvantari:** Encarnação gloriosa que rege a medicina. A imortalidade simboliza a medicina como um instrumento supremo (Deus). Muitas vezes, médicos e místicos disputam o dom da cura, aproveitando o desespero dos enfermos para se favorecerem. Deus pode se manifestar por intermédio da medicina, por essa razão, a encarnação de Dhanvantari é muito poderosa e significativa.

11. **Mohini:** Encarnação de Vishnu na forma de uma bela mulher, muito agradável para a mente e para os sentidos, pois a forma feminina é apreciada por todos.

    Sri Vishnu é conhecido como Purusha (o aspecto masculino de Deus) e Mohini é a manifestação divina no seu aspecto feminino.

12. **Nrishimhadeva:** Nrishimhadeva é a forma divina, metade homem e metade leão. Esta forma é outro aspecto ilimitado e infinito do Senhor Supremo que aparece para exterminar pessoas que, por causa do seu orgulho desmedido, perderam a capacidade de praticar a humildade. Esta encarnação é muito temida por fantasmas e demônios.

13. **Vamana:** Encarnação como anão. Vamana apareceu diante de um rei muito poderoso, conhecido como Bali Maharaj, e pediu-lhe um terreno correspondente a três passos. O rei pensou que três passos de um anãozinho fossem pouca terra. Quando o rei aceitou o pedido, Vamana transformou-se em Vishnu e, só no primeiro passo, tornou-se dono de todas as posses do rei. No segundo passo, a ponta do dedo do seu pé furou levemente o limite do universo. Com isso, uma gota do mundo espiritual pingou dentro deste universo terreno e caiu na cabeça de Shiva, de onde o sagrado

rio Ganges veio a fluir eternamente. Quando Vamana disse que não havia mais lugar para ele dar o terceiro passo, o rei Bali sentiu-se muito envergonhado pelo grande orgulho que o levara ao fracasso. Assim sendo, ofereceu a sua própria cabeça para que nela fosse dado o terceiro passo. Por ter assumido essa atitude humilde, Vamana outorgou-lhe o planeta Sutala, que é superior a qualquer planeta material, e o próprio Senhor Vishnu se ofereceu para ser o porteiro de Bali. Desta maneira, se entende que quem se oferece por inteiro ao Ser Supremo recebe tudo o que perdeu.

14. **Sri Ramachandra:** Apareceu sob a forma humana de um rei para demonstrar poderes sobrenaturais. O *Ramayana* (escrito pelo sábio Valmiki) descreve que Sri Rama é muito venerado e querido por executar atividades heróicas. Quando Ravana, o rei dos *rakchasas* (espécie de fantasma com poderes místicos), quis invadir o planeta de Indra, foi capturado por Ramachandra, que mandou construir uma ponte de pedras que flutuava sobre o oceano Índico para salvar sua esposa Sita, a qual havia sido seqüestrada pelo malfeitor Ravana.

15. **Balarama:** Primeira expansão plenária do Supremo. A palavra sânscrita *bala* significa força espiritual e *rama*, felicidade plena. Poder e força vêm dele e, por intermédio dessa força, pode-se alcançar a felicidade verdadeira. Nesta encarnação, o Senhor Balarama tem a pele de cor branca, na qual predomina a pureza e a fonte do poder sobrenatural espiritual. Por isso, a meditação na sua forma e na sua cor é aconselhada quando se quer obter pureza e força espiritual.

16. **Budha:** O príncipe Gautama pregou a não-violência (*ahimsa*) contra os animais como um processo fundamental para se alcançar o nirvana. Percebendo que este mundo material é um lugar de misérias, onde se luta inutilmente para se conseguir a felicidade que nunca chega, Budha abandonou toda a opulência que seu pai tinha-lhe oferecido e dedicou-se à meditação. Ele é a encarnação de Deus, que apareceu em Gaya, na Índia, e ficou conhecido como Budha, o Iluminado, em todo Oriente e, depois, no mundo inteiro.

17. **Sri Chaitanya:** A encarnação mais misericordiosa porque outorga ilimitadamente o amor puro a Deus. Enquanto outros avataras destroem os demônios, Sri Chaitanya destrói as qualidades demoníacas da mente das pessoas, transformando-as e santificando-as. Ele é o Deus encarnado que veio mostrar como desenvolver, por meio da devoção, qualidades espirituais e experimentar o néctar do amor puro.

18. **Shaktyavesha-avatara:** Representa SRILA Prabhupada dotado de energia divina (*shakti*), na forma de uma entidade viva que recebeu poder específico de Deus. Esta encarnação veio expandir o néctar do serviço devocional amoroso a Krishna

e purificar a existência daqueles que sofrem. Existem encarnações para proteger os piedosos e aniquilar os demônios. A pessoa escolhida é conhecida como Shaktyavesha-avatara. Esta encarnação pode ser, às vezes, mais misericordiosa do que a de outros avataras, porque serve de refúgio a todas as entidades vivas.

19. **Kalki:** Encarnação que virá na forma de um rei, montado num cavalo branco e que, armado com a sua espada, exterminará todos os demônios e corruptos da face da Terra, dando lugar à paz, à serenidade e à harmonia. Esta era atual é conhecida pelo nome de Kali-yuga, caracterizada pela preguiça, corrupção, violência, desumanidade e hipocrisia. Essas características são observadas nos dias atuais. No fim da Kali-yuga, os demônios corruptos terão tendências canibais e comerão uns aos outros, enquanto as pessoas virtuosas deverão se esconder debaixo da terra.

PREVISÕES DO ARCANO

O poder em todas as direções, revelando as ocupações importantes que levam o homem a se destacar e ocupar altas posições, equilibrando as energias entre os opostos.

Indica viagens para o exterior. Ascensão nas esferas profissional e social, motivada pelo destino. A inspiração do poder cria um fluxo de possibilidades, abrindo novos horizontes ligados ao conforto, à ostentação e ao comando. Esta carta tem forte ligação com pessoas poderosas e iluminadas. Indica um encontro predestinado com um homem ou com uma mulher que anunciará conquistas ligadas a posições de poder.

ASPECTO FAVORÁVEL

A alegria e a bem-aventurança que penetram por meio dos sentimentos, para valorizar a honestidade e a perceptiva consciência humana. Liberdade que proporciona harmonia, amor e conscientização para os outros e para si mesmo. A cura para as feridas do passado. Possibilidades múltiplas de triunfo e mudanças definitivas em vários aspectos da vida. Reconhecimento e generosidade que incluem discernimento, e poder visionário para descobrir outras possibilidades e fazer uma escolha.

ASPECTO DESFAVORÁVEL

Orgulho tolo por não compreender que as posições terrenas e o dinheiro são efêmeros.

Autodiminuição, bem como desprezo por pessoas que vivem em condições humildes, mas que estão cheias de sentimentos elevados e satisfação interior. Inquietação causada por suspeita de doenças ou por declarações de falsos inimigos. Deturpação e deslealdade que podem atingir a pessoa naquilo que ela mais quer.

SIGNIFICADOS DO ARCANO

Esta carta representa os governantes do mundo, os artistas, os cientistas, os filósofos e todas as pessoas que obtiveram fama e se tornaram célebres. Esta carta também representa as pessoas humildes e honestas que desenvolveram no caráter justiça e superioridade ou alguém que sofreu uma grande perda ou muitas traições e heroicamente deu a volta por cima.

Quando acompanhada da carta X (a semideusa da fortuna), pressagia todas as coisas boas que alguém pode desejar nesta vida: saúde, amor, fama, fortuna, matrimônio perfeito, realização pessoal e profissional.

Por representar Vishnu, o mantenedor da energia cósmica material, esta carta desperta a entidade viva das limitações e visões confusas, colocando-a num plano de paz e alegria para que ela tome a iniciativa e busque o restabelecimento de suas forças físicas, mentais, emocionais e espirituais.

NOME — Sri Vishnu.
REGENTE — do poder supremo.
ARMAS — maça, flor de lótus, disco e búzio.
ATRIBUTOS — capelos de serpente.
CORES — vermelho e amarelo.
TRANSPORTE — o pássaro Garuda.
OFERENDA — Banana Celestial.

Receita
1 dúzia de banana prata
1 litro de leite
1 copo de *ghee*
1 limão
1 copo de iogurte
canela em pó

Modo de fazer:
Ferva o leite. Coloque o caldo de limão na fervura do leite. Coe em um pano e guarde nele a massa branca. Corte as bananas ao meio e frite-as no *ghee*. Coloque-as numa travessa e salpique-as com açúcar mascavo ou cristal e canela. Cubra tudo com a massa branca que foi coada no pano e acrescente o iogurte. Leve ao forno por pouco tempo.

MENSAGEM DO ARCANO
Tua enérgica vibração refulge
como os Veneráveis raios do sol,
expandindo ininterruptamente
ilimitadas bênçãos e
purificando o corpo físico e etérico.
Medito em ti,
ó absoluto fluxo de prazer constante.
No silêncio,
atinjo o êxtase desconhecido da meditação.
E não destilo o veneno
que conduz a alma à ruína e à miséria.
Os demônios invejam o amor
que brota da plenitude da alma
e do encantamento dos desígnios sublimes.

Yudhistira – O Rei da Renúncia

Estou livre do medo, meus passos imprudentes e misteriosos precipita-me para a embriaguez do abismo, rumo ao desconhecido.

DHARANA (CONCENTRAÇÃO) — Devemos orar ao rei Yudhistira quando desejamos abandonar a companhia de pessoas negativas que nos fazem sentir medo e podem roubar nossa energia e arruinar até mesmo nossa felicidade. Esta dharana deve ser realizada com a faixa 1 do CD que acompanha este livro quando desejamos esquecer alguém ou fazer com que esse alguém nos esqueça.

ARCANO XXII

No tarô egípcio, representa o Louco. Está relacionado a todas as regras e padrões sociais, atraindo para si aventuras e desapego afetivo e material.

No tarô dos Orixás, representa Erê. Está relacionado à inocência, aos passatempos e às aventuras das crianças e à incapacidade para dirigir a própria vida.

INTRODUÇÃO

O Arcano XXII, Yudhistira, personifica a não identificação com a personalidade terrena. Representa a harmonia absoluta, o rompimento voluntário com laços familiares, o abandono sem apego aos bens materiais, o desprendimento dos laços que unem o homem ao mundo exterior. Esta carta indica a preservação da individualidade espiritual, conectando o ser humano com a mediunidade e com o plano cósmico da intuição, onde reinam a lei divina e a iluminação para o caminho do autoconhecimento. Revela a ascensão da alma, que se prepara no silêncio da solidão para os sacrifícios, através da renúncia que terá que enfrentar. O desapego do homem a este mundo mortal o conduz à salvação, livrando-o do *samsara*. Este arcano aponta para as insondáveis profundezas que revelam qual é o nosso destino.

SIMBOLOGIA

O rei Yudhistira é representado vestido de farrapos, como um *avadhuta* (louco) ou um maltrapilho; a *tridanda* (cajado) de três pontas que ele traz sempre consigo simboliza a mente, as palavras e as ações. Cada ponta da tridanda significa uma renúncia de cada item que representa, *sanatana-dharma* (ocupação eterna da alma).

Depois que ele abandonou seu reino em Hastinapura e renunciou às suas nobres roupas e insígnias reais, deixou de se identificar como o imperador do mundo e rompeu com todos os laços que prendem a alma ao corpo físico. Amalgamou todos os órgãos do sentido com a mente, depois amalgamou a mente com a vida, a vida com a respiração e a existência total com a corporificação dos cinco elementos (terra, fogo, água, ar, éter), e seu corpo com a morte, aniquilando o corpo grosseiro. Fundiu-se numa só nescidade, a qual, depois, amalgamou com Brahman (espírito).

YUDHISTIRA MAHAJARA

Yudhistira Mahajara era o maior de todos os homens religiosos e o rei ideal para governar a Terra. Sendo comparado ao rei Indra, semideus que representa os planetas celestiais, ele reinou sobre a terra, o mar, os rios e oceanos, as montanhas e florestas; e, por não ter nenhum inimigo, durante o seu reinado não foi detectado nenhum tipo de perturbação mental, doença, calor ou frio excessivo. Por estar numa plataforma espiritual elevada Yudhistira Mahajara, não se sentiu inclinado a participar da guerra de Kurukshetra com seus primos, mas lutou por uma causa justa. O reino de Hastinapura era herança sua, mas seus primos queriam usurpá-la. Seguindo as instruções da Suprema Personalidade de Deus, ele lutou pelo reino por questão de dever. A batalha de Kurukshetra, já descrita quando tratamos do Arcano VII, foi travada, de acordo com o plano do Senhor Supremo Krishna, para matar pessoas indesejáveis que queriam usurpar o reino pacífico que deveria permanecer sob a jurisdição de representantes fidedignos. Portanto, o rei Yudhistira subiu ao trono e restaurou a dinastia kuru. É dever dos líderes demoníacos na era de Kali seguir os passos do rei Yudhistira, que jamais criou inimizades entre homens e animais, ou entre o homem e a natureza, mas que purificou o ser humano de todo o anacronismo. A conexão entre o homem, Deus e a natureza pode ser espelhada pela postura do rei Yudhistira, que trouxe paz e prosperidade ao mundo.

Conhecido como a personalidade da bondade ao lado de sua gloriosa esposa

Draupadi, seu nome e sua fama alcançaram os planetas superiores. A opulência do rei era tanta que até os semideuses aspiravam ao seu poder. Os antepassados de Yudhistira Mahajara foram todos grandes reis santos, de modo que o rei era uma réplica dos seus ancestrais. Apesar de Yudhistira Mahajara ser o ideal e célebre rei piedoso do mundo, ainda assim estava temeroso por ter executado seus parentes na batalha de Kurukshetra, para resgatar o reinado de Hastinapura e, com todas as honras e respeito, ser instalado no seu trono. Tomando para si toda a responsabilidade pela matança em massa na luta para poder tomar posse do reino, ele assumiu todos os pecados cometidos na guerra. E para livrar-se desses pecados, ele desejou realizar três sacrifícios nos quais são oferecidos cavalos num altar. Esse sacrifício é realizado de acordo com as instruções védicas. O animal oferecido em sacrifício renascia para uma nova vida através do ritual da prática do poder transcendental dos mantras védicos. O processo de realização dos sacrifícios varia de acordo com os *kalpas* (milênios) na era atual, que tem como regente Kali-yuga. O Yajna (sacrifício) recomendado para neutralizar as influências malévolas dessa era hipócrita é vibrar os santos nomes de Krishna. Por se ocupar na prática da yoga mântrica, a pessoa livra-se de todos os pecados atuais e dos pecados cometidos em vidas anteriores. Em Kali-yuga, predomina o modo da ignorância, que tem como regente o Senhor Shiva, e nela tornam-se muito evidentes o ateísmo, a degradação e a busca ávida pela satisfação do estômago e dos órgãos genitais.

Nessa era, as entidades vivas, contaminadas pela influência de Kali, não têm força para adorar Sri Hari (o Senhor Supremo) que veio em Kali-yuga através de sua encarnação sonora, e que pode ser facilmente alcançado por meio do Hari Kirtana (glorificação aos nomes de Krishna). Por cantar e dançar o maha-mantra Hare Krishna, a Suprema Personalidade de Deus instala-se no coração da alma condicionada, anulando todos os defeitos do lugar, do tempo e da personalidade inerentes à era de Kali. Apenas por dançar e cantar o maha-mantra (*Hare Krishna, Hare Krishna, Krishna Krishna, Hare Hare, Hare Rama, Hare Rama, Rama Rama, Hare Hare*).

Embora o corpo físico seja composto de terra, água, ar, éter e fogo, e o planeta Terra não seja uma habitação perene, todos identificam-se com o corpo transitório e, iludidos, vivem como se fossem seres imortais. A era de Kali instalou-se logo após a batalha de Kurukshetra, mas não pôde exercer sua influência por causa da presença do Senhor Krishna no planeta; logo, porém, que ele partiu em seu corpo transcendental, os sintomas de degradação caracterizados por avareza, falsidade, roubo e violência, começaram a manifestar-se. A era apóstata de Kali é destinada ao homem ateu que se agarra, com pertinência, às suas falsas conquistas. Ao observar todos esses sinais degradados de Kali sobre a Terra, Yudhistira Mahajara preparou-se para deixar o reino de Hastinapura, deixando no trono o seu neto Mahajara Pariksit, que tinha sido preparado para manter a sucessão hierárquica do império. Yudhistira abandonou de imediato todas as suas roupas e insígnias reais, amalgamou todos os órgãos dos sentidos com a mente, depois a mente com a vida, a vida com a respiração e toda a sua existência total com os cinco elementos do corpo.

Aniquilando com a morte o corpo grosseiro, ele fundiu-se numa só nescidade e, depois, amalgamou essa nescidade no inesgotável eu Brahman em qualquer circunstância. Yudhistira Mahajara não se identificou mais como o imperador do mundo. Com sua atitude de renúncia, ele rompeu os grilhões do cárcere material, não mais se identificando com o corpo grosseiro e o corpo sutil prisioneiro da designação do falso eu. Intrépido e refulgente de luz, vestiu-se de farrapos, parou de ingerir qualquer alimento sólido e deixou para trás todo o prestígio familiar e imperial. Voluntariamente, mergulhou no silêncio absoluto. Soltou os cabelos, adotando uma nova imagem de maltrapilho que o faz parecer um *avadhuta* (louco) sem mais nenhuma ocupação.

Partindo em direção ao norte, o rei trilhou o caminho seguido por seus antepassados e grandes devotos; livre de todas as amarras, desprendeu-se por completo dos laços familiares, deixando o mundo material regido por Durga-devi, voltou-se estritamente para o sistema espiritual *varnasrama-dharma*, que enfatiza a necessidade de se abandonar todos os laços familiares na fase de ancianidade, e entregar-se por completo às práticas espirituais, com o objetivo de purificar-se para livrar-se do temor ao chegar a misteriosa hora da morte. Assim o rei Yudhistira Mahajara deixou o lar rumo ao norte e mergulhou amorosamente na contemplação da forma de Svarupa (a forma) Krishna, Govinda, ocupando-se do serviço da Pessoa Suprema, de acordo com os princípios do *sanatana-dharma*.

PREVISÕES DO ARCANO

Passividade e abandono absoluto de todas as coisas terrenas. Sublimação dos desejos ardentes do coração em prol do prazer que multiplica a potencialidade da alma.

Simboliza a caminhada em busca de novos horizontes, onde se espera encontrar novas aventuras, na forma ideal da peregrinação.

A instabilidade apresenta-se, mostrando a necessidade de independência, associada ao abandono de raízes e velhas ligações. Corresponde a uma vitória que possibilita jovialidade, entusiasmo, altruísmo e alegria com o sabor de libertação.

ASPECTO FAVORÁVEL

Vulnerabilidade e desprezo em relação aos sentimentos e bens terrenos, pelo desejo de isolar-se voluntariamente e centralizar-se na relação com o plano cósmico, que preside o início de um novo ciclo.

ASPECTO DESFAVORÁVEL

Leviandade e deslealdade nos relacionamentos, tornando-os sempre passageiros; falta de objetividade e irreflexão, expondo-se a todos os tipos de perigo ao percorrer os caminhos da vida; falta de cuidado com a saúde física e a vida espiritual.

SIGNIFICADOS DO ARCANO

Esta carta representa o sacrifício voluntário para libertar-se dos laços do apego. Representa ciganos, viajantes, peregrinos, adolescentes errantes, pessoas idosas que representam o símbolo de rebeldia e inocência e todos aqueles que levantam os véus de Maya para enxergar o real por trás da ilusão.

Quando a carta XXII está relacionada com uma pergunta que envolve sentimentos afetivos, ela sempre mostra uma certa ingenuidade ou leviandade, por revelar um traço infantil de alguém que se deixa manipular com facilidade, o que causa muitos problemas a quem deseja viver um relacionamento maduro e estável.

Junto à carta VIII ou à carta II representa o encontro do eu com a solidão, para poder desapegar-se de algo por opção ou por força das circunstâncias do destino

Junto às cartas XVI e XII, pressagia abandono inesperado e traição.

NOME — Mahajara Yudhistira (Grande Rei).
ATRIBUTOS — a tridanda (cajado).
CORES — rosa e branco.
FILIAÇÃO — Yamaraja, o Senhor da morte, e a rainha Kunti.
MANTRA — OM *Yudhistira namah*.
REGENTE — da equanimidade para com todos.

OFERENDA — *halavah*.

Receita
2 copos de farinha de semolina
2 copos de açúcar cristal
4 copos de água
1/2 tablete de manteiga

Modo de fazer
Enquanto ferve a água com o açúcar, toste um pouco a farinha em fogo brando. Logo que começar a dourar, misture a manteiga e continue mexendo. Quando a farinha estiver dourada, coloque a água, sempre mexendo para não empelotar. Quando a massa se tornar uniforme, coloque em uma travessa e sirva quente.

MENSAGEM DO ARCANO
Qualquer dia desses
provarás as cinzas do meu amor,
o vômito de minha dor curada.
Aí, sim,
serei ouro no teu cofre de saudade.

Interpretação dos Métodos para Consultar os Deuses Hindus e Orixás Correspondentes

Método Geral para Consultar o Tarô Sagrado dos Deuses Hindus

Você tem nas mãos as 22 cartas do *Tarô Sagrado dos Deuses Hindus* que lhe possibilitam trabalhar com os arquétipos do tarô egípcio e os orixás do candomblé. As instruções sobre o uso das cartas e as técnicas de tiragem, por meio das mandalas, irão prepará-lo para novas possibilidades referentes ao passado, presente e futuro. Em cada Arcano que corresponde a Deuses e Orixás, você encontrará a solução para um determinado tipo de problema de sua vida.

O local escolhido para realizar a consulta deve estar limpo e harmonizado. O chão ou a mesa onde serão postas as cartas deve estar coberto com um pano preto. É necessária a representação dos cinco elementos que compõem a energia cósmica material — terra, água, fogo, ar e éter — simbolizados, respectivamente, por flor, taça, vela, incenso e som.

Para neutralizar as cargas negativas durante a sessão, é preciso pôr um copo com água no lado esquerdo do consultor. Sente-se em posição de lótus com as pernas cruzadas, ou como achar confortável, sinta a energia da cor púrpura no sexto chakra entre as sobrancelhas, conhecido como olho de Shiva ou a terceira visão. Baixe as pálpebras e contemple dentro do seu coração o Arcano XII reverenciando-o como Paramatma, o Senhor Deus que está com você vida após vida, nos seus ciclos reencarnatórios e tem o poder de livrá-lo de perigosas armadilhas e do confronto com situações dolorosas.

Quando nos refugiamos em Deus e ouvimos a voz da intuição podemos mudar o nosso destino. Nunca se deve tocar as cartas do Tarô Sagrado depois de comer, urinar e não lavar a boca, as mãos e os pés, ou defecar e não se lavar. Tocar as cartas do Tarô Sagrado sem estar fisicamente limpo atrai influência negativa do astral inferior.

De acordo com o método de cada mandala, as cartas devem ser bem embaralhadas e arrumadas de modo que, ao deitar o maço na mesa, fiquem com o reverso voltado para cima. Para ter sucesso com a consulta ao tarô, gire devocionalmente o incenso sete vezes da direita para a esquerda, ao redor das cartas. Repita a mesma reverência com flores. Corte o maço três vezes, obedecendo à seguinte ordem: a primeira carta mostra as condições atuais do nosso corpo físico relacionado à saúde, à doença e ao fluxo da nossa energia sexual, símbolo do ato de criação e união entre o espírito e a matéria; a segunda carta mostra a identificação do corpo físico com a força oculta da mente e com o corpo exterior, o reflexo real dos nossos desejos e pensamentos; a terceira carta mostra a inter-relação entre o corpo físico, o corpo mental e o corpo espiritual, formando a tríade, símbolo da unidade que permite a meditação projetando no nosso eu a união com Deus.

Para obter as bênçãos de Srimat Rhadarani, a divindade feminina suprema, ao iniciar a consulta, sente-se em posição de lótus, ouça a faixa 6 do CD que acompanha este livro, peça permissão a esses três gunas avataras e seus orixás correspondentes.

CARTA 1
representada
pelo semideus BRAHMA
e pelo orixá OXALÁ.
Este arcano indica
o corpo mental.

CARTA 2
representada
por VISHNU
e pelo orixá OLORUM.
Este arcano indica
o corpo espiritual.

CARTA 3
representada
pelo semideus SHIVA
e pelo orixá EXU.
Este arcano indica
o corpo físico.

Sri Madana Mohana em Posição de Lótus

MÉTODO DE DISPOSIÇÃO DO TARÔ DE VIDAS PASSADAS

Por habitar dentro do coração da alma materializada, a suprema personalidade de Deus acompanha a alma vida após vida nos infindáveis ciclos reencarnatórios. Devemos reverenciar Deus como a testemunha suprema que está em nosso coração, presencia todos os nossos atos e sabe de todos os nossos desejos.

Antes de começar a consulta sobre reencarnação, sente-se em posição de lótus ou confortavelmente, feche os olhos e deixe o rosto bem relaxado. Consciente de sua respiração pratique pratyaro, o silêncio da mente. Focalize sua consciência na forma onipresente do arcano XII e lhe pergunte: Quem sou? De onde vim? E para onde vou após minha desmaterialização?

Lembre-se de que a contemplação mental do Arcano XII dentro do seu coração será a chave para você abrir os canais de comunicação com Deus. Mesmo estando sua alma coberta pelo invólucro do corpo carnal, você terá acesso aos ciclos reencarnatórios de suas vidas passadas.

O dia que você escolher para realizar o ritual de reencarnação é necessário abster-se estritamente da prática de sexo, do consumo de carnes, peixes e ovos, da intoxicação com bebidas alcoólicas, drogas ou qualquer outro tipo de intoxicante. Para descobrir suas reencarnações passadas e a sua missão nesta existência atual, identifique o número da carta que está ocupando a casa 9, evolução. Se você escolheu a carta V, que representa no *Tarô Sagrado dos Deuses Hindus* o santo do século XX, e que corresponde ao Orixá Oxalá, estará vivendo sua quinta reencarnação e sua missão na Terra será gloriosa e sublime. Porém, se escolheu a carta XV, que representa a deusa Durga, e sua correspondente Pombagira, para ocupar a casa da evolução, estará vivendo sua décima quinta reencarnação e retornará muitas vezes ao mundo terreno, por estar atado aos laços flamejantes e fatídicos da luxúria. A divindade hindu e seu orixá correspondente são os regentes do destino. E serão reveladas pela carta que representa o karma (Casa 1).

Para descobrir o orixá que corresponde a uma determinada divindade hindu, basta fazer a analogia baseada na relação existente entre a divindade e seu orixá correspondente. Se você escolheu para representar a casa 1 (karma), Lakshmi, a Semideusa da Fortuna, ela será nesta existência atual sua divindade regente. E o orixá, dono da sua cabeça, será Mamãe Oxum, a deusa brasileira, do amor, da beleza e do dinheiro.

Para descobrir o número de reencarnações passadas, observa-se o número da carta que ocupa a casa da evolução, e, assim por diante, o número da carta indica o número de sua reencarnação.

CASAS E ASPECTOS RELACIONADOS COM O TARÔ DO SAMSARA

Mandala das Vidas Passadas

3
Cotidiano

4
Futuro

2
Entidade Viva

5
Laços Afetivos

1
Karma

6
Laços Kármicos

10
Morte Física

7
Dharma

8
Vida Anterior

9
Evolução

Carta 1 — Karma

Revela a divindade hindu e o orixá que rege o destino do consulente, e o grau de ligação com a lei de causa e efeito nesta atual existência. Revela ainda se o consulente nasceu com o destino voltado para a glória ou traçado para viver trágicos infortúnios.

Carta 2 — Entidade Viva

Revela a personalidade, os sonhos e os sentimentos expressados pelo consulente, influenciando-o a tomar decisões que o obrigam a aceitar delicadas ligações remanescentes, abandonadas em algum momento de uma de suas vidas anteriores.

Carta 3 — Cotidiano

Revela situações semelhantes que se repetem constantemente na vida do consulente, gerando conflito ou trazendo satisfação pessoal, por causa da atuação do karma. Revela, no dia-a-dia, algo a ser enfrentado pelo consulente para que ele possa ampliar a percepção, tornar-se mais flexível e sair da estagnação.

Carta 4 — Futuro

Esta carta prediz o encontro do consulente com acontecimentos imprevistos que irão marcar seus dias com tristeza e luto final ou com um acontecimento planejado e há muito tempo sonhado, que proporcionará ilimitadas conquistas e importantes realizações pessoais.

Carta 5 — Laços Afetivos

Esta carta revela os relacionamentos fortes e intensos que o consulente mantém com a família, com o casamento, com paixões secretas, com pessoas próximas e amigos; prediz se esses relacionamentos amorosos são responsáveis por gestos de amor que revitalizam, e iluminam a alma, ou são causadores de conflitos, perturbações astrais ou desgraças que nos deixam à mercê do sofrimento e nos ridicularizam a vida.

Carta 6 — Laços Kármicos

Revela as dívidas kármicas que o consulente contraiu com cônjuges, pais, filhos, irmãos e todos os inimigos encarnados e desencarnados, trazidos pelo consulente da dimensão do além. Todos os seus inimigos permanecerão como fantasmas atormentadores em sua vida, até serem resgatados. Esses laços kármicos criam situações e fazem o consulente retomar projetos e estreitar laços com novas e antigas ligações e também a sentir-se muitas vezes à beira de um ataque de nervos.

Carta 7 — Dharma

Esta carta representa a verdadeira missão por trás da superfície da aparência humana. O verdadeiro dever prescrito ao homem na Terra que, quando abraçado, lhe satisfaz plenamente o íntimo e lhe traz sucesso material.

Carta 8 — Vida Anterior

Esta carta revela o encontro do consulente com alguém muito querido, para que juntos possam comprir uma missão. Também celebra o mistério insondável dos predestinados encontros no ciclo das reencarnações, que está além da compreensão humana.

Carta 9 — Evolução

Esta carta revela o número de reencarnações vividas pelo consulente, sua encarnação atual e a corrente espiritual que ele deve seguir, para ajudá-lo a conseguir cumprir sua missão nesta existência atual.

Carta 10 — Morte Física

Esta carta revela as esperanças, os temores e algo muito importante que aconteceu durante o momento da última morte física do consulente, que ele ainda guarda no seu inconsciente e que tem forte influência nas suas atitudes atuais.

Para receber a mensagem espiritual para a sua reencarnação atual, descubra em qual tabela dos gunas encontra-se a divindade por você escolhida.

A tabela 1 Raju-Guna tem como regente o Guna-Avatara Brahma e seu orixá correspondente é Oxalá. Se no momento da consulta a pessoa estiver sendo influenciada pela modalidade Raju-Guna [trabalho e ação], irá escolher com certeza uma das cartas que fazem parte da tabela I. A carta escolhida dará a seguinte mensagem para a fase atual, ou para este determinado momento na vida do consulente. *Você é reconhecida como uma pessoa guerreira e sua característica marcante é a inquietude, pois está sempre fazendo muitos planos e executando-os ao mesmo tempo. Possui grande capacidade para realizar as grandes conquistas e concretizar todos os desejos. Porém precisa se revitalizar para repor as energias que foram usadas ou vampirizadas. Segundo as escrituras védicas, quando alguém morre influenciado pela predominância da modalidade Raju-Guna, tem um novo nascimento entre seus familiares ou próximo da pessoa que com ela desenvolveu um forte relacionamento amoroso em vida.*

A tabela 2 tem como regente o Guna-Avatara Sri Vishnu e seu orixá correspondente é Olorum. Se no momento da consulta a pessoa estiver sendo influenciada pela modalidade Sattva-Guna, ira escolher com certeza uma carta que faz parte da tabela 2. A carta esco-

TABELA 1 — RAJU-GUNA (AÇÃO)
Cartas Correspondentes

Carta I	Carta II	Carta IV	Carta VI	Carta VII	Carta VIII	Carta X	Carta XI	Carta XVII

TABELA 2 — SATTVA-GUNA (BONDADE PURA)
Cartas Correspondentes

Carta III	Carta V	Carta XIV	Carta IX	Carta XIX	Carta XX	Carta XXI	Carta XXII

Tabela 3 — Tama-Guna (Escuridão)
Cartas Correspondentes

Carta XII	Carta XIII	Carta XV	Carta XVI	Carta XVIII

lhida dará a essa pessoa a mensagem seguinte para o momento atual que determina uma fase importante na vida do consultante. *Você é reconhecido como um deus ou uma deusa. Suas qualidades divinas são a fonte do seu verdadeiro poder. Segundo as escrituras védicas, quando alguém manifesta as qualidades que caracterizam os Deuses ou grandes pessoas santas neste mundo, são favorecidas pelas bênçãos da riqueza, da fama e do poder. E, quando morrem, retornam aos planetas celestiais.*

As pessoas situadas em Sattva-Guna (bondade pura) têm características divinas, semblantes brilhantes e serenos e são denominadas semideuses.

A tabela 3 tem como regente o Guna-Avatara Shiva e seu orixá correspondente é o mensageiro Exu. Se no momento da consulta a pessoa estiver sendo influenciada pela modalidade Tama-Guna irá, com certeza, escolher uma carta que faz parte da tabela 3. A carta escolhida dará a essa pessoa a mensagem seguinte para o momento atual que determina uma fase importante na vida do consultante. *Você está vivendo nas trevas e geralmente é reconhecido como um demônio ou um ser que vive à margem da sociedade. Segundo as escrituras védicas, quando uma pessoa vive constantemente em Tama-Guna, quando morre, vai para os planetas infernais ou reencarna na próxima vida num corpo de animal. As pessoas situadas em Tama-Guna (escuridão) têm características demoníacas e dormem mais do que o normal. São sujas, preguiçosas, intoxicam-se com drogas ou bebidas alcoólicas e praticam sexo indiscriminadamente.*

Para maiores esclarecimentos a respeito dos métodos contidos neste livro, entre em contato com a autora Sri Madana Mohana através do e-mail: sri.madanamohana@ig.com.br.

MÉTODO DE DISPOSIÇÃO DA MANDALA DO AMOR

Mandala do Amor

3
Segredo

4
União

2
Pessoa
Amada

5
Sentimento

6
Conselho

1
Karma

7
Síntese

MANDALA DO AMOR

A suprema personalidade de Deus Sri Krishna é reverenciada por todas as escrituras védicas, tal qual um reservatório eterno das aventuras amorosas. Esse mesmo divino é denominado, no aspecto anelante do amor, pelo nome de Madana Mohana, que significa "aquele que atrai o cupido". No plano afetivo, os relacionamentos conjugais e extraconjugais são ardentemente desejados pelo fato de existir, no plano espiritual, um romance apaixonado e proibido entre os amantes divinos: Radharani, a divindade feminina suprema e Krishna, a divindade masculina suprema.

Comece a consulta prestando reverência, com a cabeça no chão, aos amantes apaixonados Radharani e Krishna, divindades regentes do amor. Em postura de total concentração, chame pelo nome da pessoa com quem deseja se relacionar, já se relacione ou de quem queira se afastar. Ao invocá-la, procure descobrir seus pensamentos e suas reações. Em atitude de devoção, feche os olhos, embaralhe as cartas e mentalize à sua frente a mandala onde estão abraçadas as divindades do amor. Corte o tarô em três partes para receber a orientação dos guna-avataras, seguindo o método geral, escolha seis cartas e as distribua em seqüência ao redor da mandala mentalizada.

A carta sete, denominada de síntese, será encontrada pela soma total das seis cartas por você escolhidas. Reduza a soma se o resultado ultrapassar o número 22.

A mandala do amor irá esclarecer determinadas situações desconhecidas, dando-lhe a bênção de conhecer os sentimentos da pessoa amada, e suas verdadeiras intenções, muitas vezes ocultas por trás de visíveis aparências.

COMO REALIZAR O RITUAL DA MANDALA DO AMOR

Para obter a orientação certa quando se vai tomar decisões importantes na vida sentimental, é preciso: durante o ritual, aprender a lidar com as paixões instintivas e a transmutar todos os estados contrários ao amor.

1. Deseje ser feliz ao lado da pessoa amada.
2. Permita que os sentimentos advindos do amor revitalizem o corpo, a alma e a mente.
3. Elimine do coração sentimentos e pensamentos que envenenem a alma e produzam um mau karma entre você e a pessoa querida.
4. Contemple por alguns segundos os amantes divinos, presentes na mandala do amor, para obter a graça de atrair para si seu grande e verdadeiro amor. O desenvolvimento de devoção pelas divindades supremas é tão forte, que logo que se começa a praticar *bhakti* (amor) pelo casal supremo Radha e Krishna, pode-se obter a bênção de conquistar até mesmo um amor impossível.

Carta 1 — Carta do Karma

Revela o aspecto positivo e negativo prestes a manifestar-se, relacionado com os sentimentos dolorosos e reprimidos, dos quais fazem parte nosso passado, e sobre os quais estão registrados todos os acontecimentos kármicos amorosos da nossa vida. Por não sabermos encerrar as nossas dívidas com os nossos entes queridos voltamos a encontrá-los nas várias encarnações futuras.

Carta 2 — Carta correspondente à pessoa amada

Mostra o verdadeiro perfil amoroso e os múltiplos sentimentos vividos pela pessoa que está ligada afetivamente ao consulente. Revela seu grau de amor, emoções íntimas, temores, e suas ocultas intenções.

Carta 3 — Segredo

Esta carta revela os segredos do amor: ciúmes, intrigas, união escondida, paixões proibidas, aproximação das alegrias e das tristezas. Esta carta também pode pressagiar uma separação prestes a acontecer por causa de traições desveladas ou pela disputa de um amor que pode ser novo ou antigo. A manifestação de certas circunstâncias inesperadas irá mostrar ao consulente os próximos passos da pessoa amada, fazendo com que ele aprenda muito com ela.

Carta 4 — União

Mostra a sintonia amorosa e os interesses que ligam os seres que se encontram por karma ou são atraídos por afinidades semelhantes. Esta carta revela a realidade que existe por trás de certas pessoas que, levadas por interesses secretos, colocam obstáculos na vida a dois.

Carta 5 — Sentimento

Esta carta mostra o verdadeiro sentimento e as intenções ocultas que habitam no coração da pessoa que o consulente ama ou deseja esquecer.

Carta 6 — Conselho

Mostra qual postura deve ser assumida no relacionamento. Esta carta tem grande ligação com os acontecimentos do passado e mostra com clareza como devemos curar nossas feridas e nos libertar de pessoas ou situações que provocam sentimentos dolorosos e cargas emocionais negativas.

Carta 7 — Síntese. Conclusão do Relacionamento

Esta carta revela acontecimentos inesperados, que determinam por exigência do karma a sentença final para o romance, revelando, assim, o desejo que o homem tem de adaptar-se ao destino.

MÉTODO DE DISPOSIÇÃO DA MANDALA TERAPÊUTICA

Mandala Terapêutica

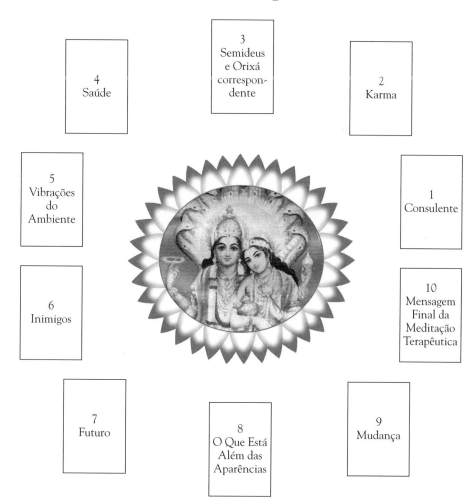

- 1 Consulente
- 2 Karma
- 3 Semideus e Orixá correspondente
- 4 Saúde
- 5 Vibrações do Ambiente
- 6 Inimigos
- 7 Futuro
- 8 O Que Está Além das Aparências
- 9 Mudança
- 10 Mensagem Final da Meditação Terapêutica

MEDITAÇÃO E TERAPIA COM A MANDALA DE VISHNU E LAKSHMI

A mandala com os deuses e os orixás irá trabalhar sua espiritualidade, interligar seus sete chakras luminosos com os sete orixás curadores do mundo: Oxalá, Ogum, Oxóssi, Xangô, Yorimá, Yori e Iemanjá.

Os diferentes estados de desequilíbrio causados pelos maus vícios, pensamentos negativos, medo, vingança, perdas e frustrações são provenientes da baixa vibração que consome a essência eterna do eu no dia-a-dia e manifesta doenças no corpo físico e no corpo astral.

A terapia proposta pela mandala possibilita um tratamento intuitivo que existe dentro de cada um de nós, favorecendo-nos com a bênção da autocura. Antes de começar a consulta com os deuses e os orixás, entre em sintonia com Dhanvantari, encarnação plenária de Deus, versado na ciência da medicina e da cura, em seguida defume o local onde vai ser realizada a consulta. Ponha ao seu lado esquerdo um copo com água e, após a terapia, derrame-a em água corrente mentalizando a neutralização dos seus problemas.

Escute o mantra OM, faixa 1 do CD, que representa Deus como o princípio de toda a criação. Após essa oração mentalize a cura de todos os males que o afligem. Sinta a saúde e o amor incondicional fluindo através de você, iluminando sua alma e descarregando toda enfermidade transmitida pelos relacionamentos familiares e interpessoais, principais responsáveis por débitos kármicos e vibrações fantasmagóricas que materializam todos os tipos de negatividade e de perigo.

Carta 1 — Consulente
Mostra o grau de identificação que o consulente tem com o astral de luz ou com o abismo fúnebre das trevas.

Carta 2 — Karma
Mostra a postura certa que o consulente deve adotar, para que a cada dia ele possa melhorar mais sua vida, esforçando-se para se libertar de pessoas e situações que o conduzam à autocompaixão e à degradação mental e física.

Carta 3 — Semideus e Orixá Correspondente
Mostra a aceitação e a comunicação do consultante com seu semideus e seu orixá correspondente.

Carta 4 — Saúde
Esta carta mostra as fragilidades do corpo astral e físico, ensina ao consulente como curar-se das enfermidades, quando estas são causadas por vibratórias cargas negativas.

Carta 5 — Vibrações do Ambiente
Esta carta mostra as vibrações captadas pelo consulente em casa, no trabalho e em outros lugares por ele freqüentados.

Carta 6 — Inimigos
Esta carta mostra as situações e as pessoas que têm poder maligno sobre o consulente, deixando-o vulnerável a acidentes infelizes e aos aspectos sombrios não superados pela alma.

Interpretação dos Métodos para Consultar...

Carta 7 — Futuro

Esta carta mostra os acontecimentos importantes que ocorrerão em breve na vida do consulente, indicando mudança nas principais esferas da sua vida.

Carta 8 — O Que Está Além das Aparências

Esta carta mostra o que é verdadeiro e o que é falso na vida atual do consulente, fazendo-o enxergar além das aparências.

Carta 9 — Mudança

Esta carta mostra o que precisa ser mudado na vida do consulente para que muitas bênçãos e novas possibilidades possam mudar o rumo dos seus caminhos.

Carta 10 — Mensagem Final da Meditação Terapêutica

Esta carta prepara o consulente para quando chegar o momento inevitável do seu encontro com a morte, e o orienta a enfrentar com força e sabedoria a velhice, a doença e outras misérias que possam manifestar-se na sua vida por determinação do karma.

MÉTODO DE DISPOSIÇÃO DA MANDALA DE PREVISÕES ANUAIS

Mandala de Previsões para o Ano

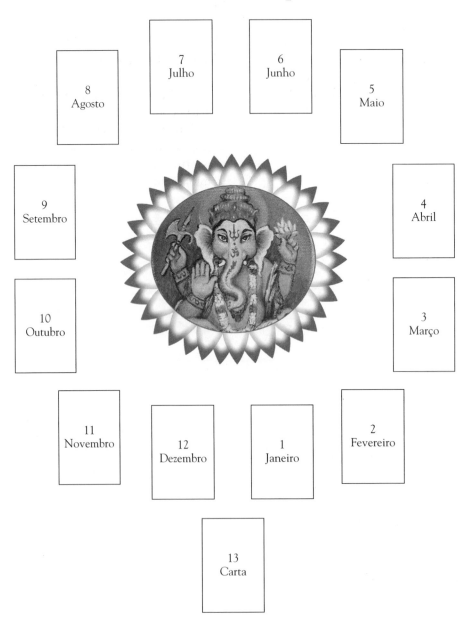

PREVISÕES PARA O ANO

No primeiro dia do Ano Novo reserve um horário e um lugar onde sua consulta não possa ser interrompida; feche os olhos e sinta a gratidão por tudo o que lhe aconteceu no ano que passou, mentalize as mudanças necessárias e procure ver com clareza tudo o que você precisa conquistar para a sua vida no novo ano.

Preste atenção a tudo o que os deuses e orixás irão lhe falar. É hora de despertar para o seu potencial. É hora de ser feliz. Mentalize silenciosamente a carta XII e mantenha a mente em concentração. Recite o mantra: *Estou sintonizado com Deus, ele habita dentro do meu coração, desejo evoluir além deste plano terreno e tornar-me, durante esta sessão, vidente do astral superior.* Embaralhe as cartas, corte em três partes, seguindo o padrão do método geral, e coloque as doze cartas, que servirão como previsão para os doze meses, ao redor da mandala. Em seguida puxe a décima terceira carta, descubra o Deus hindu, o arcano maior do tarô egípcio e o orixá que estão regendo seu ano.

1. Este ano meus desejos e minhas metas serão atingidos?
2. Quais as mudanças necessárias que devo fazer, em casa, no trabalho e nos lugares por mim freqüentados, para que eu possa obter sucesso, estabilidade emocional e equilíbrio?
3. Quais as realizações que terei este ano, com pessoas superiores e os novos projetos no dia-a-dia?
4. Como posso ligar-me este ano ao divino, para desenvolver meu dom de profecia e ouvir, mesmo em meio ao frenesi da vida, a voz da espiritualidade?
5. Quais os desafios e mudanças que enfrentarei neste ano, para que possa ser feliz e realizar-me na esfera da vida amorosa?
6. Este ano lutarei contra algum tipo de doença física, mental, emocional ou espiritual?
7. Qual o caminho que devo seguir para manter saúde e bem-estar ou dar a mim mesmo(a) a oportunidade de buscar ajuda para meu processo de cura?
8. O que irá me acontecer inesperadamente e qual será o resultado desse acontecimento inesperado?
9. Como devo atuar para obter sucesso em minha vida profissional, financeira?
10. Quais os aspectos que vivenciarei e desejarei, capazes de me levar ao mundo obscuro das tentações, tornar-me uma vítima de determinados tipos de degradações e de perversões?
11. Quais são as prioridades e limites que devo estabelecer para com a vida familiar e pessoas amigas?
12. O que devo fazer para proteger-me das negatividades impostas por pessoas invejosas e inimigas que desejarão me desgastar, roubando minha energia e minando a minha vida?
13. Qual a mensagem para o ano do semideus e do meu orixá regente?

Glossário

A

Acharya — Mestre espiritual que ensina por meio do exemplo.

Agni — O grande semideus representante do fogo, por meio do qual Vishnu se manifesta reduzindo a cinzas as coisas negativas. Agni tem o papel de purificador nas oblações oferecidas aos deuses e em cerimônias purificatórias, tais como Agni-hotra. Nos cultos védicos é cultuado como a divindade mensageira que leva os pedidos dos mortais aos deuses.

Ahankara — Ego falso. Falsa identificação com o corpo. Orgulho. A identificação com o corpo físico e com o falso ego conduz ao caminho da imperfeição.

Ahimsa — Não-violência, paz.

Akarma — Atividades que não produzem reação. Trabalho espiritual.

Ananda — Bem-aventurança espiritual.

Aparadha — Ofensa que torna a pessoa louca, gerando argumentos sem sentido, mas que parecem lógicos à mente.

Arjuna — Devoto de Sri Krishna, amigo e discípulo humilde que, por seguir as instruções do Guru Supremo, alcançou a perfeição. Arjuna está situado no plano de shakya-rasa, ou seja, amigo de Deus.

Ashram — Comunidade espiritual.

Asura — Pessoa que não aceita Deus.

Atma — Alma espiritual.

Avatara — Uma porção plena ou parcial de Deus que desce a este mundo material para uma missão específica.

Avidya — Ignorância.

B

Balarama — É o irmão mais velho de Sri Krishna, a primeira expansão plena do Supremo. Sua pele é branca e, por isso, esta tonalidade predomina no que se refere à pureza e à força espiritual.

Bhagavan — Aspecto mais completo de Deus no qual se manifestam todas as opulências ao máximo. Máxima beleza, força, riqueza, poder, fama e renúncia. Essas qualidades são características da personalidade suprema.

Bhakta — Devoto, transcendentalista.

Bhakti — Serviço devocional ao Senhor. Significa devoção, acompanhada de serviço prático, que tem como meta última o amor puro e imaculado por Deus com o propósito de atingir a salvação.

Bhakti-yoga — União com Deus através do serviço devocional.

Bhumi — Regente do planeta Terra. Personificação de uma vaca robusta tendo como primogênitos os Prajapatis, os dez filhos nascidos da mente de Brahma, que têm como descendência as criaturas humanas.

Brahma — O encarregado da criação e supervisor da modalidade material da paixão (*rajo-guna*). Brahma é o arquiteto do universo.

Brahmacharin — Estudante celibatário.

Brahman — Espiritual.

Brahmana — Conhecedor do Brahman. Trabalho intelectual e liderança espiritual são as funções dos brahmanas. Regidos pelo modo da bondade (*sattva-guna*), as qualidades dos brahmanas são: limpeza, tolerância, misericórdia, equanimidade, religiosidade, honestidade, etc.

Budha — Conhecido como a encarnação de Deus que apareceu em Gaya, Índia. O Iluminado.

Buddhi-yoga — União com Deus através da inteligência. O uso da inteligência para progredir espiritualmente.

C

Chaitanya Mahaprabhu — É a encarnação mais magnânima, porque outorga ilimitadamente o amor puro por Deus. Enquanto outros avataras destroem os demônios, Sri Chaitanya destrói as qualidades demoníacas das pessoas, transformando-as e purificando-as.

Chandra — Semideus regente da Lua, astro feminino conhecido pelos nomes de Selene, Diana, Lucina e Luna. Na Lua, existe o soma, bebida embriagante, néctar dos deuses, obtido pela maceração das fibras extraídas da planta da Lua, purificadas pelas águas e diluídas em outros líquidos. Louvado como o portador de riqueza e de fama. O sustentáculo dos heróis intrépidos. *Soma Charra* é a oblação preferida do Deus Indra, por ser a bebida que difunde a luz e traz a imortalidade.

D

Deva — Semideus ou pessoa divina.

Dhanvantari — É a encarnação divina que representa a medicina. Sua forma é muito bela e toda decorada. Sustém sempre uma jarra com o néctar da imortalidade.

Dharma — Refere-se à profissão, que se deve entender como dever religioso. Quando os três aspectos, profissão, dever e religião estão juntos, a vida da entidade viva se torna bem-sucedida.

Dhyana — Meditação.

Durga — Semideusa da justiça e da imparcialidade. Pode se oferecer tudo o que se deseja materialmente, mas deve-se ter cuidado para não cair na ilusão provocada por coisas efêmeras.

G

Gandharvas — Cantores celestiais. Músicos, poetas e cantores, os gandharvas executam a arte da música de forma atrativa e perfeita. Em cerimônias espirituais, os gandharvas e as apsaras sempre estão presentes.

Garuda — Pássaro gigante que serve de transporte particular de Sri Vishnu entre os planetas Vaikunta.

Grhastha — Homem casado vedicamente.

Gunas — Modalidades materiais.

Guru — Mestre espiritual. É a última expressão da sucessão discipular com a missão de libertar as almas condicionadas nos mundos materiais e oferecer uma oportunidade a todos de praticar *bhakti*.

H

Hanuman — Grande devoto de Sri Ramachandra, liderou o exército de macacos. Auxiliou na construção de uma ponte de pedras gigantesca entre a Índia e Sri Lanka, para salvar Srimat Sitadevi que havia sido seqüestrada pelo bandido Ravana.

I

Indra — Deus do céu. Regente das chuvas, tempestades e mudanças climáticas em geral. Ele tem como armas de ataque um raio e relâmpagos para vencer os inimigos, e sua ira pode ser ouvida durante os temporais.

Isa — Refere-se ao mestre Jesus Cristo.

J

Jiva — Alma espiritual individual eterna.

Jivatma — A alma espiritual é o verdadeiro eu, que brota do estado de consciência, fazendo a alma aceitar um guru desprovido de contaminação material e se identificar com Deus.

Jnana — Conhecimento espiritual.

Jnani — Aquele que procura o conhecimento espiritual.

K

Kala — Tempo.

Kali-yuga — Era atual cheia de hipocrisia, contradições e brigas. Era de ferro.

Kalki — Deus representante da justiça, que descerá para dar um fim à *kali-yuga* (que é representada, nos dias atuais, por preguiça, corrupção, falsidade e hipocrisia) e iniciar a *satya-yuga*. Virá na forma de um rei, montado num cavalo branco e armado com sua espada, para exterminar todos os corruptos da face da Terra e dar lugar à paz e à harmonia.

Kama — Desejo sexual, luxúria. Representa, no mundo material, o semideus Shiva e sua consorte Parvati. Nem repressão nem liberdade dos sentidos são a solução para os problemas, pois a primeira gera explosão e a segunda provoca descontrole geral. A solução está em desenvolver amor puro transcendental, em vez de instinto animal e de sexo brutal.

Kamadeva — Semideus do amor. Conhecido geralmente como cupido personificado, Kamadeva está sempre ocupado em fazer arranjos para relacionamentos amorosos. Astrologicamente, está vinculado ao planeta Vênus e corresponde a um dos nomes do Senhor Shiva. Apresenta-se simbolicamente montado num elefante, que transporta todas as mulheres que invocam sua ajuda.

Kapila — A quinta encarnação de Krishna. É a mais cultuada entre as pessoas que praticam poderes místicos e magia.

Karma — Lei da natureza material de causa e efeito. Estrutura dos acontecimentos.

Karma-yoga — União com Deus através dos resultados do trabalho.

Karmin — Pessoa apegada aos frutos do trabalho, individualista, egoísta e invejosa.

Krishna — A pessoa Suprema da qual fala o *Bhagavad-Gita*

Kshatryas — Trabalho administrativo e tudo o que está relacionado às artes militares. Regidos pela modalidade da paixão (*rajo-gunas*), as qualidades dos kshatryas são: disciplina, coragem, dignidade, valores morais, honra e princípios religiosos.

Kumaras — São os quatro filhos do semideus da criação material (Brahma), praticantes de celibato. Eles executam rigorosas austeridades para chegar à compreensão da Verdade Absoluta.

Kuvera — Tesoureiro do universo. Administrador dos planos materiais. Representa o poder e o contato perene com a riqueza.

L

Lakshmi — Semideusa da fortuna. Favorece os assuntos financeiros. Está sempre ao lado de Sri Vishnu. Quando a pessoa usa os recursos econômicos honestamente, torna-se favorecida pela deusa da fortuna. *Lakshmi* (dinheiro) não permanece onde existe roubo, fraude e traição, principalmente entre casais. Por ser muito inquieta, ela não fica muito tempo num só lugar. Sua presença é muito rara. Lakshmi deve ser adorada ao lado de seu esposo Vishnu.

M

Maha-mantra — O canto para a liberação da mente. O maior dos mantras. Som espiritual que deve ser vibrado e ouvido atenciosamente, destinado ao controle da mente e à neutralização de causas indesejáveis, provocadas pelo descontrole da mente. Maha-mantra é descrito como o grande mantra para esta era de Kali, composta de 432.000 anos.

Mahatma — Grande alma.

Mantra — Som transcendental.

Maya — Energia ilusória do mundo material.

Mayavadi — Impersonalista.

Mohini-Murti — Sri Vishnu assumiu a forma de uma bela mulher (Mohini-Murti) porque Ele é completo em todos os aspectos.

Moksha — A liberação das dores materiais não deve ser o objetivo final. Para aquele que obtém a perfeição no serviço devocional puro, a liberação está incluída sem ser procurada. Quem deseja ser livre das misérias deve se ocupar em *bhakti* sob a orientação de um mestre espiritual verdadeiro.

N

Narada-Muni — Grande sábio entre os semideuses. Ele expõe a filosofia dos Vedas e viaja por todo o universo montado em seu instrumento musical, a vina.

Nirguna — Que não está sujeito às modalidades da natureza material.

Nirvana — Estado liberado. Situação transcendental à existência material.

Glossário

Nrishimhadeva — Essa forma é outro aspecto infinito e ilimitado do Supremo para acabar com as pessoas que, por orgulho e arrogância, não conseguem ser humildes. Apesar da forma de Nrishimhadeva ser aterrorizante, ela torna-se, aos olhos de pessoas piedosas e transcendentalistas, tal qual um oceano de néctar. É muito temida por demônios e fantasmas. Aconselha-se que essa divindade seja invocada para proteger o lar.

O

Omkara — A sílaba OM que invoca a Verdade Absoluta.

P

Paramatma — Superalma que acompanha cada *jiva* nos diferentes corpos materiais.

Parampara — Sucessão discipular. Conhecimento transmitido de guru para discípulo através dos séculos. O parampara preserva sempre atual a sabedoria mais antiga do mundo.

Parvati — Semideusa da fertilidade, regente da natureza cósmica material, recebedora da fertilização divina. A mãe natural de todas as entidades vivas, que nascem neste mundo material, propensas ao gozo dos sentidos.

Prahlada — Devoto de Sri Nrishimhadeva. Seu próprio pai tentou várias vezes matá-lo. Apesar de ter sofrido tentativas de assassinato, o Senhor sempre o protegeu graças à sua devoção e entrega total. Prahlada, quando adulto, foi um rei exemplar.

Prakriti — Natureza material.
Pranayama — Controle da respiração.
Prasada — Alimento oferecido a Krishna.
Prema — Amor puro a Deus.
Prithu — Rei piedoso que existiu na face da Terra, seguia os princípios da dignidade humana e tinha como prioridade o bem-estar de todos os seres vivos pelos quais era responsável.
Puranas — Literatura suplementar dos Vedas, muito antiga.

R

Rajo-guna — Modalidade da paixão, que tem como regente o Senhor Brahma. Existe muita ansiedade e muitos desejos de desfrutar e realizar os desejos situados nos planos materiais, por essa razão os seres humanos que estão situados em rajo-guna, trabalham dia e noite arduamente.

Rakchasas — Espíritos de demônios, divididos em três grupos: 1 — Rakchasas, que habitam as florestas e são convocados pelos homens. 2 — Rakchasas, gigantes que são inimigos dos semideuses. 3 — Rakchasas, que vivem em cemitérios, perturbam as cerimônias sacrificiais, conjuram cadáveres, devoram homens e animais e praticam atos malévolos.

Rishabhadeva — Descreveu os princípios religiosos mais elevados. Estabeleceu a finalidade mais importante da vida que é *bhakti* (atitude devocional).

Rudra — Princípio da destruição das formas e seres existentes na energia cósmica material, conhecido também como *Mahakala* (o tempo que tudo devora).

Rupa Goswami — Grande sábio e devoto do Senhor Chaitanya que deixou ampla literatura transcendental a respeito de *bhakti*.

S

Sach-chid-ananda — Eterno, pleno de conhecimento e bem-aventurado.
Sadhu — Pessoa santa.
Samadhi — Transe espiritual.
Samsara — Ciclos de nascimentos e mortes repetidos.
Sanatana-dharma — A religião natural e eterna.
Sankhya — Estudo analítico da matéria e do espírito.
Sankirtana — Muitas pessoas cantando, juntas, as glórias e os nomes de Deus. Movimento criado por Sri Chaitanya Mahaprabhu.
Sannyasa — Renúncia.
Sannyasi — Aquele que pratica a renúncia.
Sarasvati — Semideusa da sabedoria, do conhecimento e da erudição. Favorece os estudos, a elevação espiritual e está relacionada aos rios.
Sattva-guna — Modalidade da bondade. Fonte de todas as boas qualidades e também o meio para se obter a felicidade. O regente de *sattva-guna* é o Senhor Vishnu.
Shaktyavesha — Encarnação de um poder especial divino (*shakti*), ou seja, uma entidade viva que recebe um poder específico de Deus.
Shastras — Escrituras reveladas.
Shiva — É o destruidor do universo. Regente da modalidade *tama-guna* (escuridão).
Smaranam — Lembrança devocional.

Smriti — Literatura complementar dos Vedas.
Sravanam — Ouvir acerca de Deus.
Srimad-Bhagavatan — A literatura mais completa sobre descrições de Deus e suas qualidades.
Sudra — O trabalho pesado é executado pelos operários, serventes, etc. A função principal do sudra é servir aos brahmanas, kshatryas e vaisyas. A modalidade regente neste caso é *tama-guna* (ignorância).
Surya — Semideus do Sol. Por ser fonte de calor e energia, produz alimento para todos os seres vivos que estão sob sua jurisdição. É o astro-rei. Representante da força, da realeza e do poder. As pessoas que desejam obter a cura devem adorar a personificação do astro-rei.
Svarupa — Forma espiritual eterna.

T

Tama-Guna — A modalidade regida por Shiva que caracteriza o mundo material: a ignorância ou a escuridão. A pessoa que está situada em tamaguna torna-se muito preguiçosa, dorme muito, tem hábitos sujos e está sujeita a perder a forma humana de vida, na próxima existência.
Trimurti — Tríade composta por Brahma, Vishnu e Shiva.

V

Vaikunta — Planetas espirituais livres de ansiedade.
Vaishnava — Devoto do Senhor Vishnu.

GLOSSÁRIO

Vaisya — É o trabalho relacionado ao comércio e à agricultura. Regidos pelos modos da paixão e da ignorância (raja e tama), os vaisyas são os responsáveis pelo desenvolvimento econômico da sociedade.

Vanaprastha — Voto no qual há uma preparação para o desapego.

Varaha — Encarnação de Deus na forma gigante de um javali. A cor predominante é o vermelho.

Varnasrama-dharma — Sistema de organização social e material védico.

Varuna — Semideus das águas e dos oceanos. Personifica o céu infinito. Divindade védica antiga.

Vayu — Semideus do ar, dos ventos e das tempestades. Agente purificador, destinado a descontaminar, refrescar e aliviar tensões. Por ser o ar vital, cuida igualmente de todas as entidades vivas e viaja pelo mundo inteiro.

Vedas — As quatro escrituras originais do universo.

Vijñana — Conhecimento na prática.

Vikarma — Atividade que produz reações pecaminosas executada deliberadamente.

Vishnu — Causa da manutenção do universo. Rege o modo material da bondade (sattva-guna). Somente ele pode sustentar tudo e, por isso, ninguém mais está qualificado para manter a existência. É a superalma do universo e da manifestação material inteira.

Vrindavan — Lugar onde apareceu Sri Krishna há cinco mil anos. Morada eterna do Senhor.

Vyasadeva — Compilador dos Vedas.

Y

Yajna — Sacrifício.

Yamaraja — Semideus da morte. Representante da transformação e da reencarnação. Deve-se refletir na morte sem considerá-la o fim.

Yoga — União com Deus.

Yuga — Era.

Bibliografia

O *Bhagavad-Gita Como Ele É*. Trad. de A. C. Bhaktivedanta Swami Prabhupada. São Paulo: The Bhaktivedanta Book Trust, 1976.

Dasa. Adiraja. *Gosto Superior — Receitas Vegetarianas da Índia*. Trad. de Sintia Guerriero. São Paulo: Bhaktivedanta Book Trust, 1993.

Prabhupada, A. C. Bhaktivedanta Swami. *O Néctar da Devoção: A Ciência Completa da Bhakti-Yoga*. Trad. de Rogério Duarte. São Paulo: Bhaktivedanta Book Trust, 1979.

Sri Caitanya Caritamrta. Trad. de A. C. Bhaktivedanta Swami Prabhupada. São Paulo: The Bhaktivedanta Book Trust, 1983.

Srimad-Bhagavatan 19 volumes. Trad. de A. C. Bhaktivedanta Swami Prabhupada. São Paulo: The Bhaktivedanta Book Trust, l995.

—— Brahma. Criação — canto 3, cap. 10, verso de 8 a 9.

Canto 10, cap.14, verso 20; cap. 40 verso 1 a 2.

—— Brahma. Aspectos Relacionados à Vida — canto 1, cap. 6, verso 28 a 30, 14 a 15, 10 a 21, 12 a 19.

Cap. 17, verso 15 a 16.

Canto 2, cap. 5, verso 10; cap. 6, verso 11; cap. 10, verso 46.

Canto 3, cap. 11, verso 32 a 39.

—— ENCARNAÇÕES DO SENHOR. Canto 3, cap. 31, verso 35 a 36.

—— Qualidades e Características do Senhor — canto 8, verso 41 e cap. 9, verso 11 e 16 a 17.

Cap. 12, verso 13 a 14, 17 a 18, 20 a 24 e 29 a 31.

—— Rahu decapitado. Canto 8, cap. 9, verso 25 a 26.

—— Semideuses. Canto 8, cap. 9, verso 18, 20 a 21.

Cap. 12, verso 21 a 25.

—— Demônios — Canto 8, cap. 8, verso 41 a 46.

Cap. 9, verso 2 a 13, 19 a 24; cap. 12, verso 14 a 15.

—— Caitanya. Movimento de Sankirtana. Canto 3, cap. 5, verso 11 a 12, 13 a 36.

—— Indra. Canto 10, cap. 25 verso, 4 a 5, cap. 24, verso 38; cap. 25 verso 1 a 8.

—— Qualidades e Características de Indra. Canto 4, cap. 15, verso 4; cap. 19, verso 2, e 10 a 25. Canto 5, cap.1, verso 7; cap. 5, verso 21 a 22; cap. 7, verso 6; cap. 20, verso 40. Canto 6, cap. 9, verso 11 a 12; cap.10, verso 17 a 18; cap. 16, verso 48; cap. 18, verso 26. Canto 7, cap. 7, verso 4 a 6, 8 a 9. Canto 8, cap. 10, verso 25 a 26; cap. 11, verso 26; cap. 15, verso 24; cap. 16, verso 14; cap 17, verso 13 a 14; cap. 19, verso 31 a 32; cap. 23, verso 19; cap. 24, verso 30.

—— Planetas Superiores. Canto 8; cap. 11, verso 5; cap.13, verso 19 a 21.

—— Shiva. Canto 10, cap. 88, verso 11 a 12.
—— Características de Shiva. Canto 8, cap. 7, verso 29 a 30.
—— Orações. Canto 4, cap. 30, verso 1 a 3 e 10.
Canto 8, cap. 12, verso 31 a 35.
Canto 5, cap. 17, verso 22 a 23.
—— Parvati. Canto 3, cap.23, verso 1.
—— Sucessão Discipular. Canto 3, cap. 23, verso 1.
Canto 4, cap. 6, verso 39, cap. 17, verso 5. Canto 8, cap. 7, verso 39.
—— Qualidades e Características de Shiva. Canto 1, cap. 2, verso 23, 28 a 29. Cap. 9, verso 18 a 19; cap. 12, verso 23; cap. 13, verso 15; cap. 15, verso 9. Canto 2, cap. 5, verso 23; cap. 6, verso 13 a 16 e 37; cap. 7, verso 39, cap. 8, verso 19 a 20, cap. 9 verso 28. Canto 3, cap. 5, verso 43, cap. 14, verso 27 e 34 a 36. Canto 4, cap. 1, verso 15, cap. 2, verso 8 e 14 a 15, cap. 3, verso 12, cap. 4, verso 11 e 24, cap. 6, verso 5 e 35 a 36 e 42. Cap. 7, verso 6, 30 e 54 a 55. Cap. 18, verso 21 a 22, cap. 9, verso 36. Cap. 22, verso 5 a 6 e 8. Cap. 24, verso 17, 18, 24 a 25 e 51 a 52 e 68, cap. 30, verso 23. Canto 8, cap. 7, verso 21 e 35 a 36 e 40; cap. 8, verso 22; cap. 12, verso 15 a 16; cap. 16, verso 32; cap. 18, verso 28.
Canto 10, cap. 36, verso 27; cap. 32, verso 15; cap. 62, verso 4 a 5; cap. 63, verso 6 e 37 a 38 e 46; cap. 66, verso 29; cap. 68, verso 37. Canto 7, cap. 13, verso 15 a 16; cap. 10, verso 7 a 8 e 20 a 22 e 34.
—— Pés de Lótus do Senhor. Canto 11, cap. 5, verso 33.

—— NASCIMENTO DO SENHOR. Canto 3, cap. 12, verso 7 a 8.
Canto 4, cap. 3, verso 12. Cap. 6, verso 33 a 34; cap.7, verso 50; cap. 18, verso 21 a 22.
—— Yamaraja Senhor da Morte. SB, Canto 1, cap. 1, verso 31; cap. 2, verso 7 a 8.
Canto 3, cap. 21, verso 11, cap. 23, verso 31; cap. 30, verso 20. Canto 4, cap. 15, verso 14 a 18.
—— Buda como encarnação do Senhor. Canto 2, cap. 6, verso; cap. 7, verso 37. Canto 8, cap. 3, verso 12. Sb Canto 11, cap. 3, verso 47; cap. 19, verso 36.
—— Buda protetor de Animais. Canto 4.
—— Deusa da Fortuna, Canto 11, cap. 5, verso 34.
—— Missão do Senhor Buda. Canto 6, cap. 7, verso 39; cap. 8, verso 19. Canto 11, cap. 4, verso 21 a 27.
—— Brhspati. Mestre espiritual de todos os semideuses. Canto 6, cap. 7, verso 2 a 9.
—— Mohini-Murti comparada ao Senhor Buda, SB, canto 8, cap. 9, verso 11.
—— Prabhupada. Seguidor e Representante do Senhor Caitanaya, Canto 1 cap. 2, verso 31; cap. 8, verso 8 a 9.
—— Rama Exilado. Canto 9, cap. 10, verso 19.
—— Dhanvantari Senhor: canto 1. Cap. 3, verso 17 a 28. Canto 2, cap. 7, verso 21. Canto 6, cap. 8, verso 18.
—— Beleza de Dhanvantari, SB Canto 8, cap. 8, verso 32 a 34.
—— Dhanvantari médico. Canto 8, cap. 8, verso 33 a 34.

Bibliografia

—— Os demônios roubaram o néctar dos semideuses, Canto 8, cap. 8, verso 34 a 35.

—— A Vida no ventre. SB Canto 3, cap. 31, verso 10; SB Canto 3, cap. 31, verso 11; SB Canto 3, cap. 31, verso 17; SB canto 3, cap. 31, verso 18 a 20. SB Canto 3, cap. 31, verso 22; SB Canto 3, cap. 31, verso 23; SB Canto 3, cap. 31, verso 24.

—— Os pés de lótus do senhor. SB canto 3, cap. 6, verso 8.

—— Modos da bondade, paixão e ignorância Canto 2, cap. 5, verso 24.

—— Virat rupa. Canto 2, cap. 5, verso 16.

Sobre a Ilustradora

O trabalho de Cristina Jácome é uma transição de desenhos figurativos transformando-se em ecletismo caleidoscópico pictórico. Ao longo de trinta anos realizou mais de cem exposições. Suas obras estão espalhadas em acervos particulares e museus de várias cidades do Brasil e exterior.

Cristina Jácome denota nosso apelo visual, numa exposição de cores, linhas e formas. Caímos em seu caleidoscópio e vamos pouco a pouco descobrindo o som interior das coisas comandado pelos círculos diagonais e horizontais, cujo vigor abrandado em sutis transparências vão revelando signos, figuras em toda uma iconografia particular da artista. É um universo pessoal desvelado em harmoniosa e exuberante orquestração, alegoria do seu sentimento de liberdade interior.

Jane Cravo Souza
Especialista em artes plásticas.

Em 1991, durante sessão solene pelo encantamento de Luís da Câmara Cascudo, Cristina Jácome expôs o quadro do mestre imortal a pedido da autora desta obra que, durante a solenidade, fez a analogia do Mago do Tarô com o folclorista imortal.

Cristina Jácome é mestra em Reiki Magnificado, sacerdotisa da fraternidade branca e guardiã da chama rosa. Para entrar em contato com a artista plástica, ligue para (84) 212-1083.

Crítica de Jorge Mautner ao CD

"O CD que acompanha este livro é uma concretização sonora e enfeitiçante de tudo o que a autora escreveu em seu livro mágico. São músicas que nos remetem a uma paisagem onde por sobre o Brasil paira o olhar enigmático da Índia; são mantras que surgem quase de forma velada, quase num sussurro que, segundo Freud, é a voz da sabedoria, na voz da cantora sacerdotisa, envolta por harmonias de sons de um jazz universal e brasileiro, provocando ondas de sensações de eterno e intenso amor. Algumas faixas são dançantes, todas as canções têm grande poder de comunicação e de envolvimento de emoções, e ao mesmo tempo possuem o encantamento do afastamento de quem pensa na Quarta Dimensão.

Mas isso tudo nos é apresentado de forma extremamente comunicativa, nada cerebral, tudo muito lunar, visceral, emocional e transcendental. Nestas ondas musicais existem faíscas de luz e prazer incendiando nossos desejos. Suas mensagens entram em nosso ser como se fossem relâmpagos riscando noites de verão de lua cheia, sem nuvens nem chuva, apenas luzes misteriosas.

Há canções nas quais o inesperado se encontra com o já esperado. Nos mantras para Iansã e Obatalá, ouvimos a voz do filho querido de Gandhi, Isac Gomes, e, na faixa 12, o tom de esperança na voz exuberante de Maria Barasho, mãe da cantora, saudando Krishna como o caboclo da pena de pavão. É um disco que fabrica a paisagem do tropicalismo hinduísta mântrico da felicidade. Poder-se-ia dizer que uma religiosidade de sensualismo percorre essa paisagem musical, tão original quanto universal.

Sugere World Music, sugere jazz, sugere batuques do Nirvana Tropical. E é tudo bastante funkeado.

A massa sonora e sutil dessa musicalidade é devida ao talento excepcional de seus músicos Tomás Improta (piano); Barrosinho (trompete); Duda Neves e Helder Lima (bateria); Douglas Griggio (teclado); Devaraja (baixo); Alberto Marsicano (cítara); Lucas de Almeida (harmônio) e Filhos de Gandhi (percussão) —, todos tocando com emoção quântica e mântrica, colocando muito humor em forma de som funkeado e de jazz brasileiro. E a voz da cantora, sempre fascinante e hipnotizante, na perfeita mistura da identificação e ao mesmo tempo estranheza, vibra devocionalmente os milenares mantras e os cânticos de candomblé.

Ao ouvir esse som, eu fico em devaneios e aproveito para exorcizar instantes ruins. Para mim este disco pulsa com essa novidade de tropicalismo-hinduísta-mântrico-oriental e nos lança para uma multiplicidade de tempos e espaços onde bruxuleia a chama da labareda do amor sensual e da alegria nas mãos, na voz e na ginga da cantora poeta sacerdotisa e bruxa do amor! É um Brasil batuqueiro interpretando e absorvendo uma Índia de Orixás."

Letras dos Mantras que Compõem o CD

1. OM — MANTRA DE INICIAÇÃO À MEDITAÇÃO (Mantra Milenar)

Por meio do som da flauta de Krishna,
vibrou o mantra OM, a sílaba primordial da criação.
Este hino poderoso foi revelado pela primeira
vez ao senhor Brahma, o pai da criação.
É o canto sagrado da alma para a alma,
que exalta, protege e resgata a nossa consciência divina.

Om ... om ... om...
Om ... om ... om

2. OM NAMAH SHIVAYA (Sri Madana Mohana)

Mantra para desenvolver magia e obter bênção em geral.

O senhor Shiva, o destruidor da energia cósmica material.
O maior dos yoguis, o amigo de todos, principalmente dos demônios, dos espíritos e fantasmas. Este mantra deve ser ouvido sempre durante o anoitecer (às seis horas), para desenvolver poderes místicos, exorcizar a influência malévola de almas penadas e dos inimigos declarados.

Om namah shivaya (bis - 8x)
shiva, shiva, shiva, shiva, shiva
shiva, nama om...
Hara, hara, hara, hara
namah, shivaya...

3. GOVIDAM ADI PURUSAM (Mantra Milenar)

Este mantra deve ser ouvido para se galgar toda beleza e boa fortuna.
Ao ser vibrado devemos celebrar o exuberante esplendor que o senhor primordial tem em seus olhos deslumbrantes, de pétalas de lótus.

Govidam adi purusam tam aham bhajami
Govidam adi purusam tam aham bhajami
Venum kvanantam aravindadalayataksam
barhavatamsam asitambhuda-sundarangam
Kandarpa-koti-kaminiga-vivesa-sobham
Govidam adj purusam tam aham bhajami
Angani jasya sakalendrya-vittimanti
Pasyanti panti kalayanti ciram jaganti
Ananda-cin-maya-saduj-jvala-vigrahasya
Govidam adi purusam

4. SRI SRI RADHA MADANA MOHANA (Sri Madana Mohana)

Mantra íntimo para glorificar o amor e a personificação do Cupido. Este mantra deve ser cantado para atrair Madana Mohana (o Cupido personificado) por aqueles que desejam obter sorte no amor e tornarem-se irresistíveis aos olhos da pessoa amada.

Madana mohana mohani (bis - 6 x)
Sri sri radha madana mohana haribol (bis - 4 x)
madana mohana mohani (bis - 4x)
sri sri radha madana mohana haribol (bis - 4 x)
madana mohana mohani madana mohana
sri sri radha madana mohana mohana

5. SAUDAÇÃO AOS ORIXÁS DA BAHIA (Sri Madana Mohana)

*O vibrar deste mantra proporciona irradiação. Revela nossos guias e santos.
Deve ser ouvido com todo o respeito e veneração.
Quando cantado, delega poder.
Reverencia os santos e chama o nosso orixá.*

Iansã, Oxóssi
Iemanjá, Xango
Oxumaré, Oxum
Oxalá
Nanã Buruku
Olorum, Exu
Ogum. Obaluaê,
Logunedê, Ossãim,
Obá, Eré
Vovó Nanã, mamãe Obá
minha mãe Yansã
Mamãe Oxum,
Mamãe Iemanjá

6. SAUDAÇÃO À VAQUEIRINHA RADHARANI (Mantra Milenar)

*Este mantra desperta no coração de quem o ouve a glória
de conquistar até mesmo um amor impossível.
Deve ser vibrado para glorificar Radharani, a vaqueirinha
suprema que reside nos bosques de Gokula, na Índia,
e tem o poder de conceder
todos os tipos de bênçãos.*

Damodara-rati-vardhana-vese
hari-niskuta-vmda-vipinese
karunam kuru mayl karuna-bharite
sanaka-sanatana-vamita-carite
vrsabhanudadhi-nasa-sasi-lekhe
lalita-sakhi guna-ramita-visakhe
radhe radhe jaya jaya madhava-dayite (bis - 2 x)
gokula-taruni-mandala-mahite (bis - 2 x)
radhe radhe jaya jaya madhava-dayite (bis - 6 x)

Letras dos mantras que compõem o CD

7. CANTO DA GUERREIRA (Sri Madana Mohana — com participação especial de Isac Gomes, cantando o mantra de Iansã)

O vibrar deste mantra permite o seu encontro com Iansã, a protetora das mulheres. Foi inspirado na líder feminina Vilma de Faria, primeira mulher a governar o Rio Grande do Norte. Quem cantar este mantra e dançar para Iansã, a guerreira Iorobá dos raios e tempestades, receberá a bênção do Deus Hindu Indra cuja arma é um poderosíssimo raio.

Guerreira, guerreira, guerreira, guerreira
Ela é guerreira e baixou pra guerrear
Guerreira faça o que eu gosto
Lhe quero bem
Não largo você na vida,
Guerreira, por ninguém

Guerreira pegue as armas pra lutar
Sua missão no planeta é governar
Corajosa vem seu povo defender
Sua missão no planeta é lutar e vencer

Eroiá
Obé xirê
Oba xarelojá eroia ó
Ou eroia ô
Obé xirê, oba xarelojá
Eroia ô;

Ileaê, ileaê, ileaê
Ileaê meu pai Oxalá
Ileaê, ileaê, ileaê
Ileaê mamãe Iemanjá
Ileaê, ileaê, ileaê
Ileaê Oxum Orira
Ileaê, ileaê, ileaê
Eparrê minha mãe Iansã
Peça à guerreira pra guerrear

8. BRAHMA BOILE (Sri Madana Mohana e Alberto Marsicano)

Mantra para obter êxtase e iluminação.
Deve ser cantado e dançado em honra do Senhor Gaura e de seus associados, que executam harinama (o cantar dos santos nomes de Deus) nesta era denominada de Kali (hipocrisia e desavença). Após a vibração deste mantra, deve-se reverenciar a divindade que representa a carta cinco e ouvir o mantra treze.

Brahma boile
Catur mukhi
Krishna Krishna
Hare Hare
Mahadeva
panca mukhi
Rama Rama
Hare Hare

Letras dos mantras que compõem o CD

9. MANTRA PARA OBATALÁ (Melodia de Sri Madana Mohana e Alberto Marsicano — Letra do Candomblé com participação especial de Isac Gomes)

A vibração deste mantra protege todo aquele que, durante o carnaval da Bahia, se refugiar aos pés de lótus de Obatalá (Krishna). Dedico este mantra aos Filhos de Gandhi e à Angelina, a santa guerreira da Bahia. Ambos são muito queridos por Krishna, por cantarem mantras para os deuses e os orixás entre a religiosidade e o delírio da folia.

Kuini, Kuini
Munbalê
Munbalê
Munbalê
Ajaguna Munbalê
Munbalê Munbalê

10. HARIBOL SARAVÁ (Sri Madana Mohana — participação especial de Isac Gomes)

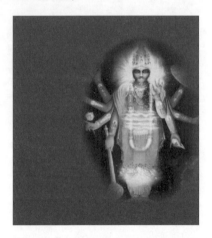

A *vibração deste mantra neutraliza todos os desequilíbrios causados por inveja e desunião. Comemora a comunhão dos povos e a unidade da religião, que ensina o dharma deste século, que é cantar e dançar para Deus. Haribol significa: Cante os santos nomes de Deus. Saravá significa: Deus te abençoe.*

Olorum quem mandou saravá haribol ...
haribol saravá ...
saravá haribol...

LETRAS DOS MANTRAS QUE COMPÕEM O CD

11. SRI NRISHIMHADEVA (Mantra Milenar)

Mantra para absoluta proteção. Este mantra é um apelo de socorro à encarnação da ira de Krishna como metade homem, metade leão que, para proteger seu devoto, dilacerou com suas mãos de lótus e unhas de pérolas o abdômen do demônio Hirangakascipu.
Aqueles que têm a capacidade de sentir a aproximação do perigo e lutam para se livrar de armadilhas e perseguições, devem guardar na lembrança a forma transcendental do arcano XVI, para recorrer a ele na hora do perigo.

Namas te nara-simhaya
Prahladahlada-dayine
Hiranyakasipur vaksah-sila-tanka-nakhalaye
Ito nrshimhah parato nrshimho
Yato yato yami tato nrshimhah
Bahir nrshimho hrdaye nrshimhah
Nrshimhah adim saranam prapadye (bis)
Tava kara-kamala-vare nakham
Adbhuta srngam

Dalita-hiranyakasupu-bhrngan
Kesava dhrt-naraharirupa
Jay jagadisa hare (bis - 3 x)
Kesava dhrt-naraharirupa
Jay jagadisa hare (bis - 3 x)
Jay nrshimhadeva (bis)
Jay prahladahlada maharaja (bis - 4 x)
jaya prabhupada srila prabhupada
swami prabhupada srila prabhupada
Jay maharaja dhanvantari (bis)

12. MANTRA PARA SAUDAR O CABOCLO DA PENA DE PAVÃO
(Sri Madana Mohana — participação especial de Maria Barasho)

Este mantra deve ser vibrado para resgatar dívidas afetivas e obter proteção e harmonização recíproca entre pais, filhos e familiares. Foi gravado pela mãe da autora deste livro, Maria Barasho Campos, aos 73 anos de idade.

Govinda com a sua flauta / É o atrativo reino dos pássaros / É o adorado reino de Brahman / Fascina em suas glórias / Executa opulências / Todo macrocósmico prosta-se / diante da sua beleza / Esotérica / Santa misericordiosa, atrativa / Sou uma centelha do seu reino madrigal / Canto agora, canto agora, canto agora (bis) / Govindam adi purusam tam aham bhajami (bis - 4 x) / Querido caboclo de pena de pavão / És meu único amor / Oração dos meus dias / Todo macrocósmico prosta-se diante da tua beleza / Esotérica / Santa misericordiosa atrativa / Sou uma centelha do teu reino madrigal / Canto agora, canto agora, canto agora (bis) / Govindam adi purusam tam aham bhajami (bis - 4 x)

13. SITA-RAMA (Mantra Milenar)

A *vibração deste mantra ajuda a superar traições amorosas e torna quem o escuta insubstituível aos olhos da pessoa amada. Quem cantar este mantra, ou simplesmente o ouvir, alcançará a bênção de obter beleza, riqueza, fama, renúncia, sabedoria e poder.*

Rhade, Rhade, Jay Sri Rhade (bis) 4x
Raghu Pati Ragva Raja Ram
Patita ram Sita ram patita pavana sita ram (bis) 3x

Raghu Pati Raghva Raja Ram
Patita Pavana Sita Ram (bis - 2x)
Sita ram Sita ram patita pavana sita ram (bis)

Hare Krishna / Hare Krishna
Krishna, Krishna
Hare, Hare
Hare Rama Hare Rama
Rama Rama
Radhe, Radhe, Radhe, Rhada

Ficha Técnica do CD que Acompanha Este Livro

Gravado nos Estúdios Master-RJ / Stúdio Móvel, Guidon com a participação dos Filhos de Gandhi; Isac Gomes, voz e agogô; Luís Anastácio, xequeré; William Nascimento, atabaque.

Direção Musical e Regência: Maestro Douglas Griggio

Voz: Sri Madana Mohana

Tampura: Sri Madana Mohana

Mrdanga: Sri Madana Mohana

Kartalas: Sri Madana Mohana

Trompete: Barrosinho

Sitar: Alberto Marsicano

Bateria: Duda Neves, Helder Lima

Baixo: Devaraja

Percussão: Irmãos Capoeira

Teclado e piano: Douglas Griggio

Back vocal: Isac Gomes, Sri Madana Mohana

Mixagem: Barrosinho, Cássio, Milton, Edmilson

Masterização: Eluilson Aureliano e Paulo Torres

Harmônio: Lucas de Almeida

Arranjos: Barrosinho, Douglas Griggio, Alberto Marsicano

SRI MADANA MOHANA E FILHOS DE GANDHI

Lucas de Almeida (Harmônio)

Sri Madana Mohana (Mrdanga)

Sri Madana Mohana (Tampura)

Maria Barasho e Sri Madana Mohana

Douglas Griggio (Teclado)

Sri Madana Mohana (Kartalas)